Parlons affaires!

Initiation au français économique et commercial

Parlons affaires!

Initiation au français économique et commercial

R.-J. Berg
Bowling Green State University

Holt, Rinehart and Winston

Harcourt Brace College Publishers

Fort Worth   Philadelphia   San Diego   New York   Orlando   Austin   San Antonio
Toronto   Montreal   London   Sydney   Tokyo

Publisher	: Christopher Carson
Market Strategist	: Kenneth S. Kasee
Project Editor	: Kathryn M. Stewart
Art Director	: Garry Harman
Production Manager	: Cindy Young

ISBN: 0-03-022528-0
Library of Congress Catalog Card Number: 98-88684

Address for Domestic Orders
Holt, Rinehart and Winston, 6277 Sea Harbor Drive, Orlando, FL 32887-6777
800-782-4479

Address for International Orders
Holt, Rinehart and Winston, 6277 Sea Harbor Drive, Orlando, FL 32887-6777
407-345-3800
(fax) 407-345-4060
(e-mail) hbintl@harcourtbrace.com

Address for Editorial Correspondence
Holt, Rinehart and Winston, 301 Commerce Street, Suite 3700, Fort Worth, TX 76102

Web-Site Address
http://www.hbcollege.com

Printed in the United States of America

8 9 0 1 2 3 4 5 6 7   0 4 3   9 8 7 6 5 4 3 2 1

Holt, Rinehart and Winston
Harcourt Brace College Publishers

Parlons affaires! Initiation au français économique et commercial (**PAIFEC**) is intended for use as a core textbook in business French courses at the advanced undergraduate and graduate levels. **PAIFEC** will prepare students to take the exam leading to the *Certificat pratique de français commercial et économique*, and can also be used, with supplementation, to prepare students for the *Diplôme supérieur de français des affaires*.

The disparate backgrounds and goals of business French students require flexibility in a core text. Particular care has therefore been taken to ensure a "tiered" approach. **PAIFEC** is divided into three main *parties* and twelve units (*modules*). Each *module* contains a core lesson, followed by *Sigles et acronymes*, a *Lexique français-anglais* and *Activités*.

Interspersed throughout the *modules* are brief sections containing material that is in some sense *supplementary*. The use of these optional *micro-modules* (identified by the symbol ⬤) will depend on course goals, time constraints and students' interests. Those labeled *Pour aller plus loin* stress content, while others (*Le sens des mots*) focus on vocabulary. Most will be of particular interest to students preparing the *Diplôme supérieur*.

The *activités* are, in most *modules*, of three kinds:

Traduction. Ten sentences to be translated from English to French (*thème*) and ten from French to English (*version*) recycle vocabulary presented in the core lesson.

Entraînement. These questions are based rather straightforwardly on the material in the core lesson, and are intended to be answered *orally*, as a form of *cognitive drill*. Research has proven what we all know from experience: *active* reading promotes comprehension and retention. To read *actively* is to look, while reading, for answers to questions. It involves approaching the material with a particular mind-set, best formulated thus: "I will have to explain this to someone else"— which is precisely what students should do, in groups of two or three. Students will be more likely to make this essential cognitive shift, from passive to active mode, if and when called upon to define terms, to clarify concepts, to answer others' questions—in effect, to *teach the material*. Subsequently and *secondarily,* the questions can also be used as written assignments or on tests.

Matière à réflexion. As the title indicates, these sections provide topics intended to serve as "food for thought," as grist for class discussion, and as subject matter for presentations or projects.

At the end of each *partie,* a recent article from *L'Express,* linked thematically to the topics of the preceding *modules,* is followed by questions of the kind that students will encounter on the *Certificat pratique* examination (*Compréhension de texte* and *Entretien*).

The material presented in the appendices will further enhance course flexibility. Appendice A (*Eléments de vocabulaire économique*) defines some basic macroeconomic terms in a question-and-answer format. A brief discussion of *impôts et taxes*, traditionally the subject of a separate chapter, is included here. The maieutic format is continued in Appendice B, which presents *L'Euro en neuf questions*, and Appendice C, on *Les Services postaux*. Appendice D, written by Guilhène Maratier-Decléty, Directeur des Relations Internationales at the *Chambre de Commerce et d'Industrie de Paris*, contains a brief introduction to the CCIP, to its examinations in general and to the *Certificat pratique* in particular. Appendice E contains a complete sample *Certificat pratique* examination, with *corrigés*.

A word about the story. The premise and two of the three protagonists are introduced in the *Prologue*. Their efforts to start a business in France are recounted at the beginning of each *Partie* and in the *Epilogue*. The French here is more difficult, and only a very few expressions are glossed. To some extent and to some students these episodes might seem like *devinettes*: as such, they will hopefully prove to be stimulating and amusing. The story can be used as a *case study*: cultural differences are touched upon, and some of the topics will serve as advance organizers.

The main purpose of these pages, however, is simply to provide what will no doubt be a welcome distraction for the reader (as writing them certainly did for me). They need not be assigned, although, I suspect, they will be read.

The choice of topics has been dictated to a large extent by those covered on the *Certificat pratique* and *Diplôme supérieur* examinations. A good deal of material in **PAIFEC**, however, is not covered on either, or indeed in most textbooks. *Module 4*, the longest by far, uses the central concept of marketing, and in particular the "marketing mix," to bring together numerous elements that are often presented separately or without context. The extensive material on résumés, cover letters and job interviews introduced in *Module 10* reflects the interests and concerns of today's students. So too does the basic information on computers and the Internet presented in *Module 12*. Here, of course (to a greater extent, perhaps, than elsewhere), the content will already be familiar to students. What they will learn is the vocabulary needed to talk about it in French.

During the planning and writing of **PAIFEC** I have tried to keep in mind both my own limitations and a bit of proverbial wisdom: *Qui trop embrasse, mal étreint*. My guiding principle throughout has been: *Embrasser moins, pour mieux étreindre*. Numerous corollaries follow, for good and ill. Some readers will regret—and rightly so—the predominantly "hexagonal" focus. Like any business French textbook, **PAIFEC** will best be used, then, in conjunction with other materials. There are many more options available today than five years ago, and the embarrassment of riches to be found online seems to grow daily. The Web has surely made teaching and learning business French more interesting than ever before.*

ACKNOWLEDGMENTS

I would like to thank the following reviewers for their input:

Maurice G. A. Elton; *Southern Methodist University*
Eileen Angelini; *Philadelphia College of Textiles and Science*
Joann Hinshaw; *University of Maryland*
Maureen Jameson; *State University of New York College at Buffalo*
Anna Livia Brawn; *University of Illinois*

I would also like to thank the unfailingly competent team at Harcourt, and those, in particular, with whom I have been fortunate to work closely at one stage or another of this project: Nancy Siegel, developmental editor; Kathryn Stewart, senior project editor; and Garry Harman, Art Director.

I am grateful to the *Chambre de Commerce et d'Industrie de Paris* for its valuable cooperation and collaboration. Special thanks are due to Guilhène Maratier-Decléty, Directeur des Relations Internationales, for her contribution to the appendices, and to André Pigny, Direction des Relations Internationales, for his able and amiable assistance from outset to end.

R.-J. Berg, Bowling Green State University

* Instructors and students are cordially invited to visit my Web site at
http://www.bgsu.edu/departments/roml/berg
for access to a variety of ancillary materials intended for use in conjunction with **PAIFEC**: activities, online projects, quizzes, news and updates, useful URLs, topics of current interest (commercial, economic and terminological), *question(s) du mois*, etc. The site's content will change every month from September through April. Topics will be treated roughly in the order of their appearance in the *modules*. The site is essentially an online resource manual designed to accompany **PAIFEC**.

Sommaire
Sommaire
Sommaire

Prologue

C'était un samedi de la mi-mai à Bowling Green, et l'après-midi s'annonçait belle. La cérémonie terminée et les photos prises, la ville s'était vidée en quelques heures. Près du campus, à Grounds for Thought™, deux clients, assis devant la grande vitre qui donne sur Main Street, sirotaient leur Jamaican Blue. Ils parlaient de choses et d'autres — du beau temps, des rares passants, de la Supra Turbo stationnée en face —, évitant soigneusement d'évoquer les diplômes qu'ils venaient de recevoir.

Jason O'Riley et Thierry Chalandon s'étaient connus à Tours trois ans auparavant, lorsqu'ils étaient étudiants à l'Université François-Rabelais. Jason suivait des cours pour se perfectionner en français ; Thierry préparait une maîtrise. Le hasard les ayant mis dans le même séminaire, ils s'accrochèrent un jour, au grand amusement des autres, sur le sens

Naissance d'un projet : Thierry (à gauche) et Jason au café.

du mot *entreprise* dans *Aube* de Rimbaud. Ils sympathisèrent malgré leurs goûts opposés, et se lièrent aussitôt d'une amitié solide.

On eut vite fait de les surnommer « Don Quichotte et Sancho Pança ». Ni l'un ni l'autre n'appréciait la comparaison, mais ils devaient reconnaître qu'elle avait du vrai, au physique comme au moral. Jason reprochait au Français son « défaitisme », son « esprit négateur » ; Thierry plaisantait l'Américain sur son « irréalisme », son « optimisme béat ». L'un et l'autre avaient raison : c'était un cas de parfaite complémentarité. Il serait difficile d'imaginer deux êtres plus différents — ou plus unis. Ils avaient, comme ils le disaient eux-mêmes, « des atomes crochus ». Ainsi était-il tout naturel, quand Jason revint terminer ses études à Bowling Green State University, que Thierry l'y suivît.

Trois ans plus tard ils défilaient devant le Doyen pour recevoir un parchemin portant l'inscription « Master of Business Administration ». De ce qu'ils allaient ou pouvaient en faire, ils s'étaient peu parlé jusqu'alors : ayant pris goût au parcours, ils ne s'étaient pas préoccupés outre mesure de la destination. Ils y étaient arrivés pourtant, bien malgré eux. Et voilà pourquoi ils causaient d'autres choses, par cette belle après-midi de mai, dans ce café bien-nommé où ils venaient tous les jours et dont ils avaient déjà la nostalgie.

Comme ils avaient vidé leurs gobelets, Thierry demanda en regardant sa montre :

— Alors, qu'est-ce qu'on fait maintenant ?

Jason ne savait s'il fallait entendre : *maintenant que nous avons fini nos cafés*, ou *... nos études*. Il choisit la seconde interprétation :

— Eh bien, moi, je pense retourner en France.

— Ah, bon ? dit Thierry sans broncher. Pour faire quoi ?

— Pour créer une entreprise.

— Pour cré...

Il se ressaisit vite, croisa les jambes, fit semblant de regarder dehors. Puis, sur un ton persifleur que son ami connaissait si bien :

— Et quelle « niche » penses-tu occuper ? Quel « créneau » rêves-tu d'exploiter ? T'as évidemment quelque idée en tête.

— Oui, j'ai une idée, répondit Jason. Elle m'est venue l'été passé pendant mon séjour chez tes parents. Te souviens-tu de ce que j'appelais leur « rite du soir » ? Tous les jours, après les infos, ton père ou ta mère allait dans leur chambre ouvrir la fenêtre, prenant soin de ne pas allumer et de ne pas faire de bruit, de crainte d'attirer les moustiques, qui ne manquaient jamais de venir quand même.

— J'ai grandi dans ce « rite », qui n'est en rien particulier à ma famille. Et alors ?

— Alors, songe qu'il ne se pratique pas aux Etats-Unis. Qu'est-ce qui nous permet, à ton avis, de nous en passer ?

Le Français réfléchit un instant.

— *Screens* ! s'écria-t-il.

— Exact. Et pourquoi l'as-tu dit en anglais ?

— Parce que… enfin… parce qu'on en voit tellement ici. Toutes les fenêtres en sont munies, alors qu'en France…

— Justement.

— Alors… ton idée, c'est de vendre des *screens* aux Français ?

— Des moustiquaires. Oui, c'est là mon idée.

Thierry prit soudain un air sérieux.

— Jason… écoute-moi.

Il fit alors de son mieux pour dissuader son ami, usant de tous les tons, déployant toute une panoplie d'arguments. Après une demie-heure d'échanges du genre : « Mais tu ne pourras pas… — Si, si, on n'aura qu'à… », Thierry comprit que la résistance était vaine. Jason avait réponse à tout.

Ils se turent alors, chacun à ses pensées. Thierry regardait Jason, qui semblait s'intéresser à une voiture qui passait. Puis, d'un air distrait, comme si la chose allait de soi :

— Bien entendu, dit l'Américain, on va faire ça ensemble.

Là-dessus, n'ayant plus rien à opposer au projet, Thierry ne trouva mieux que de s'y associer. Une grande poignée de main scella le pacte.

Deux heures et six cafés plus tard, ayant réglé quelques questions préliminaires, ils en vinrent à parler du nom de la moustiquaire. Jason penchait pour une marque qui indiquât la fonction du produit ; Thierry voulait jouer à fond la « carte américaine ».

— Pourquoi pas les deux ? demanda Jason.

— Eh bien, voyons…, poursuivit Thierry. Ça servira à quoi, ton… enfin, notre machin ?… A… bannir de la maison… les intrus volants… rampants… susurrants…

Tout à coup ils se regardèrent, conscients d'avoir eu la même idée au même instant. Jason sourit en se frottant les mains. Thierry se mit à gémir en secouant la tête.

— Ah, non ! Tu n'y penses pas !

— Si, mon vieux, j'y pense.

Et c'est ainsi qu'est née la… *BanniBug*.

Née ? Conçue, plutôt. La gestation fut courte et la naissance, difficile. Les premiers jours donnèrent lieu de s'inquiéter. Mais depuis lors la petite a pris de la force, et à présent elle semble promise au plus bel avenir.

PREMIÈRE PARTIE

Le Monde de l'entreprise

BanniBug I

Une semaine après avoir pris leur décision, Jason et Thierry étaient à Tours. Ils avaient divisé le projet en plusieurs « opérations », organisées quasi militairement. Une chambre d'hôtel, rue Leclerc, leur servait de quartier général ; c'est là qu'ils mirent au point leurs plans de campagne et choisirent leur missions. Jason devait d'abord trouver un local, alors qu'à Thierry incombaient les formalités administratives.

La mission de Thierry s'avéra bien plus facile que prévu, grâce en partie à la forme juridique choisie pour l'entreprise. Dès le début, avant même de savoir quel en était l'équivalent français, les deux amis avaient envisagé de s'associer à parts égales dans un « general partnership ». Il s'agissait donc de créer une *société en nom collectif*. Un spécialiste de la Chambre de Commerce et d'Industrie aida Thierry à en rédiger les statuts et à les faire enregistrer. Il fallut ensuite publier un

Le projet prend forme : embauche de Marc, chef d'atelier.

avis de constitution dans un journal d'annonces légales et déposer la marque « Ban-niBug » à l'Institut national de la propriété industrielle (INPI). Il ne restait alors qu'à im-matriculer la société au centre de formalités des entreprises (CFE). Thierry dut y remplir un formulaire unique : c'était l'acte de naissance de BanniBug SNC. Chaque associé détenait 50 % des parts, l'apport de Jason étant « en numéraire » (les 39 000 dollars dont il avait hérité deux ans auparavant), et celui de Thierry « en industrie » (le travail qu'il fournirait). Les bénéfices seraient donc partagés également, ainsi que les responsabilités de gestion.

Jason, de son côté, ne chômait pas. Après une visite à la préfecture pour obtenir sa carte de commerçant étranger, il se rendit à l'Agence Dauzat, spécialisée dans l'immobilier d'entreprise. En trois jours il visita treize locaux. Ce fut en vain : tout était trop petit ou trop cher. Au matin du quatrième jour, dans le café de l'hôtel où il lisait le journal avant de repartir à la recherche, une annonce attira son attention : « Pp-taire loue atelier tout usage, 170 m2 + burx 30 m2 + wc, précaire, 4 200 F/mois + ch. Tél. 47… ». Jason prit rendez-vous, et une heure plus tard il serrait la main d'Alain Foulquier, propriétaire des lieux.

L'atelier avait bien les dimensions requises, mais les deux bureaux étaient de trop.
— Je ne sais pas, dit Jason. C'est un peu cher, et ces bureaux…
Puis, se ravisant brusquement :
— Je vous offre 3 800 francs par mois. Une convention d'occupation précaire de dix-huit mois, dont trois payés à l'avance, plus la caution.
Monsieur Foulquier, qui aurait pris moins, accepta. A midi Jason y amena son as-socié qui conclut, après avoir fait le tour de l'atelier :
— C'est bien, mais à ce prix-là il ne nous restera pas grand-chose pour l'appart.
Jason avait pensé à ce problème, et d'un geste il montra l'espace entre le lavabo et les W.-C.
— C'est là qu'on va faire installer la douche. Choisis ta chambre.
Tout fut réglé dans l'après-midi : établissement de l'état des lieux, signature du bail, virement du loyer. Le lendemain ils emménagèrent.

Le soir même, ils passèrent à la prochaine étape : « l'opération embauche équipe technique ». Deux jours plus tard leur annonce parut dans les offres d'emploi de *La nouvelle république* : « Recherchons menuisier OHQ,° bois et PVC,° pour atelier et pose, 10 ans d'expérience minimum. Tél 47… entre 9h-12h mercredi pr RV ». Une vingtaine de postulants téléphonèrent, dont la moitié furent éliminés après quelques questions. Neuf rendez-vous furent fixés pour le lendemain.

A chaque candidat Jason et Thierry commencèrent par exposer les détails du projet. Les moustiquaires n'étaient évidemment pas inconnues en France — plusieurs vépécistes° en proposaient —, mais peu de fenêtres en étaient munies. Cette situa-tion tenait sans doute à l'inadaptabilité des produits disponibles, ainsi qu'au travail qu'ils imposaient à l'acheteur (prise de dimensions, découpe, installation, etc.).
La moustiquaire BanniBug, étant faite entièrement sur mesure, s'adapterait aux fenêtres abattantes, coulissants et basculantes aussi bien qu'aux fenêtres classiques

à deux vantaux s'ouvrant « à la française », et non seulement aux fenêtres rectangulaires mais aux fenêtres plein cintre et cintrées. Selon l'embrasure, la BanniBug serait en bois ou en PVC, posée à l'extérieur ou l'intérieur, enroulable ou amovible.

Après avoir décrit ainsi le produit, Jason et Thierry interrogèrent chaque candidat sur la production. Comment s'y prendrait-il ? Quel outillage lui faudrait-il ? Quels problèmes envisageait-il ?

L'un des candidats se distingua des autres : Marc Blondin, un artisan de la vieille école, cinquante-quatre ans, au chômage depuis huit mois. Il comprit tout de suite les possibilités du projet, et dans ses réponses il semblait passer comme par réflexe des difficultés aux solutions :

— ... La fabrication elle-même sera un jeu d'enfant — un bricoleur moyennement doué serait à la hauteur —, mais pour la réaliser au prix que vous voulez, j'aurais besoin d'une machinerie importante. Voyons... faudra une scie à archet et une scie mixte, circulaire et à ruban... une limeuse, un touret... une perceuse radiale et une machine à table circulaire. Au départ on pourrait à la rigueur se passer de l'aléseuse-fraiseuse, mais pas question de faire ça à la main si les commandes affluent. Je pourrais vous trouver ça d'occase, pour une bonne partie. Et puis, je possède moi-même pas mal d'outils, que j'utiliserais, bien entendu.

Jason échangea avec Thierry un regard rapide, avant de prendre la parole :

— Monsieur Blondin, vous avez le profil d'un chef d'atelier, et c'est en tant que tel que nous voudrions vous engager. En CDI,° 10 500 francs par mois, plus 10 % des bénéfices, dès qu'il y en aura. Nous aurions besoin de vous dès demain, et... Ah ! très bien. Vous embaucherez vous-même votre assistant, parmi les autres « finalistes », en CDI également, 9 500 francs par mois, plus le même intéressement, cela s'entend. On est jeudi. Nous aurons besoin de la liste des machines, réduite au strict minimum, avec des prix approximatifs... euh... demain, d'accord ?

Ravi de se voir en même temps embauché et promu, Marc Blondin s'exécuta avec toute la célérité qu'attendaient de lui ses nouveaux employeurs. Le lendemain il embaucha Gilles Péret, et dès lundi ils installaient la première machine. Avant la fin de la semaine tout était en place, la fabrication était organisée et les tâches réparties. Marc ferait les devis, et Gilles le métrage ; la pose se ferait à deux.

Pendant que les deux ouvriers aménageaient l'atelier, Jason et Thierry préparaient déjà la phase suivante. Comme toute la production serait réalisée aux dimensions requises par le client, il faudrait que chaque moustiquaire fût vendue avant d'être produite. Le moment était donc venu de procéder au troisième embauchage, le dernier et le plus important : celui d'un mercaticien.

CDI   contrat à durée indéterminée
OHQ   ouvrier hautement qualifié
PVC   d'après l'anglais *polyvinyl chloride* (matière plastique)
vépéciste   entreprise qui fait de la vente par correspondance (VPC)

Typologie des entreprises

Qu'ont en commun votre salon de coiffure et Renault, Microsoft et la supérette du coin ? Ce sont tous des *entreprises*,° c'est-à-dire des unités économiques dont la fonction principale est de produire des biens ou des services destinés à la vente. Ces quatre exemples illustrent d'ailleurs l'énorme diversité des « unités économiques », d'où le besoin de les classer selon des critères bien définis.

Les critères retenus par l'INSEE[1] pour classer les entreprises françaises sont de deux sortes : économiques et juridiques.

1. LES CRITÈRES ÉCONOMIQUES

Ils relèvent soit de la *taille* de l'entreprise, soit du *secteur* de son activité.

La taille d'une entreprise se mesure souvent d'après son *effectif salarié*[2]. Classées selon ce critère, les entreprises sont *petites* (moins de 10 salariés), *moyennes* (de 10 à 499 salariés) ou *grandes* (au moins 500 salariés). Les petites et moyennes entreprises — les PME[3] — représentent 99,9 % des entreprises françaises. Plus de la moitié en sont des *micro-entreprises* (n'ayant *aucun* salarié[4]), et ce chiffre augmente dernièrement grâce à la popularité grandissante du travail à domicile[5].

L'effectif d'une entreprise ne correspond pas forcément à son poids économique. C'est le cas notamment des industries de pointe, où la robotisation et le caractère intellectuel du travail permettent de réduire au minimum le personnel. (On n'a qu'à comparer à cet égard Renault et Microsoft.) Aussi recourt-on souvent à d'autres critères, comme celui du *chiffre d'affaires*° (sigle : CA). On appelle ainsi le montant global des ventes réalisées par une entreprise au cours d'une année. C'est d'après les chiffres d'affaires que la presse économique dresse ses listes annuelles des « cent [ou mille] premières entreprises françaises » (l'équivalent des « Fortune 500 »).

Une autre typologie consiste à regrouper en *secteurs* toutes les entreprises ayant la même activité principale. La classification traditionnelle, issue des travaux de l'économiste américain Colin Clark, est tripartie.

1. Le *secteur primaire* regroupe toutes les entreprises productrices de matières premières[6] (agriculture, pêche, mines, forêts).
2. Le *secteur secondaire* regroupe toutes les entreprises transformatrices de matières premières (industrie).
3. Le *secteur tertiaire* comprend tout ce qui ne relève ni du primaire ni du secondaire. Il s'agit essentiellement d'un secteur de services : commerce, banques, administrations, loisirs, assurances, santé, etc.

A ces trois secteurs « classiques » a été ajouté récemment un *secteur quaternaire* qui regroupe les activités les plus technologiquement avancées de l'ancien tertiaire : informatique, télécommunications, recherche-développement, enseignement, etc.

La classification de Clark s'est vite avérée insuffisante, car les catégories, peu nombreuses, sont trop hétérogènes. C'est le cas notamment du tertiaire, dont une extraordinaire hypertrophie caractérise depuis quelques décennies les économies développées. Une typologie qui réunit sous une même rubrique une femme de ménage et sa chirugienne, un chef d'entreprise et son secrétaire, ne peut pas être d'une grande utilité pour ce qui est de la comptabilité nationale. Aussi l'INSEE utilise-t-il d'autres classifications, allant de six à plus de cent catégories[7].

❷ LES CRITÈRES JURIDIQUES

Ils se rapportent à des considérations telles que la *propriété de l'entreprise* (A qui appartient-elle ?) ; l'*origine du capital* (Qui apporte les biens nécessaires à la création de l'entreprise ?) ; la *responsabilité* (Qui assume les risques ? Jusqu'où vont-ils ?) ; les *organes de gestion* (Qui prend les décisions ?) ; et la *personnalité juridique* (L'entreprise est-elle une « personne morale » ?).

La première distinction est celle qui divise les entreprises en deux grands groupes selon qu'elles relèvent du secteur privé ou du secteur public. Une deuxième distinction divise les entreprises du secteur privé en trois catégories : les entreprises *individuelles* ; les entreprises *sociétaires* (appelées couramment *sociétés*) ; et les entreprises *coopératives* (appelées couramment *coopératives*).

2.1 — LES ENTREPRISES INDIVIDUELLES°

Le mot « individuelle » ne signifie pas que l'entreprise fonctionne avec un seul individu, mais qu'elle *appartient* à une seule personne. N'étant pas dotée de la personnalité morale, l'entreprise individuelle s'identifie à son propriétaire. C'est lui qui apporte les capitaux nécessaires à l'entreprise ; lui qui la gère en toute indépendance ; lui aussi qui garde tous les bénéfices,° tout en assumant tous les risques. Puisque les dettes qu'il contracte dans l'exercice de son activité professionnelle sont considérées

Le sens des mots :

la personnalité juridique.

On appelle ainsi « l'aptitude à être titulaire [sujet] de droits et d'obligations ». Il y a deux sortes de personnalité juridique : *physique* et *morale*. Chaque individu, en tant que personne physique, a des droits et des obligations. Les êtres humains ne sont pourtant pas seuls à en avoir : l'Etat en est titulaire aussi, ainsi que les collectivités locales (régions, départements et communes), les hôpitaux publics, les universités… et *certaines entreprises*. Aux yeux de la loi, une entreprise dotée de la personnalité morale est considérée comme une entité collective existant indépendamment des individus qui la composent. Une telle entreprise, tout comme une personne physique, a un nom, un domicile, une nationalité et un patrimoine. D'autres entreprises, n'ayant pas ce statut, se confondent avec la personne physique de leur propriétaire. Cette distinction aidera à comprendre les différentes formes juridiques définies ci-dessous.

13

figure 1.1

Typologie des entreprises.

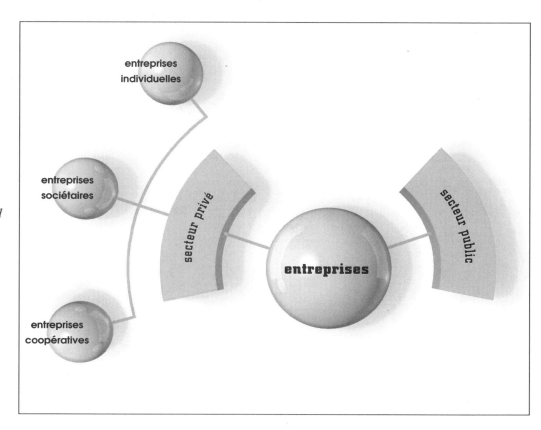

comme ses dettes personnelles, sa responsabilité est *illimitée*. En cas de difficulté ou de faillite,° il risque de tout perdre, y compris ses biens personnels — « jusqu'à sa dernière chemise », selon l'expression consacrée. L'entreprise individuelle est de loin la forme juridique la plus répandue, en particulier dans le petit commerce, dans l'agriculture et dans l'artisanat[8].

2.2 — LES ENTREPRISES SOCIÉTAIRES (LES SOCIÉTÉS°)

A la différence de l'entreprise individuelle, qui appartient à un propriétaire unique, la société est la propriété d'au moins deux personnes. D'après la définition du Code civil, « la société est instituée par deux ou plusieurs personnes qui conviennent par un contrat d'affecter à une entreprise commune des biens […] en vue de partager le bénéfice […] qui pourra en résulter » (art. 1832). On appelle *associés* les personnes qui réunissent ainsi leurs biens, et *apports* les biens ainsi réunis. La constitution d'une société donne naissance à une personne morale, distincte de la personne physique des associés. Cette « personne » a obligatoirement un nom (la *dénomination sociale*) et un domicile (le *siège social*, lieu du principal établissement de la société).

Les sociétés se divisent en trois catégories, selon la responsabilité des associés et le degré d'ouverture de la société aux nouveaux associés.

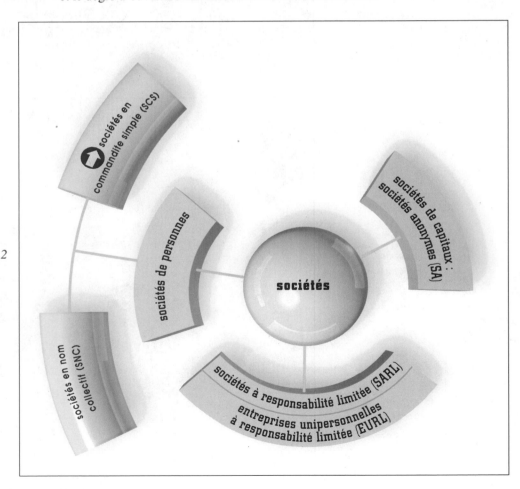

igure 1.2

Typologie des sociétés.

1. les *sociétés de personnes*
2. les *sociétés de capitaux*
3. les formes juridiques « hybrides », intermédiaires entre les deux premières : les *sociétés à responsabilité limitée* (SARL) et les *entreprises unipersonnelles à responsabilité limitée* (EURL)[9].

2.2.1. Les sociétés de personnes°

« Partnership », dit-on en anglais, et le terme indique assez bien la nature de ce type de société. C'est la structure propre à la réunion d'un nombre réduit d'associés qui se connaissent bien et qui se font confiance[10].

La forme la plus répandue de la société de personnes est la *société en nom collectif°* (SNC). Dans la SNC tous les associés « répondent indéfiniment et solidairement des dettes sociales » (Code civil). *Indéfiniment* signifie *sans limites* : comme l'entrepreneur individuel (voir, ci-dessus, 2.1.), chaque associé engage la totalité de ses biens, même personnels. *Solidairement* signifie qu'en cas de faillite, chaque associé peut être poursuivi individuellement par les créanciers° pour la totalité des dettes de la société.

Une telle « solidarité » impose évidemment aux associés fondateurs une grande prudence à l'égard des nouveaux « membres » ; de là, le caractère fermé de ce type de société. Chaque associé reçoit, en contrepartie et en proportion de son apport, des *parts sociales,°* lesquelles représentent chacune une fraction du capital. Mais il ne peut céder (vendre) ses parts qu'avec le consentement *unanime* des autres associés.

La direction d'une SNC est en principe collégiale : tous les associés en sont responsables et peuvent y participer. Dans la pratique la gestion est assurée par un ou des gérant(s)° choisi(s) le plus souvent, mais pas obligatoirement, parmi les associés.

2.2.2. La société de capitaux°

La société de personnes repose, comme nous l'avons vu (2.2.1.), sur les rapports de confiance entre associés qui se connaissent ; elle est constituée, dans le jargon des juristes, *intuitu personæ* (« en considération de la personne »). Il est donc naturel que

Pour aller plus loin :

la société en commandite simple° (SCS).

La SCS est une autre forme de société de personnes, moins répandue que la SNC en raison de sa plus grande complexité. La SCS comprend deux sortes d'associés.

1. les associés commandités (les *commandités°*), dont la responsabilité est illimitée (comme celle des associés d'une SNC); et
2. les associés commanditaires (les *commanditaires°*), dont la responsabilité est limitée au montant de leurs apports

Puisque les commandités engagent la totalité de leur patrimoine, ce sont eux qui assurent la gestion, soit de façon collégiale, soit en désignant un ou des gérant(s). Les commanditaires sont de simples *bailleurs de fonds*[11] et ne risquent que les fonds investis : aussi n'ont-ils pas le droit de participer à la gestion. La SCS, comme la SNC, est une société fermée : la cession (vente, transfert) des parts sociales ne peut se faire qu'avec l'accord unanime des associés.

la dénomination sociale comprenne traditionnellement le nom d'au moins un des associés : Etablissements Dupont, Durand et Cie (compagnie)[12].

Il arrive pourtant qu'une entreprise, ayant besoin de réunir plus de capitaux que n'en possède un groupe réduit d'associés, fasse appel à d'autres investisseurs, ou même à l'épargne publique. Ainsi se constitue une *société de capitaux*, dans laquelle la personne qui apporte du capital s'efface devant le capital apporté. L'« anonymat » d'une telle société se traduit également dans la dénomination sociale, où ne figure normalement aucun nom d'associé. Ainsi s'explique qu'on appelle *société anonyme*° (SA) la forme la plus typique de société de capitaux.

Le capital d'une SA est divisé en *actions*° ; les associés propriétaires d'actions sont des *actionnaires.*° A la différence des parts sociales d'une société de personnes, les actions d'une SA sont *librement cessibles*, ce qui signifie qu'un actionnaire peut vendre ses actions à n'importe qui sans l'accord des autres actionnaires. Si une SA réalise des *bénéfices*, ils sont partagés entre les actionnaires sous forme de *dividendes.*° Les pertes sont partagées aussi, mais en cas de difficulté ou de faillite, la responsabilité des actionnaires est limitée au montant de leur apport.

La gestion de la SA repose sur le principe d'*une voix par action*. Les actionnaires — du moins un certain nombre d'entre eux — se réunissent régulièrement en *assemblée générale*° afin d'élire le *conseil d'administration,*° composé de trois à douze membres, appelés *administrateurs.*° Ceux-ci élisent parmi leur nombre un *président-directeur général*° (PDG), doté ordinairement de pouvoirs très étendus. C'est le PDG, au nom et sous le regard des administrateurs, qui assure la gestion courante de la société et qui la représente légalement auprès des tiers[13].

2.2.3. Une forme « hybride » : la société à responsabilité limitée° (SARL)

Forme intermédiaire entre la société de personnes et la société de capitaux, la SARL confie aux associés les avantages de l'une et de l'autre. L'avantage majeur de la société de personnes est son caractère fermé : les associés savent qu'en vertu de sa constitution *intuitu personæ*, l'entreprise n'échappera pas à leur contrôle, les parts sociales n'étant pas cessibles sans leur consentement. Il en est ainsi de la SARL, dont le capital est divisé en parts sociales difficilement transmissibles[14]. Mais à la différence de la société de personnes, la SARL limite la responsabilité des associés au montant de leurs apports, et c'est en cela qu'elle se rapproche de la société de capitaux[15].

Le fait de partager les principaux avantages des autres formes juridiques explique que la SARL soit la forme sociétaire la plus répandue en France : on en compte environ 510 000, contre 150 000 sociétés de capitaux et 26 000 sociétés de personnes.

2.2.4. Une forme très particulière de SARL : l'entreprise unipersonnelle à responsabilité limitée (EURL)

L'inconvénient majeur de l'entreprise individuelle est, comme nous l'avons vu (2.1.), la responsabilité *illimitée* de l'entrepreneur : puisqu'il engage son patrimoine personnel, il risque de tout perdre en cas de faillite. Pour limiter son risque il pourrait chercher un associé en vue de créer une SARL, mais depuis 1985 il a une autre option : créer *seul* une SARL. La société ainsi créée prend le nom d'*entreprise unipersonnelle à responsabilité limitée*.

Société « unipersonnelle » ? L'expression semble contradictoire, et elle l'est effectivement, la définition du Code civil, citée plus haut, étant formelle : « La société est instituée par *deux ou plusieurs personnes...* ». La définition de l'EURL est néanmoins tout aussi formelle : l'EURL n'est pas une forme juridique à part entière, mais une « SARL à associé unique », et la mention « SARL, au capital social de... » doit figurer dans la dénomination de toute EURL. Comme les associés d'une SARL « traditionnelle », l'associé unique d'une EURL doit disposer d'un capital minimum de 50 000 F[16].

2.3 — LES ENTREPRISES COOPÉRATIVES (LES COOPÉRATIVES°)

L'entreprise sociétaire se propose, comme nous l'avons vu (2.2.), un *but lucratif* : ses associés acceptent de mettre en commun leurs biens « en vue de partager le bénéfice [...] qui pourra en résulter » (Code civil). Sur la définition de *bénéfice*, la loi est formelle : « gain pécuniaire ou matériel qui ajouterait à la fortune des associés ». L'entreprise coopérative se distingue de l'entreprise sociétaire par son objectif, lequel consiste non pas à maximiser les profits de ses membres (appelés *coopérateurs*), mais à « servir leurs intérêts », à « satisfaire leurs besoins », à « améliorer leur situation ». L'imprécision de ses formulations reflète celle des textes eux-mêmes. Le « gain pécuniaire ou matériel » réalisé par les associés d'une société ne sert-il pas leurs intérêts ? Ne leur permet-il pas de satisfaire leurs besoins et d'améliorer leur situation ?

C'est essentiellement au niveau de sa « finalité », de sa raison d'être, de ses principes fondateurs, que la coopérative se distingue de la société. Inspirée à l'origine des doctrines socialistes du XIXe siècle, la coopérative s'oppose depuis le début à la mentalité et à l'entreprise « capitalistes ». Elle ne dédaigne certes pas les bénéfices, mais, qu'elle puisse ou non en réaliser, son objet primordial reste toujours de *rendre service à ses membres*, de leur procurer certains avantages, pécuniaires ou autres. La gestion de la coopérative revient aux membres eux-mêmes, selon le principe d'*un coopérateur, une voix*.

Dans les coopératives agricoles, par exemple — en particulier les *coopératives d'utilisation de matériel agricole* (CUMA) —, les coopérateurs achètent collectivement, pour les partager ensuite, des machines coûteuses qu'aucun d'entre eux ne peut s'offrir individuellement. Les coopératives de consommation permettent aux membres de profiter des économies[17] consécutives à l'élimination des intermédiaires et d'une partie des frais de distribution. Les bénéfices, s'il y en a, sont distribués aux coopérateurs en proportion du montant de leurs achats.

2.4 — LES ENTREPRISES DU SECTEUR PUBLIC

Les entreprises étudiées jusqu'ici — individuelle, sociétaire et coopérative — relèvent toutes du *secteur privé* (ce qui revient à dire qu'elles appartiennent entièrement à des personnes privées). Les entreprises du *secteur public* appartiennent entièrement ou partiellement à une collectivité publique, c'est-à-dire à l'Etat ou à une collectivité locale (région, département ou commune). Dans le secteur public on distingue les entreprises *semi-publiques* (ou *d'économie mixte*), comme Air France, qui associent des capitaux publics et privés ; et les entreprises *publiques*, comme EDF et la SNCF[18], dont tout le capital est public. La collectivité publique exerce dans les deux cas une influence dominante, du fait d'être propriétaire unique ou majoritaire[19].

Une entreprise née dans un secteur peut finir dans l'autre. On appelle *nationalisation* l'opération par laquelle une entreprise passe du privé au public. Ce fut le sort, après l'arrivée au pouvoir de la gauche en 1981, de Thomson (électronique), de Matra (matériel militaire) et de Paribas (finance), entre autres. Ces mêmes entreprises ont été *dénationalisées* après le retour au pouvoir de la droite en 1986. France

17

Télécom devait être privatisée à 49 % en été 1997, mais l'avenir de l'entreprise a été remis en question après le retour au pouvoir de la gauche.

La finalité d'une entreprise publique ou semi-publique, analogue à celle d'une coopérative, consiste à satisfaire des besoins communs aux membres d'une collectivité. Il s'agit de servir et non d'enrichir les habitants d'une commune, d'un département, d'une région ou du pays, selon l'échelle.

V OCABULAIRE

Sigles et acronymes

CA   chiffre d'affaires
EAD   entreprise (ou entrepreneur) à domicile
EURL   entreprise unipersonnelle à responsabilité limitée
INSEE   Institut national de la Statistique et des Etudes économiques
PDG   président-directeur général
PME   petites et moyennes entreprises
PMI   petites et moyennes industries
SA   société anonyme
SARL   société à responsabilité limitée
SCS   société en commandite simple
SNC   société en nom collectif

Lexique français-anglais

action (*f.*)   share
   actionnaire (*m., f.*)   shareholder, stockholder
administrateur (-trice) (*m., f.*)   board member, director
assemblée générale (*f.*)   general stockholders' meeting
bénéfice (*m.*)   profit
chiffre d'affaires (*m.*)   turnover
commandite (*f.*)   synonym of *société en commandite simple* (see below)
   commanditaire (*m., f.*)   limited (sleeping, silent, dormant) partner (who finances a company managed by others)

commandité(e) (*m., f.*)   active partner (who runs a company financed in part by others)
commanditer   to finance a business (limited partnership) managed by others
conseil d'administration (*m.*)   board of directors
coopérative (entreprise ~) (*f.*)   cooperative (« coop »)
créancier (-ière) (*m., f.*)   creditor
dividende (*m.*)   dividend
entreprise (*f.*)   business ("To own and operate a business," etc. *Business* in the abstract sense—"Business is business"—would normally be translated by *les affaires*.)
entreprise individuelle (*f.*)   sole (or single) proprietorship
faillite (*f.*)   bankruptcy
gérant(e) (*m., f.*)   director, manager
part sociale (*f.*)   share (in a partnership)
président(e)-directeur(-trice) général(e) (PDG) (*m., f.*)   president and chairman of the board
société (*f.*)   company
   société à responsabilité limitée (SARL)   limited liability company or limited liability partnership (LLC or LLP, depending on the state and the bylaws)
   société anonyme (SA)   corporation
   société de capitaux   corporation
   société de personnes   partnership
   société en commandite simple (SCS)   limited partnership
   société en nom collectif (SNC)   general partnership

A CTIVITÉS

I. Traduction

A. *Français → anglais (version)*

1. Les actionnaires d'une société anonyme touchent des dividendes en proportion du nombre des actions détenues.

2. Dans notre société la gestion est assurée par un conseil d'administration et un président-directeur général.

3. Les critères juridiques se rapportent à des considérations telles que la *propriété de l'entreprise* (A qui appartient-elle ?) ; l'*origine du capital* (Qui apporte les biens nécessaires à la création de l'entreprise ?) ; la *responsabilité* (Qui assume les risques ? Jusqu'où vont-ils ?) ; les *organes de gestion* (Qui prend les décisions ?) ; et la *personnalité juridique* (L'entreprise est-elle une « personne morale » ?).

4. Tous les associés d'une société en nom collectif sont indéfiniment et solidairement responsables des dettes sociales, et tous peuvent être poursuivis par leurs créanciers.

5. Dans une société en commandite simple, les associés se divisent en deux groupes : les commanditaires et les commandités.

6. Veuillez m'expliquer la différence entre une action et une part sociale.

7. Un artisan peut créer une EURL, n'est-ce pas ?

8. L'entreprise coopérative ne dédaigne pas les bénéfices, mais sa véritable finalité est ailleurs.

9. Heureusement, sa responsabilité était limitée au montant de son apport.

10. Comment juguler le chômage en France ? En refusant de rendre au secteur privé les entreprises nationalisées.

B. *Anglais → français (thème)*

1. In a general partnership the partners know and trust each other.

2. Since he started his business his profits have gone up 10% per month.

3. An incompetent manager drove the company to bankruptcy.

4. After Amelio's departure, the board members had a hard time electing a new CEO.

5. As a sleeping partner his liability is limited, but he has no say in management issues.

6. The corporation imposes almost no restrictions on the sale of shares.

7. I don't know if the oft-quoted proverb "Business is business" came to France from Britain or the United States.

8. Home-based businesses are more common in the United States than in France.

9. Fortunately, his liability was limited to the amount of his investment.

10. How can the French modernize their economy? By reducing their bloated public sector with massive privatizations.

II. Entraînement

1. Qu'est-ce qu'une *entreprise* ? Selon quels critères classe-t-on les entreprises ? Comment se mesure la taille d'une entreprise ? Sur quelles considérations se fondent les critères juridiques ?

2. Qu'est-ce qui distingue les secteurs primaire, secondaire et tertiaire ? Qu'apporte de nouveau le « secteur quaternaire » ?

3. Définissez les termes suivants : *chiffre d'affaires, apport, siège social, dénomination sociale, associé.*

4. Qu'est-ce que la *personnalité juridique* ? Quelles sont les deux sortes de personnalité juridique ? En quoi une personne morale ressemble-t-elle à une personne physique ?

5. Qu'est-ce qu'une entreprise individuelle ? Comment l'entreprise individuelle diffère-t-elle de la société ? En quoi la responsabilité d'un entrepreneur individuel est-elle « illimitée » ?

6. Quelles sont les trois catégories de sociétés ? Selon quels critères se définissent-elles ?

7. Expliquez l'affirmation suivante : « Dans la société en nom collectif tous les associés répondent indéfiniment et solidairement des dettes sociales. »

8. En quoi la *société en commandite simple* se distingue-t-elle de la *société en nom collectif* ? Qu'est-ce qui distingue le *commanditaire* et le *commandité* ?

9. Quelle est la différence essentielle entre la *société de personnes* et la *société de capitaux* ? Expliquez à cet égard l'expression *intuitu personæ*. Pourquoi qualifie-t-on d'*anonyme* la société de capitaux la plus répandue ?

10. Quelle est la différence essentielle entre les *parts sociales* d'une société de personnes et les *actions* d'une société de capitaux ?

11. Décrivez brièvement les organes de gestion d'une société anonyme.

12. Nous avons présenté la *société à responsabilité limitée* comme une « forme intermédiaire entre la société de personnes et la société de capitaux ». En quoi ressemble-t-elle à l'une et à l'autre ?

13. Qu'est-ce qu'une *entreprise unipersonnelle à responsabilité limitée* ? Pourquoi est-elle une forme « très particulière » de SARL ?

14. L'entreprise coopérative, avons-nous dit, se distingue de l'entreprise sociétaire par son objectif. En quoi consiste cet objectif ? Comment se réalise-t-il dans les coopératives agricoles ?

15. Qu'ont en commun les entreprises individuelles, sociétaires et coopératives ? Qu'est-ce qui les distingue des entreprises du secteur public ?

III. Matière à réflexion

Autour du mot *entreprise*. — Ce n'est qu'au XXᵉ siècle qu'est devenu courant le sens que nous avons indiqué (unité économique…). En vous aidant d'un bon dictionnaire (tel que le Robert), essayez d'expliquer ce sens à la lumière des sens premiers du mot. Etudiez à cet égard les mots apparentés : *entreprendre, entrepreneur, entreprenant*. Qu'est-ce que l'*esprit d'entreprise* ?

Notes

1. L'Institut national de la statistique et des etudes économiques.

2. L'effectif d'une entreprise est le nombre des personnes qui la constituent.

3. Le sigle s'emploie au singulier aussi bien qu'au pluriel. *Une* PME est une entreprise ayant moins de 500 salariés. Le sigle PMI désigne les *petites et moyennes industries*. Les PMI constituent une subdivision des PME (toutes les PMI sont des PME, mais l'inverse n'est pas vrai). C'est donc à tort que l'on oppose les deux catégories, ou que l'on parle des PMI comme s'il s'agissait d'une classe à part.

4. Le créateur d'une entreprise individuelle (l'entrepreneur) ne reçoit pas de salaire ; son revenu se compose des bénéfices° qu'il réalise dans l'exercice de son activité.

5. Il s'agit des *entreprises à domicile* (EAD). L'expression est française et désigne avec précision ce dont il s'agit. Il fallait donc la remplacer. C'est fait : les EAD sont désormais des « Soho » (de l'anglais *small office/home office*). Le nouvel acronyme, étant d'origine américaine, ne peut pas manquer de faire fortune. Peu importe qu'il soit impropre (*Soho* regroupe en anglais les *très petites entreprises* [TPE] aussi bien que les EAD, alors qu'en français il s'emploie le plus souvent pour désigner seulement les EAD).

6. Les matières premières *(raw materials)* sont les produits de base, n'ayant subi aucune transformation, qui résultent d'opérations de récolte (agriculture, pêche) et d'extraction (mines, pétrole).

7. Ne pas confondre *secteur* et *branche*. Pour l'INSEE, une branche regroupe toutes les unités fabriquant la même catégorie de *produits* (la branche des combustibles, par exemple). L'INSEE distingue trente-six branches.

8. L'artisan effectue un travail manuel qualifié (qui exige une formation professionnelle, des compétences particulières) à titre indépendant (pour son propre compte). L'artisan peut employer au plus neuf salariés. Sont artisans, par exemple: le charpentier, le garagiste, le plombier, le menuisier, le boulanger, le coiffeur.

9. Malgré le mot *unipersonnelle*, cette forme juridique se range parmi les sociétés, comme on le verra plus loin.

10. Il est à remarquer pourtant qu'*associé*, et non *partenaire*, traduit dans ce contexte l'anglais *partner*.

11. Du vieux français *bailler* (donner).

12. On appelle *raison sociale* une telle dénomination.

13. Cette gestion est celle de la grande majorité des sociétés anonymes. Il existe une autre structure, d'institution plus récente et qu'ont choisie environ 10 % des SA. Elle comprend : un *conseil de surveillance* (à la place du conseil d'administration), dont les membres sont élus par les actionnaires, et un *directoire* (à la place du PDG), dont les membres (de deux à cinq) sont nommés par le conseil de surveillance. Parmi les différences entre les deux types de gestion, retenons les suivantes. 1. A la différence des administrateurs, les membres du conseil de surveillance ne participent que de loin à la gestion, se contentant normalement de *surveiller* les membres du directoire (les directeurs). 2. La structure « de type nouveau » est cependant moins autocratique, puisque les directeurs assurent de façon collégiale la gestion. 3. Le PDG est obligatoirement actionnaire, alors que les directeurs peuvent être choisis en dehors de la société, ce qui a pour effet, en séparant la propriété de la société et sa gestion, de « professionnaliser » celle-ci et de l'ouvrir aux compétences extérieures.

14. Les conditions de cession sont pourtant moins contraignantes que dans la société de personnes. Les parts sociales d'une SARL sont librement cessibles entre les associés eux-mêmes, et aux conjoints, ascendants et descendants (c'est-à-dire aux époux, parents et enfants), mais pas aux « tiers » (tous les autres) sans l'accord d'une majorité des associés.

15. En contrepartie de leur responsabilité limitée, les associés doivent réunir, au moment de la constitution de la société, un capital minimum de 50 000 F (pour couvrir les dettes en cas de faillite). Aucun capital n'est exigé pour la création d'une société de personnes, car les associés engagent la totalité de leur patrimoine personnel.

16. Pour faire face aux dettes de la société en cas de faillite. Voir la note précédente.

17. La notion d'*économie* brouille les limites entre *coopérative* et *société*. Le fait est qu'il règne dans ce domaine la plus grande confusion, et nous avons simplifié quelque peu afin de ne pas y contribuer. Depuis 1978 la notion d'*économie* entre en effet dans la définition de *société*, à l'endroit des points de suspension dans notre citation (2.2.) : « en vue de partager le bénéfice *ou de profiter de l'économie* qui pourra en résulter ». Dès lors la distinction entre *société* et *coopérative* devient problématique, du moins au niveau de l'objectif de l'entreprise, et doit se faire selon des critères ayant trait à la gestion et aux modalités de répartition des bénéfices.

18. Electricité de France ; la société Nationale des chemins de fer français.

19. L'INSEE, entre autres, préfère la notion de *contrôle* ou d'*influence dominante* pour définir l'entreprise publique. La raison en est que, dans certaines conditions, l'Etat peut exercer une influence dominante dans une entreprise dont il n'est pas majoritairement propriétaire.

21

MODULE 2

Création, croissance et déclin de l'entreprise

Les entreprises, comme les êtres vivants, naissent, se développent et meurent. Elles doivent s'adapter à leur environnement, et nombreuses sont celles qui n'y réussissent pas. Il se crée chaque année en France environ 200 000 entreprises, dont la moitié disparaissent au bout de cinq ans. Dans les marchés de plus en plus mondialisés, la loi du plus fort a pour conséquence, comme dans la nature, la *survie des plus aptes*.

1. LA CRÉATION D'UNE ENTREPRISE

Avant 1985 les nombreuses formalités nécessaires à la création d'une entreprise incombaient au créateur lui-même. Il devait, par exemple, faire une demande d'immatriculation au Registre du commerce et des sociétés (RCS)[1], publier un avis de constitution d'entreprise dans un journal d'annonces légales, faire une déclaration d'existence à divers organismes (administration fiscale, l'URSSAF, l'INSEE, services d'assurances maladie et vieillesse, etc.).

Un tel parcours d'obstacles n'était évidemment pas de nature à favoriser la création d'entreprises. Aussi les procédures furent-elles simplifiées en 1985 par la mise en place, sous l'égide des Chambres de Commerce et d'Industrie, des Centres de formalités des entreprises (CFE). Depuis lors le futur chef d'entreprise n'a qu'à se présenter au CFE de sa région pour constituer un dossier ; c'est le CFE qui s'occupe des formalités auprès des différents organismes et services. Grâce au nouveau système, il est possible de créer une entreprise en quelques semaines.

Les conditions à remplir dépendent du statut juridique de l'entreprise. Elles sont les moins contraignantes dans le cas de l'entreprise individuelle et se réduisent pour l'essentiel aux formalités mentionnées ci-dessus. Aucun capital minimum n'est exigé, les dettes de l'entreprise étant couvertes, en cas de faillite,° par le patrimoine personnel de l'entrepreneur.

Les conditions se compliquent lorsqu'il s'agit de créer une société. Il faut d'abord déposer au greffe[2] du tribunal de commerce un document qui constitue officiellement la nouvelle société et en précise les règles de fonctionnement. Ce sont les *statuts*° de la société, où figurent certaines mentions obligatoires : forme ; siège ; dénomination ; objet ; capital ; identité des associés (dans le cas d'une société de personnes) ; règles relatives aux actions, à la distribution des bénéfices et aux assemblées générales (pour une société anonyme), etc.

Pour créer une société de personnes il faut au moins deux associés (au moins un commanditaire et un commandité, dans le cas d'une société en commandite simple). Aucun capital minimum n'est exigé, puisque les associés, comme l'entrepreneur d'une entreprise individuelle, engagent la totalité de leur patrimoine personnel. Pour créer une société anonyme il faut au moins sept associés (actionnaires), ainsi qu'un capital minimum allant de 250 000 à 1 500 000 francs (selon les modalités de mise en vente des actions). Pour créer une SARL « traditionnelle » il faut qu'au moins deux associés, et au plus cinquante, réunissent un capital minimum de 50 000 francs. L'unique associé d'une EURL doit disposer de la même somme.

❷ LA CROISSANCE DE L'ENTREPRISE

La nouveau-née, à peine viable, s'appliquera aussitôt à croître. Sa croissance se mesurera à l'augmentation d'indicateurs quantitatifs tels que son chiffre d'affaires, le montant de son capital, sa part de marché, son effectif ou le volume de sa production. Grâce aux *économies d'échelle*[3] ainsi réalisées, l'entreprise peut devenir plus compétitive en baissant ses prix. Le plus souvent la croissance n'est donc pas une option, mais un impératif économique.

Il y a deux sortes de croissance : *interne* et *externe*. La croissance interne caractérise l'entreprise qui crée de nouvelles capacités de production en développant ses propres ressources. C'est le cas, par exemple, d'une entreprise qui achète des machines, embauche des employés ou fait construire une nouvelle usine. La croissance externe caractérise l'entreprise qui achète à d'autres entreprises des capacités de production déjà existantes. Dans ce cas il s'agit ordinairement d'un *regroupement* entre deux ou plusieurs entreprises.

La croissance externe a pour conséquence naturelle la *concentration*. On dit qu'une branche se concentre lorsqu'elle présente simultanément une réduction du nombre des entreprises et une augmentation de leur taille.

Pour aller plus loin :

les modalités de la croissance externe.

Les entreprises peuvent se regrouper de plusieurs façons. La *fusion*° résulte de la mise en commun des moyens de production de deux entreprises, lesquelles cessent d'exister en donnant naissance à une entreprise nouvelle[4]. On parle plutôt d'*absorption* lorsqu'une entreprise rachète une autre entreprise, laquelle cesse d'exister. Il y a *prise de participation* lorsqu'une entreprise achète des actions appartenant à une autre entreprise, laquelle continue d'exister. La participation est *minoritaire* s'il s'agit de moins de 50 % des actions ; autrement elle est *majoritaire*, et dans ce cas on parle de *prise de contrôle*.° On appelle *filiale*° l'entreprise contrôlée, et *société-mère*° celle qui la contrôle. La prise de contrôle se réalise souvent au moyen d'une *offre publique d'achat*° (OPA), opération par laquelle une entreprise offre publiquement aux actionnaires d'une société cotée en Bourse[5] de leur racheter leurs actions à un prix supérieur à celui du marché. L'OPA est un succès si assez d'actionnaires vendent pour donner à l'entreprise offreuse une majorité d'actions.

❸ L'ENTREPRISE EN DIFFICULTÉ

Malgré les procédures d'alerte mises en place en vue de prévenir les difficultés, chaque année un nombre inquiétant d'entreprises se trouvent en état d'« insuffisance de fonds ». Ainsi appelle-t-on, un peu euphémiquement, la situation d'une entreprise jugée encore saine, mais ayant besoin de conseil. L'entreprise en difficulté peut demander dans ce cas un *règlement amiable*. A l'ouverture de cette procédure le tribunal de commerce nomme un *conciliateur* dont la mission est de négocier un accord

Pour aller plus loin :

les modalités de la concentration.

La concentration est dite *horizontale* lorsqu'elle regroupe des entreprises de la même branche (qui produisent le même produit ou la même catégorie de produit). La branche des automobiles en France et celle des logiciels aux Etats-Unis présentent deux exemples de forte concentration. Il peut en résulter une diminution de la concurrence, avec, au terme, une situation d'oligopole[6] ou même de monopole. La concentration est dite *verticale* lorsqu'elle regroupe des entreprises complémentaires (c'est-à-dire clientes). Citons en exemple le fabriquant de meubles qui acquiert d'abord les entreprises auxquelles il achetait du bois et de la mousse (concentration *en amont* : en direction des fournisseurs de matières premières et de produits semi-finis), puis la chaîne de magasins à laquelle il vendait ses meubles (concentration *en aval* : vers les clients[7]). La concentration verticale permet à l'entreprise de dominer tout un cycle de production, au prix, bien entendu, d'une gestion compliquée.

entre le débiteur° et ses créanciers° portant sur les délais de paiement et les sommes à payer. Pendant cette période, longue de trois mois, les créanciers doivent normalement suspendre toute poursuite contre leur débiteur.

Si, sa situation empirant, l'entreprise s'avère incapable d'exécuter l'accord du règlement amiable, on dit qu'elle est *en état de cessation de paiement*, c'est-à-dire, selon les termes de la loi du 25.01.85, dans « l'impossibilité de faire face au passif exigible [ce que les créanciers sont en droit d'exiger] avec son actif disponible [les ressources dont elle dispose] ». Autrement dit, *l'entreprise ne peut pas payer ses dettes*. C'est alors qu'à l'initiative des créanciers, ou du débiteur lui-même, une procédure de *redressement judiciaire* peut être ouverte. Le tribunal nomme un *administrateur* qui, pendant une période d'observation longue de six mois, étudie la situation financière de l'entreprise afin d'en établir le bilan[8]. Pendant cette période l'entreprise continue d'être dirigée par ses responsables, mais avec la collaboration et sous la surveillance de l'administrateur. Toute poursuite par les créanciers est suspendue. Au bout de six mois l'administrateur soumet un rapport dans lequel il propose soit un plan de redressement de l'entreprise, soit la *liquidation judiciaire*. Le tribunal décide alors du sort de l'entreprise en adoptant l'une ou l'autre de ces deux options.

Pour aller plus loin :
la faillite de côté et d'autre de l'Atlantique.

Aux Etats-Unis comme en France, il y a une série d'étapes destinées à retenir l'entreprise sur la pente de la faillite. A l'*insuffisance de financement* correspond plus ou moins ce qu'on appelle en anglais *technical insolvency*, et à la *cessation de paiement, bankruptcy*. Pour l'entreprise en *technical insolvency* il existe de nombreuses procédures, appelées *negotiated settlements*, qui favorisent un règlement à l'amiable par la voie d'un rééchelonnement (*extension*) ou d'une réduction des dettes. En cas d'échec des mesures douces, on passe au *Chapter 11 (of the Bankruptcy Reform Act of 1978)*, autrement dit *bankruptcy reorganization*, qui correspond grosso modo au redressement judiciaire. On appelle *trustee* la personne chargée de la réorganisation ; elle exerce la même fonction que l'administrateur en France. Comme le redressement judiciaire, le *Chapter 11* peut être *voluntary* (si l'entreprise elle-même le demande) ou *involuntary* (invoqué à la demande d'un créancier). Son échec déclenche les procédures du *Chapter 7* (liquidation).

Le tribunal de commerce prononce la liquidation d'une entreprise s'il estime qu'un redressement est impossible ou que le plan de redressement a échoué. Un *liquidateur* est nommé, qui procède à la vente des actifs et veille au remboursement des créanciers. L'entreprise a cessé d'exister.

V O C A B U L A I R E

Sigles et acronymes

CFE   Centre de formalités des entreprises
INSEE   Institut national de la statistique et des etudes économiques

OPA   offre publique d'achat
RCS   Registre du commerce et des sociétés
URSSAF   Union pour le recouvrement des cotisations de sécurité sociale et d'allocations familiales

Lexique français-anglais

créancier (-ière) (*m., f.*)   creditor
débiteur (-trice) (*m., f.*)   debtor
faillite (*f.*)   bankruptcy
filiale (*f.*)   subsidiary

fusion (*f.*)   merger
  fusionner   to merge
offre publique d'achat (OPA) (*f.*)   takeover bid
prise de contrôle (*f.*)   takeover
société-mère (*f.*)   parent company
statuts (*m. pl.*)   charter and bylaws

A C T I V I T É S

I. Traduction

A. *Français → anglais (version)*

1. Dans les statuts d'une société doivent figurer certaines mentions obligatoires : forme ; siège ; dénomination ; objet ; capital ; identité des associés (dans le cas d'une société de personnes) ; règles relatives aux actions, à la distribution des bénéfices et aux assemblées générales (pour une société anonyme), etc.

2. Pour créer une société de personnes il faut au moins deux associés. Aucun capital minimum n'est exigé, puisque les associés, comme l'entrepreneur d'une entreprise individuelle, engagent la totalité de leur patrimoine personnel.

3. La croissance d'une entreprise se mesure à l'augmentation d'indicateurs quantitatifs tels que son chiffre d'affaires, le montant de son capital, sa part de marché, son effectif ou le volume de sa production.

4. Environ 140 000 entreprises françaises ont dû déposer leur bilan en 1996.

5. La croissance interne caractérise l'entreprise qui crée de nouvelles capacités de production en développant ses propres ressources.

6. Si une entreprise double sa production, sans que ses coûts de production augmentent proportionnellement, il y a économie d'échelle, car le coût unitaire de production (c'est-à-dire le coût de chaque unité produite) a diminué.

7. La loi devrait réduire au minimum les faillites, d'où les nombreuses procédures permettant aux créanciers et aux débiteurs de s'arranger.

8. On dit qu'une branche se concentre lorsqu'elle présente simultanément une réduction du nombre des entreprises et une augmentation de leur taille.

9. Pendant le redressement judiciaire toute poursuite par les créanciers est suspendue.

10. Dans les marchés de plus en plus mondialisés, la loi du plus fort a pour conséquence, comme dans la nature, la *survie des plus aptes.*

B. *Anglais → français (thème)*

1. Bankruptcy laws must protect creditors while helping debtors stay in business.

2. What would I have to do to start a résumé business in my home?

3. Is Microsoft going to make a bid to take over Apple?

4. Too many mergers reduce competition.

5. A subsidiary remains distinct from its parent company but is controled by it.

6. My company had to go into bankruptcy reorganization, and the trustee doesn't know what he's doing.

7. Generally speaking, it takes less time to start a business in the United States because there are fewer formalities and conditions.

27

8. How much capital do you need to start a limited partnership in the United States?

9. You've got to understand that we want to merge with your company, not take it over.

10. If a company buys out its suppliers and then the companies that it supplies, it's an example of vertical concentration.

II.   Entraînement

1. Décrivez le rôle des Centres de formalités des entreprises. Comment ont-ils simplifié les procédures de création d'entreprises ?

2. Quelles conditions doit remplir le créateur d'une entreprise individuelle ?

3. A quoi servent les statuts d'une société ? Quelles mentions doivent y figurer ?

4. Quel est le montant du capital minimum exigé pour créer une SA ? une SARL ? une EURL ? Qu'est-ce qui justifie cette condition ? Pourquoi est-ce qu'aucun capital minimum n'est exigé pour créer une entreprise individuelle ou une société de personnes ?

5. A quoi se mesure la croissance d'une entreprise ? Pourquoi la croissance n'est-elle souvent pas une option ? Expliquez à cet égard la notion d'*économie d'échelle.*

6. Qu'est-ce que la croissance *interne* ? En quoi se distingue-t-elle de la croissance *externe* ?

7. Quels sont les différents types de croissance externe ? En quoi la *fusion* se distingue-t-elle de l'*absorption* ? Qu'est-ce qu'une *prise de participation* ? une *prise de contrôle* ? Expliquez à cet égard les notions de *filiale*, de *société-mère* et d'*offre publique d'achat.*

8. Qu'est-ce que la *concentration* ? Qu'est-ce qui caractérise la concentration *horizontale* ? Quelles peuvent en être les conséquences ? En quoi la concentration horizontale diffère-t-elle de la concentration *verticale* ? Quel avantage celle-ci peut-elle présenter ?

9. Qu'est-ce qui distingue l'état d'*insuffisance de fonds* et l'état de *cessation de paiement* ? En quoi le *règlement amiable* diffère-t-il du *redressement judiciaire* ? Décrivez à cet égard le rôle du *conciliateur* et de *l'administrateur.* Qu'arrive-t-il en cas d'échec du règlement amiable et du redressement judiciaire ?

10. Il y a aux Etats-Unis comme en France une série d'étapes destinées à retenir l'entreprise sur la pente de la faillite. Comparez les deux pays de ce point de vue.

III.   Matière à réflexion

1. Renseignez-vous sur les formalités qu'il faut remplir pour créer les différentes formes d'entreprises aux Etats-Unis. Sont-elles plus ou moins contraignantes que celles qui sont en vigueur en France ?

2. Visitez quelques-uns des nombreux sites Web des Centres de formalités des entreprises (CFE) et faites un rapport sur vos découvertes. A quoi servent les CFE? Quel concours apportent-ils aux créateurs d'entreprises? Un bon point de départ: http://www.ccip.fr/drca.htm

(Pour trouver d'autres sites, servez-vous du moteur de recherche de *Yahoo! France.*) Comparez les différentes formes juridiques du point de vue des formalités à accomplir pour l'immatriculation au Registre du Commerce et des Sociétés (RCS). Pour ce faire, commencez au site du CFE de la CCI de Meurthe-et-Moselle, à:

http://www.nancy.cci.fr/2/1/intro.html

Notes

1. Le RCS est un répertoire officiel et public de toutes les entreprises commerciales en France.
2. Le bureau où sont archivés certains documents officiels (minutes des actes de procédure, etc.). On appelle *greffier* l'officier public préposé au greffe.
3. Les économies que l'entreprise peut réaliser en produisant sur une plus grande *échelle* (*economies of scale* en anglais). Si, par exemple, une entreprise double sa production, sans que ses coûts de production augmentent proportionnellement, il y a économie d'échelle, car le coût unitaire de production (c'est-à-dire le coût de chaque unité produite) a diminué.
4. On appelle *scission* l'opération contraire, par laquelle une grande entreprise disparaît en se divisant en deux ou plusieurs entreprises nouvelles. La scission est un phénomène de *déconcentration*.
5. Voir le Module 7 : *La Bourse*.
6. Marché sur lequel il n'y a qu'un nombre très restreint de vendeurs.
7. *En amont, en aval : upstream* et *downstream* en anglais.
8. Description du patrimoine d'une entreprise (c'est-à-dire tout ce qu'elle possède) à une date donnée (voir, au module suivant, ⬅ *Le bilan*). Le bilan, parmi d'autres documents comptables, doit être déposé au tribunal de commerce par l'entreprise au moment où elle se déclare en état de cessation de paiement. Aussi les expressions *dépôt de bilan* et *déposer son bilan* en sont-elles venues à signifier dans l'usage courant *faillite* et *faire faillite*. C'est une erreur dans la mesure où l'entreprise qui a *déposé son bilan* peut se redresser et prospérer.

L'Organisation de l'entreprise

'entreprise est un système organisé. Décrire sa structure, c'est identifier ses éléments constitutifs et leurs relations mutuelles, ainsi que la façon dont se répartissent les diverses tâches effectuées au sein de l'entreprise et par l'entreprise dans ses relations avec l'extérieur.

Ces tâches se regroupent en catégories plus ou moins homogènes appelées *fonctions* ; les activités relevant d'une même fonction ont toutes le même objectif (produire, vendre, etc.). Les fonctions sont confiées à des unités administratives appelées *services.*° Un service est composé d'un groupe de personnes spécialisées dans l'exécution d'une tâche commune. Dans les PME, chaque fonction correspond normalement à un service (ou même à une seule personne). Dans les

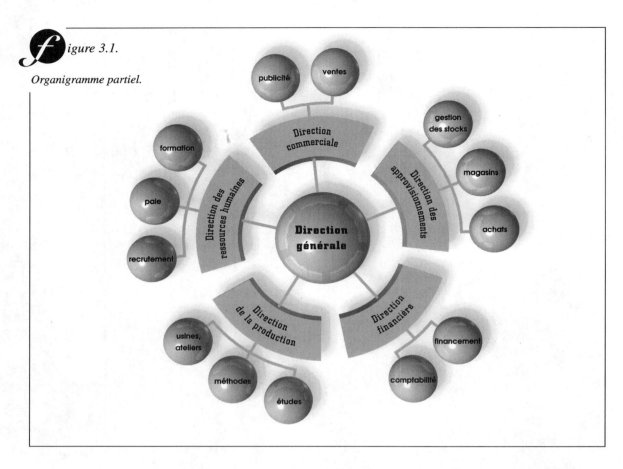

f igure 3.1.

Organigramme partiel.

grandes entreprises, les activités relevant d'une fonction se répartissent entre deux ou plusieurs services.

Les relations entre fonctions, services et postes de travail sont représentées schématiquement par l'*organigramme*° de l'entreprise. La disposition suivante est typique d'une grande entreprise industrielle ; les six fonctions y figurant sont celles que l'on distingue le plus souvent.

Après la *direction générale*, méta-fonction qui préside à toutes les autres, viennent les trois fonctions que l'on pourrait qualifier de « centrales ». Il s'agit pour l'entreprise d'abord de se procurer à l'extérieur les biens et les services nécessaires à son activité (fonction d'*approvisionnement*) ; ensuite de s'en servir pour produire (fonction de *production*) ; enfin de vendre sa production (fonction *commerciale*). Pour remplir ces trois fonctions l'entreprise doit bien gérer ses ressources financières et humaines, d'où les fonctions dites « d'appui » : la finance et le personnel.

1.   La direction générale

Il y a dans toute entreprise, à tous les niveaux, ceux qui prennent les décisions et ceux qui les exécutent (ces deux groupes pouvant évidemment se recouvrir partiellement). Certaines décisions concernent les affaires courantes ; d'autres engagent à moyen ou à long terme l'avenir de l'entreprise. Les premières, dites *opérationnelles*, sont les plus nombreuses et les moins importantes. Les secondes, dites *tactiques* et *stratégiques*, relèvent de la *direction*,° et au plus haut niveau, de la *direction générale.*°

La direction de l'entreprise est du ressort des *cadres,*° ainsi appelés parce qu'ils *encadrent* (c'est-à-dire dirigent) le travail des autres. On est *cadre moyen*° ou *supérieur*° selon qu'il s'agit de décisions tactiques ou stratégiques. Au sommet du personnel d'encadrement° trônent les dirigeants[1] : le chef d'entreprise, le patron (entreprise individuelle), le gérant (SNC ou SARL), le directeur général (SA). Ce sont eux, pourrait-on dire en jouant un peu sur les mots, qui fixent la *direction générale* de l'entreprise.

2. L'approvisionnement°

Cette fonction regroupe toutes les activités qui permettent à l'entreprise de disposer des biens et des services dont elle a besoin pour produire. Dans les grandes entreprises cette fonction se divise normalement en deux services : le service des *achats* et le service du *magasinage* (auquel s'ajoute dans certaines entreprises un service de *gestion des stocks*).

Le sens des mots :

gestion, management.

Au substantif *gestion*° correspond le verbe *gérer.*° On est *gérant* (en titre) si l'on gère une société (SNC ou SARL) et *gestionnaire* si l'on gère une affaire. *Gestion* et *gérer* sont plus ou moins synonymes de *direction* et de *diriger* ; il s'agit dans les deux cas de *conduire.* C'est *gestion* qui s'emploie pourtant lorsqu'il s'agit de l'administration des activités d'un domaine délimité, d'un champ plus restreint : *la gestion des stocks, des risques, des finances, du personnel* et même *du temps.* Dans ces emplois le mot traduit bien l'anglais *management.* Malgré cette correspondance, le mot anglais a fait fortune *en français*, et depuis les années 70 il est bien implanté dans l'usage. Typique à cet égard du franglais en général, le sens du mot varie, comme d'ailleurs sa prononciation. Parfois *management* est employé comme synonyme de *gestion* ou de *direction*, mais le plus souvent il s'agit d'*un certain style de direction*, un style venu d'Amérique avec le mot. Dans ce sens le bon *manager* — ou est-ce *manageur* ? — est celui qui préfère la collaboration au commandement, le dialogue à la direction, la performance au pouvoir.

33

Le service des *achats*° a pour mission de fournir à l'entreprise les matières premières° ainsi que les produits semi-finis et finis nécessaires à son activité. L'acheteur° est chargé de choisir les fournisseurs,° de négocier les contrats, de passer les commandes° et d'en assurer le suivi.°

Une fois livrées,° les marchandises en attente d'utilisation constituent des stocks que le service du *magasinage*° a pour mission de gérer efficacement[2]. Il s'agit d'abord de réceptionner les livraisons° (les recevoir en vérifiant leur conformité à la commande), ensuite de les ranger dans *l'entrepôt*° (opérations de *manutention*[3]), enfin de les livrer aux services de production. Cette *gestion matérielle des stocks* est du ressort du *magasinier.*° On appelle *gestion économique des stocks* l'ensemble des méthodes et des opérations qui permettent de déterminer et de maintenir le niveau optimal des stocks (contrôle et comptabilisation des entrées et des sorties, établissement des modalités de réapprovisionnement, etc.).

3. La production

Cette fonction regroupe toutes les activités ayant pour but la création de biens ou de services. Dans une grande entreprise industrielle la production se répartit entre plusieurs services : le *bureau des études*, où le produit est conçu, de plus en plus à l'aide de la conception assistée par ordinateur (CAO) ; le *bureau des méthodes*, qui détermine les procédés de fabrication ; le *service de l'ordonnancement*, qui planifie les opérations de production (délais, enchaînement des tâches, postes de travail, etc.) ; enfin les *ateliers* et les *usines*, de plus en plus automatisés, où s'effectue la production proprement dite.

4.   La fonction commerciale

Cette fonction regroupe toutes les activités ayant pour but d'assurer la vente de la production de l'entreprise. Elle fera l'objet du module suivant (*La Mercatique*).

Pour aller plus loin :

la sous-traitance.°

Dans le domaine de la production, l'un des choix fondamentaux est celui de *faire* ou de *faire faire*. Une entreprise désireuse de réduire ses coûts et de se recentrer sur son activité principale peut décider de confier une partie de sa production à une autre entreprise. Il s'agit dans ce cas d'un contrat de *sous-traitance* ; on appelle *donneur d'ordres* la première entreprise et *sous-traitant* la seconde. La production des automobiles, par exemple, est en grande partie sous-traitée. La sous-traitance concerne le plus souvent la production, mais une entreprise peut sous-traiter d'autres activités, telles que l'archivage, l'entreposage,° la mercatique, la sécurité, le nettoyage, l'informatique, la facturation[4] et même la gestion. Lorsqu'il s'agit d'une fonction autre que la production on tend à employer le nouveau terme d'*externalisation*, proposé pour remplacer le franglais *outsourcing*. La *concession* et le *franchisage*[5] sont deux exemples d'externalisation dans le domaine de la distribution.

5.   La fonction financière

Cette fonction est bipartie : elle regroupe les activités relatives, d'une part, à *l'acquisition* des fonds nécessaires aux opérations de l'entreprise ; d'autre part, à *l'enregistrement* et au *contrôle*[6] des mouvements de ces fonds. Il s'agit, en d'autres termes, du *financement* de l'entreprise (voir, ci-dessous, ⇨ *Les sources de financement*) et de sa *comptabilité*° (voir, ci-dessous, ⇨ *La comptabilité*).

Pour aller plus loin :

les sources de financement.

Lors de sa création et au cours de son existence, l'entreprise a besoin de capitaux pour financer à long terme ses investissements et à court terme son cycle d'exploitation (production et commercialisation). D'où viennent ces fonds ? On distingue deux catégories de ressources dont une entreprise peut disposer : externes et internes.

1. Les *ressources externes* (appelées aussi *fonds étrangers*) proviennent d'*emprunts*° auprès de particuliers ou d'institutions en dehors de l'entreprise. Classés selon leur durée, les emprunts sont *à court terme* (moins de deux ans), *à moyen terme* (de deux à sept ans) ou *à long terme* (plus de sept ans). L'emprunt est *indivis* lorsqu'il y a un seul prêteur° (fournisseur, banque ou autre établissement de crédit), et *obligataire* lorsqu'il y a de nombreux prêteurs[7].
2. Or les emprunts ont l'inconvénient majeur d'être remboursables, principal et intérêt ; d'où l'avantage des *ressources internes* (appelées aussi *fonds propres*). Celles-ci sont de deux sortes :

a. On appelle *capital social* l'argent (apport en numéraire) ou les biens (apport en nature) que les propriétaires d'une entreprise lui apportent au moment de sa création ou au cours de son existence. Ce capital constitue une sorte de dette de la société envers ses propriétaires, mais une dette qui n'est exigible[8] qu'en cas de dissolution de l'entreprise. Il s'agit donc d'une ressource stable.

b. Au cours de son activité l'entreprise dégage des bénéfices dont une partie est distribuée aux propriétaires. La partie non-distribuée constitue une réserve monétaire qui sert à l'*autofinancement* de l'entreprise.

Qu'il s'agisse de fonds générés par son activité (autofinancement) ou apportés par ses propriétaires (capital social), les ressources internes de l'entreprise lui permettent de financer ses besoins sans accroître son endettement.

6. Les ressources humaines

Les activités relevant du *personnel* se divisent en plusieurs catégories dont chacune correspond, dans les grandes entreprises, à un service plus ou moins autonome : recrutement, rémunération, formation, etc. Mais la fonction s'élargit depuis quelques décennies, et à ces domaines « classiques » il faut ajouter ceux qui visent plus généralement au maintien d'un bon climat social dans l'entreprise : amélioration de la communication, résolution des conflits, participation du personnel à la prise de

Pour aller plus loin :

la comptabilité (le bilan).

La loi impose à toute entreprise d'enregistrer au jour le jour les *rentrées* et les *sorties* d'argent. Les rentrées sont les sommes reçues, celles qui « entrent en caisse » (synonymes : *recettes*, *encaissements*) ; les sorties sont les sommes dépensées (synonymes : *dépenses*, *décaissements*). En plus de cette comptabilité quotidienne, l'entreprise doit en faire annuellement la synthèse en établissant, à la fin de chaque exercice,° plusieurs documents comptables. Le plus connu de ces documents s'appelle le *bilan*° (de l'italien *bilancio :* « balance »). Le bilan est une description du patrimoine de l'entreprise (c'est-à-dire tout ce qu'elle possède) à une date donnée (généralement le 31 décembre). Le document se présente sous la forme d'un tableau à deux colonnes : à gauche figure *l'actif*° et à droite, le *passif.*° On appelle *actif* l'inventaire des biens de l'entreprise et *passif* l'indication de l'origine de ces biens. A l'actif sont inscrits, par exemple : outils, bâtiments et terrains (« immobilisations corporelles ») ; brevets, baux et marques de fabrique (« immobilisations incorporelles ») ; créances (ce qu'on doit à l'entreprise) ; liquidités (sommes à la banque). Au passif sont inscrits essentiellement les capitaux et les dettes de l'entreprise[9]. N.B. : *Le bilan est toujours en équilibre* (le montant du passif est toujours égal à celui de l'actif), puisque chaque bien de l'entreprise provient d'une origine précise[10].

décisions, etc. La fonction s'est rebaptisée en prenant de l'ampleur : au *service* et au *chef du personnel* se sont substitués aujourd'hui la *gestion des ressources humaines* et *le directeur des ressources humaines* (GRH et DRH).

Pour aller plus loin : les représentants du personnel.	En vue d'assurer le dialogue social au sein de l'entreprise, la loi garantit aux salariés une représentation dont les modalités sont réglementées en fonction de la taille de l'entreprise. **1.** Dans les entreprises dont l'effectif dépasse dix, les salariés élisent entre eux un ou des *délégué(s) du personnel,* dont le nombre est proportionnel au nombre des salariés. Leur rôle principal est de présenter à la direction les réclamations individuelles et collectives des salariés. **2.** Les entreprises d'au moins cinquante salariés doivent former un *comité d'entreprise* (CE). De composition tripartie, le CE comprend : le chef d'entreprise, des représentants syndicaux et des représentants élus des salariés, dont le nombre, comme celui des délégués du personnel, dépend de l'effectif de l'entreprise. Le CE doit être informé de la situation financière de l'entreprise, donne son avis sur les conditions de travail et gère les activités culturelles et sociales. **3.** Tout syndicat° ayant une section dans une entreprise d'au moins cinquante salariés peut désigner un ou des *délégué(s) syndical(-aux),* dont le nombre varie selon l'effectif de l'entreprise. Les délégués syndicaux ont pour rôle de défendre les intérêts des syndiqués auprès de la direction. **4.** Les délégués du personnel et le CE désignent ensemble les membres du comité d'hygiène, de sécurité et des conditions de travail (CHSCT).

V OCABULAIRE

Sigles et acronymes

CAO   conception assistée par ordinateur
CE   comité d'entreprise
CHSCT   comité d'hygiène, de sécurité et des conditions de travail
DRH   directeur des ressources humaines
GRH   gestion des ressources humaines

Lexique français-anglais

achats (service des ~) (*m.*)   purchasing (department)
  acheteur (*m.*)   buyer
actif (*m.*)   assets
approvisionnement (*m.*)   supply, procurement
  approvisionner   to supply

s'approvisionner   to obtain supplies
bilan (*m.*)   balance sheet
cadre (*m.*)   executive; management-level employee
  cadre moyen   junior executive; mid-level manager
  cadre supérieur   senior executive; upper-level manager
commande (*f.*)   order
  commander   to order
comptabilité (*f.*)   accounting; bookkeeping
  comptable (*m., f.*)   accountant; bookkeeper
direction (*f.*)   management
  direction générale   general management (*the head office*)
emprunt (*m.*)   loan

emprunter (à) to borrow (from)
encadrement (personnel d'~) (*m.*)
 management-level personnel
entrepôt (*m.*) warehouse
 entreposage (*m.*) warehousing; storage
 entreposer to warehouse; to store
exercice (*m.*) fiscal year
fournisseur (*m.*) supplier
 fournir to supply
gestion (*f.*) management
 gérer to manage
livrer to deliver
 livraison (*f.*) delivery; merchandise delivered
magasinage (*m.*) warehousing; storage
 emmagasiner to warehouse; to store
 magasin (*m.*) warehouse

magasinier (*m.*) warehouse supervisor; stock
 manager
manutention (*f.*) handling
 manutentionnaire (*m.*) warehouseman
matières premières (*f.*) raw materials
organigramme (*m.*) organization chart
passif (*m.*) liabilities
prêteur (-euse) (*m., f.*) lender
 prêter to lend
réceptionner to receive (*merchandise*)
service (*m.*) department
sous-traitance (*f.*) subcontracting
 sous-traitant (*m.*) subcontractor
 sous-traiter to subcontract; to "farm out"
suivi (*m.*) follow-up; monitoring
syndicat (*m.*) union

A C T I V I T É S

I. Traduction

A. *Français → anglais (version)*

1. « Depuis 1990, les salaires réels des cadres, toutes catégories confondues, baissent de 0,5 % par an. » (*L'Expansion*, 25.9.97)

2. La sous-traitance de nos services informatiques nous a permis de faire d'importantes économies.

3. Mon travail consiste à contrôler toutes les rentrées et les sorties de fonds.

4. Le bilan indique l'actif et le passif de l'entreprise à une date donnée.

5. Vers la fin de chaque exercice notre chef-comptable fait une crise de nerfs.

6. En vue d'assurer le dialogue social au sein de l'entreprise, la loi garantit aux salariés une représentation dont les modalités sont réglementées en fonction de la taille de l'entreprise.

7. Les cadres ont un syndicat ? Que se passerait-il alors s'ils faisaient la grève ?

8. Le patron veut savoir qui était responsable du suivi de cette affaire.

9. Notre chef du personnel a un nouveau titre : il se fait appeler désormais « directeur des ressources humaines ».

10. Nous cherchons actuellement de nouveaux fournisseurs pour nos matières premières.

B. *Anglais → français (thème)*

1. We had to let our warehouse manager go when we decided to subcontract our warehousing.

2. It's clear from your organization chart that your upper-level management is bloated.

3. You're overstaffed in purchasing and understaffed in sales.

4. Nowadays businesses can farm out just about any operation, even certain management functions.

5. We'll have to borrow from the bank to finance this expansion.

6. It's a short-term loan carrying an interest rate of 10.8%.

7. Sorry, I'll have to refer you to the head office: they make all the strategic decisions.

8. Their factory can't keep up with the orders.

9. Production is lagging because we have serious supply problems.

10. We're currently looking for new suppliers for our raw materials.

II.   Entraînement

1. Expliquez la notion de *fonction*. En quoi les fonctions d'une entreprise se distinguent-elles des services ?

2. Le terme de *management* est-il employé en français comme synonyme de *gestion* ? Si non, quelle nuance les distingue ?

3. Quelles activités l'*approvisionnement* regroupe-t-il ? Entre quels services ces activités se répartissent-elles dans les grandes entreprises ? Qu'est-ce que la *gestion matérielle des stocks* ? En quoi diffère-t-elle de la *gestion économique des stocks* ?

4. En quels services se divisent, dans une grande entreprise industrielle, les nombreuses activités qui relèvent de la *production* ?

5. Qu'est-ce que la *sous-traitance* ? Dans un contrat de sous-traitance, comment appelle-t-on les deux contractants ?

6. Quelles activités la fonction financière regroupe-t-elle ?

7. Décrivez les différentes *sources de financement*. Distinguez à cet égard : ressources *externes* et *internes* ; emprunts *indivis* et *obligataires* ; emprunts à *court*, à *moyen* et à *long terme* ; *capital social* et *autofinancement*.

8. Qu'est-ce qu'un *bilan* (au sens comptable du terme) ? Quelles en sont les deux parties ? Quelles mentions figurent généralement dans chaque partie ? Pourquoi le bilan est-il toujours en équilibre ?

9. Décrivez les différentes formes de représentation garanties par la loi aux salariés d'une entreprise française.

III.   Matière à réflexion

1. Parmi les principales fonctions de l'entreprise, nous avons distingué une « méta-fonction » (la direction générale), trois fonctions « centrales » (l'approvisionnement, la production et la commercialisation) et deux fonctions « d'appui » (la finance et le personnel). Justifiez cette typologie et ces étiquettes (si elles vous paraissent justifiées).

2. Expliquez, à l'aide d'un bon dictionnaire français-français (comme le Robert) les nuances qui séparent les termes suivants : *chef* (*d'entreprise*), *patron*, *gérant*, *directeur* (*général*), *dirigeant*, *responsable*.

3. Les activités relatives au personnel ont évolué depuis quelques décennies. Décrivez cette évolution. Qu'est-ce qui, à votre avis, pourrait l'expliquer ?

Notes

1. Il ne s'agit pas d'un titre (comme *directeur général*). Le dirigeant, quel que soit son titre, est celui qui exerce le pouvoir au plus haut niveau ; il est le véritable « décideur ». Le mot correspond grosso modo à *CEO* (« chief executive officer ») en anglais.

2. *Magasinage :* action de mettre en magasin ; son résultat (synonyme : *entreposage*). *Magasin* a ici son sens premier : lieu de dépôt de marchandises (synonyme : *entrepôt*). (Ce n'est qu'au XVIIIe siècle que le mot prend le sens d'*établissement de vente*.)

3. *Manutention :* « manipulation, déplacement manuel ou mécanique de marchandises, en vue de l'emmagasinage, de l'expédition et de la vente » (*Dict. Robert*).

4. On appelle *affacturage* la sous-traitance de la facturation.

5. Voir à ce sujet le Module 4 : *La Mercatique* (⊃ *Les formes de commerce*).

6. *Contrôle* est ici, ainsi que dans la plupart de ses emplois, un faux ami. Le terme signifie *vérification* et ne correspond pas à l'anglais *control*.

7. Voir à ce sujet le Module 8 : *La Bourse*.

8. *Exigible :* dont on peut *exiger* le remboursement.

9. On confond parfois, les dictionnaires y aidant, *passif* et *dettes*. Le passif indique *l'origine des biens*. A l'origine d'un bien il y a parfois un emprunt, donc une dette. Mais d'autres biens proviennent des apports des propriétaires, c'est-à-dire du capital social (ce qui explique que le capital figure au passif). Il est vrai que le capital représente une somme dont l'entreprise est « redevable » (dans un sens) aux propriétaires ; il ne constitue pourtant pas une dette au sens comptable du terme parce qu'il n'est ni remboursable ni exigible. Le passif comprend donc les dettes, mais ne s'y réduit pas.

10. C'est donc à tort que Bruezière et Charon écrivent que « le bilan est positif ou négatif selon que l'actif l'emporte ou non sur le passif » (*Le Français commercial*, Tome II, p. 255) : l'actif ne peut l'emporter sur le passif, ni le passif sur l'actif. Le mot *bilan* s'emploie, par extension du sens comptable, dans des expressions telles que : *faire le bilan de la situation, de sa vie, d'un accident,* etc. C'est dans ce sens élargi qu'un bilan peut être positif ou négatif.

La Mercatique

La mercatique°, telle que nous la connaissons aujourd'hui, n'est apparue que vers le milieu du XXe siècle. Jusqu'alors, en Europe comme aux Etats-Unis, la plupart des marchés se caractérisaient par une supériorité de la demande par rapport à l'offre. Le producteur n'avait dans ces conditions qu'à produire : la vente de sa production était plus ou moins assurée.

Depuis la Deuxième Guerre mondiale, et surtout depuis les années 60, la situation s'est inversée : grâce à l'augmentation des capacités de production, l'offre dépasse — ou peut dépasser — la demande. Face aux marchés de plus en plus saturés, le fabriquant doit limiter sa production à ce qu'il est sûr de pouvoir vendre. Dans ce nouveau contexte concurrentiel,° il faut rester à l'écoute du client, prendre conscience de ses besoins en vue de mieux les satisfaire. C'est là précisément l'objet de la *mercatique*, ce qui explique la place d'honneur qu'elle occupe aujourd'hui dans la vie économique. L'entreprise qui refuse de cultiver *l'attitude mercatique* est vouée désormais à l'échec.

Selon le *Journal officiel* du 2 avril 1987, la mercatique est « l'ensemble des actions qui, dans une économie de marché, ont pour objectif de prévoir ou de constater, et, le cas échéant, de stimuler, susciter ou renouveler les besoins du consommateur, en telle catégorie de produits ou de services, et de réaliser l'adaptation continue de l'appareil productif et de l'appareil commercial d'une entreprise aux besoins ainsi déterminés ».

A cette définition un peu emberlificotée, comparons celle que l'American Marketing Association propose du terme *marketing* : « l'ensemble des actions ayant pour objet d'assurer la vente de produits en fonction des besoins des consommateurs ».

Pour aller plus loin :

franglais ou français ?

Importé d'outre-Atlantique en 1944, le terme de *marketing* était pendant longtemps le seul à être employé en France. Ce n'est qu'en 1973 qu'une commission chargée de veiller à l'état de la langue a proposé le néologisme de *mercatique* (du latin *mercatus* : « marché »). Le mot était bien choisi : plus conforme que *marketing* aux tendances phonétiques et morphosyntaxiques du français, il avait l'avantage supplémentaire de se prêter naturellement à l'usage adjectival. Malgré ces atouts, *mercatique* a mis du temps à s'implanter dans l'usage. Le terme a fait des progrès dans les années 80, et en 1990 il faisait une concurrence sérieuse au mot américain. C'est donc à tort que J.-M. Auriac et H. Bougault écrivent en 1994 : « Le marketing, terme anglo-saxon dont la traduction française, la mercatique, reste très peu employée… »[1]. Ce n'était pas vrai en 1994, et c'est encore moins vrai aujourd'hui. Depuis la récente réforme des programmes des BTS tertiaires, les nouveaux manuels emploient systématiquement le mot français. Tout porte à croire que cette tendance se généralisera, et qu'à une décennie d'ici le terme français aura en grande partie supplanté le terme franglais. Espérons-le. Conseil : Employez *mercatique*.

Les définitions citées ci-dessus s'accordent sur l'essentiel. La discipline ainsi définie comporte deux étapes principales : une phase d'étude et une phase opérationnelle. Il s'agit d'abord d'*analyser*, ensuite d'*agir*.

LA PHASE D'ANALYSE

Elle se déroule en deux temps. Au point de départ, *l'étude de marché*° fournit les informations dont l'entreprise a besoin ; au point d'arrivée, la *segmentation du marché* permet de passer à la phase opérationnelle.

L'étude de marché est quantitative ou qualitative. L'étude quantitative, comme l'indique son nom, apporte une réponse chiffrée aux questions : « Qui ? Quoi ? Où ? Combien ? » La méthode qu'elle utilise est celle de l'enquête par sondage,° menée auprès d'un échantillon° représentatif de la population de base, au moyen d'un questionnaire. Si l'échantillon est permanent (composé d'individus interrogés à intervalles réguliers), il s'agit d'un *panel*. Dans le cas contraire, il s'agit d'une *enquête ponctuelle* (dite aussi *ad hoc*).

Lorsqu'un dénombrement ne suffit pas, l'entreprise commande une étude qualitative ayant pour objet d'expliquer ou d'apprécier, voire de pronostiquer. Il s'agit dans ce cas de répondre aux questions : « Pourquoi ? Comment ? » C'est à ce type d'étude que l'entreprise fait appel lorsqu'elle a besoin d'informations, par exemple, sur la motivation des consommateurs. La technique utilisée est celle de l'entretien individuel ou de groupe.

Ayant fait l'objet d'études bien menées, le marché subit ensuite une *segmentation*. Segmenter un marché, c'est le découper en sous-groupes plus ou moins homogènes. Selon les besoins de l'entreprise, ce découpage peut se faire à partir de critères divers : socio-démographiques (sexe, âge, situation familiale) ; économiques (revenu, catégorie socio-professionnelle) ; géographiques (habitat rural ou urbain, sédentaire ou nomade) ; comportementaux (taux et fidélité d'utilisation, montant et fréquence des achats) ; psychologiques (motivations, attitudes, personnalité).

Depuis quelques années, la notion de *style de vie*, ou *sociostyle*, retient tout particulièrement l'attention des mercaticiens. Moins réducteur que les critères unidimensionnels, le sociostyle réunit les individus ayant les mêmes comportements, opinions, goûts et valeurs. Le *Centre de communication avancée* a indentifié six sociostyles dans la population française de 1994 : les matérialistes (25 %) ; les ambitieux (20 %) ; les notables (10 %) ; les nomades (10 %) ; les « networkers » (15 %) ; et les « cocooners » (20 %).

A titre d'exemple, le « cocooner » est marié avec enfants ; il habite en milieu urbain ou péri-urbain. Avec son revenu moyen, il achète au crédit, mais prudemment, dans les hypermarchés pour la plupart, où il aime surtout les rayons du bricolage, de la décoration et de l'électroménager. Il dépense peu pour les vacances et les sorties, ses soucis majeurs étant la sécurité et le confort. On lui prête un « esprit tribal » dans

43

Pour aller plus loin :

marché potentiel et stratégie.

Un découpage traditionnel consiste à diviser la population globale en quatre catégories. On distingue, pour chaque produit commercialisé par une entreprise :

1. les non-consommateurs absolus (qui n'achètent pas le produit et ne l'achèteront jamais) ;

2. les non-consommateurs relatifs (qui ne l'achètent pas mais qui pourraient être amenés à l'acheter) ;

3. les clients actuels de l'entreprise ; et

4. les clients actuels de la concurrence.°

Le *marché potentiel*, objet des efforts du mercaticien, est donc triparti : il réunit l'ensemble de la troisième catégorie, ainsi qu'une partie de la deuxième et de la quatrième. Chacune de ces composantes appelle une stratégie différente : l'entreprise s'attachera d'abord à conserver ses clients par une politique de fidélisation ; ensuite à développer sa part de marché° aux dépens de la concurrence par un meilleur positionnement du produit ; enfin à conquérir les hésitants par une campagne d'incitation à l'achat.

un « village fortifié », c'est-à-dire un réflexe de repli dans un cadre micro-social abritant famille et amis. Il estime, avec Voltaire, qu'« il faut cultiver son jardin ».

A quoi sert la segmentation du marché ? Il est évident qu'un baby-boomer n'a pas le comportement d'achat° d'un retraité, qu'une femme au foyer ne consomme pas de la même façon qu'un cadre supérieur. Une bonne segmentation, effectuée selon des critères pertinents, permet à l'entreprise d'adapter son produit aux attentes du client et de mettre au point, pour chaque groupe identifié, une politique° commerciale appropriée. La segmentation assure, en d'autres termes, un ciblage° efficace.

La phase opérationnelle : le marchéage

L'analyse n'est évidemment pas une fin en soi : il s'agit ensuite de passer à l'action. Les variables sur lesquelles pourra s'exercer l'action de l'entreprise sont au nombre de quatre : le produit, le prix, la distribution et la communication. A chacune de ces variables correspondra une politique appropriée ; leur mariage harmonieux constitue ce que l'on appelle le *marchéage* (ou *plan de marchéage°*).

Pour aller plus loin :

franglais ou français ?

Le terme de *marchéage* est un néologisme proposé par la *Commission de terminologie* du Ministère de l'Economie et des Finances comme traduction du « marketing mix » américain (« the four Ps: product, price, place, promotion »). Aujourd'hui il semble avoir largement remplacé le terme américain, même dans ces bastions du franglais que sont les revues économiques (*L'Entreprise*, *L'Expansion*, *Argent Magazine…*). Il subsiste pourtant bien du flottement dans l'usage du terme. Conseil : Employez *marchéage* pour désigner le dosage et la coordination des différentes politiques en matière de produit, de prix, de distribution et de communication — c'est là justement le « mix » —, et *plan de marchéage* au sens de *politique mercatique* (pour un produit donné).

Le plan de marchéage sera donc constitué des réponses apportées par l'entreprise aux quatre questions suivantes :

1. Quel produit mettre sur le marché ?
2. A quel prix ?
3. Comment distribuer le produit ?
4. Comment le faire connaître ?

1. — LE PRODUIT

Il peut être matériel (un bien) ou immatériel (un service). Parmi les nombreux aspects commerciaux du produit, nous en retiendrons quelques-uns qui relèvent plus directement de la mercatique : la marque, la gamme et l'emballage.

1.1. La marque°

Il s'agit d'« un signe […] servant à distinguer les produits » (loi du 04.01.1991). Elle permet à l'entreprise de positionner son produit par rapport à ceux des entreprises concurrentes.° Positionner un produit, c'est déterminer l'image qu'on veut lui donner auprès du consommateur. Une bonne *image de marque*° étant chèrement acquise, l'entreprise a intérêt à la protéger contre la contrefaçon (imitation frauduleuse). Il suffit, pour ce faire, de déposer — c'est-à-dire faire enregistrer — la marque au tribunal de commerce ou à l'INPI (Institut national de la propriété industrielle) ; la propriété d'une marque déposée confère un monopole d'exploitation pour une période de dix ans renouvelable.

Le sens des mots :

marque, logo, sonal.

La même loi qui définit le terme précise que la marque peut être non seulement une dénomination (mot ou groupe de mots) mais aussi un dessin (un *logo*, forme abrégée de *logotype*) et même une phrase musicale (en franglais, un *jingle* ; en français, un *sonal*). Dans la pratique, le terme est employé le plus souvent pour désigner le nom d'un produit, d'où notre deuxième traduction (« brand name ») dans le lexique.

1.2. La gamme°

Une gamme est une série de produits (a) appartenant à une même catégorie (répondant au même besoin) et (b) proposés par le même fabricant. La notion de *série* est clé, car les produits de la gamme se présentent dans un ordre qui va du moins cher (le produit bas de gamme) au plus cher (le produit haut de gamme). Une gamme est *courte* ou *longue* selon le nombre des produits qui la composent. La gamme des PowerBook Apple, par exemple, a été récemment écourtée en vue de mettre en vedette le G3, nouveau modèle haut de gamme.

Le sens des mots :

gamme, ligne de produits, assortiment.

Le mot *gamme* est parfois employé pour désigner l'ensemble des produits fabriqués et vendus par une entreprise. Dans cette acception (abusive) du terme, tous les produits d'Apple — ordinateurs, moniteurs, imprimantes, etc. — constituent sa gamme ; la série des PowerBook constitue alors une *ligne de produits*. La gamme, ainsi conçue, est plus ou moins *large* selon le nombre des lignes qui la composent, et plus ou moins *profonde* selon le nombre des produits dans chaque ligne. Mais l'emploi des deux termes reste assez flou, et l'un est souvent employé indifféremment comme synonyme de l'autre. Il ne faudrait pourtant pas confondre la gamme (ou ligne) avec *l'assortiment*,° c'est-à-dire l'ensemble des produits d'une même catégorie mais *de marques différentes* proposés dans un magasin. Exemple : Wal-Mart offre un grand assortiment d'appareils photo qui comprend toute la gamme Kodak, ainsi qu'une partie de la gamme Fuji.

1.3.   L'emballage°

L'unité vendue se compose le plus souvent d'un contenu (le produit lui-même) et d'un contenant, appelé *emballage*. Il s'agit de l'enveloppe matérielle du produit : boîte, bocal ou bouteille, sac, pack ou carton… Outre ses fonctions physiques (transport, protection), l'emballage remplit des fonctions mercatiques dont les principales sont celles (a) de *présenter* le produit de façon à en favoriser la vente, et (b) d'*informer* le consommateur.

Cette dernière fonction est remplie par l'*étiquette*° — véritable « carte d'identité » du produit, a-t-on dit — sur laquelle figurent de nombreuses mentions obligatoires. Selon la nature du produit, l'étiquetage doit indiquer, par exemple : marque, quantité, composition, précautions d'emploi, date limite de consommation, numéro du lot de fabrication. L'indication du prix, obligatoire en France depuis 1971, se fait de plus en plus aujourd'hui au moyen du code-barres[2].

Du point de vue de leur (ré-)utilisation, la distinction traditionnelle est celle qui oppose les emballages *perdus* (jetés après avoir servi une fois) et les emballages *consignés*° (facturés au moment de l'achat moyennant remboursement de la *consigne*°). Une catégorie nouvelle, née sous la pression d'impératifs écologiques, est celle de l'emballage *recyclable*.

46

Le sens des mots :

conditionnement,° *emballage.*

Le terme de *conditionnement* désigne en principe le contenant primaire (en contact avec le produit) considéré des points de vue esthétique et commercial, par opposition au contenant secondaire (l'emballage proprement dit) permettant d'assurer le groupage, l'entreposage et le transport. Autrement dit, le premier terme met l'accent sur les fonctions *mercatiques* du contenant (voir ci-dessus), alors que le second insiste sur les fonctions *physiques*. Souvent confondus, les deux termes se réunissent dans le mot américain *packaging*, employé en franglais au sens de : *façon de présenter* (« le packaging d'une star »).

2. LE PRIX

Une fois définis les paramètres du produit, l'entreprise doit fixer le prix auquel il sera vendu (le prix de vente). Si, par rapport à l'Etat, elle dispose en la matière d'une liberté presque entière[3], l'entreprise doit néanmoins tenir compte de nombreuses contraintes, internes (ses frais) aussi bien qu'externes (l'offre et la demande). De là, les trois méthodes de fixation des prix.

2.1.   Fixation des prix en fonction des coûts

Cette méthode consiste d'abord à calculer la somme des coûts,° puis à la majorer[4] d'une marge bénéficiaire.° Ainsi :

Prix de vente = coûts + marge bénéficiaire

Le *prix de revient*° est celui auquel la somme des coûts « revient » à l'entreprise, sans perte ni bénéfice.° Quand l'entreprise vend au prix de revient, on dit qu'elle vend *au prix coûtant.*° Vendre au-dessous du prix de revient (à un prix de vente inférieur à la somme des coûts), c'est vendre *à perte*[5].

Pour aller plus loin :

coûts directs et coûts fixes.

C'est là évidemment un modèle simplifié, qu'il conviendrait de nuancer dans la plupart des cas. L'entreprise commence le plus souvent par calculer ses coûts *directs* (proportionnels au nombre des unités fabriquées), auxquels elle ajoute une marge permettant de couvrir les *coûts fixes* (dits aussi *frais généraux*°) et de dégager un profit. Pour une entreprise de distribution (qui achète des produits en vue de les revendre avec bénéfice), la méthode consiste à appliquer au prix d'achat un coefficient multiplicateur. Ainsi :

prix de vente = prix d'achat × coefficient

Ce sont là autant de variations sur un thème, lequel consiste à reconnaître qu'une entreprise doit être rentable,° et qu'elle n'y parvient pas en se contentant de couvrir ses coûts.

2.2. Fixation des prix en fonction de l'offre

La méthode consiste à déterminer le prix d'un produit à partir des prix de la concurrence. Trois politiques sont envisageables.

1. Si l'entreprise craint une « guerre des prix », elle s'alignera sur le prix moyen du marché.
2. S'il s'agit d'augmenter sa part de marché,° l'entreprise optera pour une *politique de pénétration* consistant à fixer un prix inférieur à ceux des concurrents afin de maximiser ses ventes. La marge unitaire[6] sera faible, mais l'entreprise compte se rattraper sur le nombre des unités vendues.
3. La politique opposée consiste à pratiquer un prix supérieur au prix moyen du marché afin d'atteindre le consommateur « d'élite ». L'objectif est de compenser le nombre réduit des unités vendues par une marge unitaire élevée. On parle dans ce cas de *politique d'écrémage*[7].

2.3. Fixation des prix en fonction de la demande

Conformément aux exigences de l'esprit mercatique (voir ci-dessus), il faut tenir compte non seulement des coûts et des concurrents, mais aussi et peut-être surtout des *attitudes du client*. L'entreprise doit savoir, pour chacun de ses produits, le prix auquel la demande sera la plus forte. Ce chiffre s'apprend généralement au moyen d'une enquête menée auprès d'un échantillon d'acheteurs potentiels à qui deux questions sont posées :

1. « Au-dessus de quel prix estimeriez-vous que, par rapport à la qualité, le produit est trop cher ? » (La moyenne des réponses constitue le *prix plafond.*)
2. « Au-dessous de quel prix douteriez-vous de la qualité du produit ? » (La moyenne des réponses constitue le *prix plancher.*)

47

Entre ces deux extrêmes se situera ce que les mercaticiens appellent le *prix d'acceptabilité* (ou *prix psychologique*), c'est-à-dire le prix auquel un maximum d'acheteurs potentiels est prêt à acheter. Le prix d'acceptabilité est presque toujours inférieur au *meilleur* prix (du point de vue de la rentabilité).

2.4.   Les réductions de prix

Pour rapprocher le prix demandé du prix d'acceptabilité, l'entreprise consentira, pour certaines catégories d'acheteurs et sous certaines conditions d'achat, *des réductions de prix*. En voici les principales :

▲   *L'escompte* est une réduction accordée au client qui paie au comptant[8].
▲   La *ristourne* est un remboursement accordé généralement en fin d'année aux meilleurs clients dont les achats ont atteint un certain seuil.
▲   Les *remises* constituent une catégorie plutôt hétérogène. Le cas le plus fréquent est celui de la « remise pour quantité » accordée au client en raison de l'importance de son achat. Une remise peut aussi être accordée au client qui prend à sa charge un service assuré normalement par le fournisseur (livraison et installation d'un réfrigérateur, par exemple), ou qui achète un article neuf en remplacement d'un ancien, cédé au magasin (reprise d'un ordinateur obsolète, par exemple).
▲   Le *rabais* est une réduction accordée sur le prix d'articles achetés hors saison, non conformes à la commande, livrés avec retard ou défectueux (vêtements défraîchis, machines détériorées, fruits abîmés, etc.). Le rabais a ceci de particulier qu'il *compense* une erreur ou un défaut (alors que la remise, la ristourne et l'escompte *récompensent* le client).

Les réductions *régulières* définies ci-dessus figurent dans le tarif[9] de l'entreprise ; il ne faut pas les confondre avec les « offres spéciales » relevant de la promotion des ventes (voir 4.2.1.).

3. — LA DISTRIBUTION

Après avoir défini le produit (y compris son prix), l'entreprise doit trouver les moyens de le faire parvenir au consommateur. Elaborer une politique de distribution consiste à choisir d'abord un *canal de distribution*, ensuite *un réseau de distribution*, enfin des *méthodes de vente*.

3.1.   Le canal de distribution

On appelle ainsi la voie d'acheminement d'un produit entre le producteur et le consommateur[10]. Selon la longueur du chemin parcouru, le canal est qualifié d'*ultra-court*, de *court* ou de *long*.

▲   Le canal est *ultra-court* (ou *direct*) lorsqu'aucun intermédiaire ne s'interpose entre le producteur et le consommateur. C'est le canal choisi, par exemple, par l'agriculteur qui vend ses tomates au bord de la route. Schématiquement : producteur → consommateur.
▲   Le canal est *court* s'il y a un seul intermédiaire entre le producteur et le consommateur. Ce serait le cas, par exemple, si notre agriculteur livrait ses tomates chez l'épicier de la ville avoisinante. L'épicier remplacerait alors

l'agriculteur dans le rôle du *détaillant*° ; ainsi appelle-t-on le commerçant qui vend en petite quantité directement au consommateur. Schématiquement : producteur → détaillant → consommateur.

▲ Le canal est *long* s'il comporte au moins deux intermédiaires : le détaillant, en contact avec le consommateur, et le *grossiste,*° dont le rôle est d'acheter au producteur pour revendre au détaillant. Dans notre exemple, le grossiste achèterait des tomates en quantité à l'agriculteur afin d'approvisionner° tous les épiciers du voisinage. Schématiquement : producteur → grossiste → détaillant → consommateur.

Le *commerce de détail* caractérise tous les canaux, y compris l'ultra-court, où le producteur est en même temps le détaillant. Le canal long, seul à intégrer le *commerce de gros,* est celui que suivent la plupart des biens de consommation courante. N.B. : Le grossiste achète *en gros* ; le détaillant vend *au détail.*

Pour aller plus loin :

les formes de commerce.

Un autre classement se base, non pas sur la longueur du canal, mais sur l'organisation des intermédiaires qui le composent.

1. Si une seule entreprise réunit les fonctions de gros et de détail, on parle de *commerce intégré* (ou *concentré*). La forme la plus répandue en est le *magasin à succursales* (MAS), dont Casino en France et Wal-Mart aux Etats-Unis offrent deux exemples bien connus. Dans ce cas la maison mère achète en gros, au moyen d'une *centrale d'achat*, des produits qu'elle revend au détail dans ses multiples points de vente° (succursales).

2. Si une entreprise se limite à une seule fonction (de gros ou de détail), on parle de *commerce indépendant*. On ajoute le qualificatif *isolé* (ou *traditionnel*) si l'entreprise se caractérise en plus par une gestion tout à fait autonome, ce qui est typiquement le cas, par exemple, du petit commerce de proximité (voir, ci-dessous, 3.2). A la forme traditionnelle du commerce indépendant, en perte de vitesse depuis plusieurs décennies, tend à se substituer un commerce indépendant *associé*, dont la forme la plus répandue est celle de la *franchise*° (McDonald's, La Brioche dorée, Yves Rocher…). Il s'agit d'un contrat par lequel le franchiseur, propriétaire d'une marque et d'un savoir-faire, en concède l'utilisation au franchisé en échange d'une redevance. Tout en restant indépendant, le franchisé accepte de sacrifier une partie de son autonomie en matière de gestion, d'approvisionnement et de normes de qualité.

49

3.2. Le réseau de distribution

On appelle ainsi l'ensemble des *points de vente*° dont se compose l'avant-dernière étape du canal (celle du détaillant). Les types de points de vente se définissent ainsi qu'il suit :

▲ Le *petit magasin de proximité* (appelé aussi *mini-libre-service* ou, plus récemment, *bazarette*[11]) vend des produits de nécessité courante, à dominante alimentaire, sur une surface de vente inférieure à 120 m^2.

▲ La *supérette* offre un assortiment essentiellement alimentaire sur une surface de vente d'entre 120 et 400 m².

▲ Le *supermarché* présente, sur une surface de vente comprise entre 400 et 2 500 m², l'ensemble des produits alimentaires, ainsi qu'un assortiment réduit de produits non-alimentaires (représentant en moyenne 20 % des ventes). Deux enseignes bien connues en France sont Intermarché et Casino.

▲ L'*hypermarché* a une surface de vente supérieure à 2 500 m² (5 600 m² en moyenne, sur un seul niveau). Il ne s'agit pourtant pas d'un supermarché en plus grand, car l'hypermarché se caractérise par une répartition à peu près égale entre produits alimentaires et non-alimentaires. L'hypermarché typique fait partie d'un centre commercial situé en périphérie. La formule est d'invention française, ce qui explique qu'elle soit si bien implantée en France (Carrefour, Mammouth, Géant, Auchan, Leclerc, Cora…) où elle représente 20 % du commerce de détail.

▲ Le *grand magasin* est, comme l'hypermarché, une « grande surface », c'est-à-dire, selon la définition de l'*Académie des sciences commerciales*, un magasin de détail ayant une surface de vente supérieure à 2 500 m². A la différence pourtant de l'hypermarché, le grand magasin offre un assortiment essentiellement non-alimentaire (habillement, maison, loisirs-culture et beauté, pour la plupart), dans des rayons multiples dont chacun constitue en quelque sorte un magasin spécialisé. Le cas typique est celui d'un magasin d'environ 6 000 m² sur plusieurs niveaux, situé en centre-ville. Il s'agit donc d'une formule assez proche de celle du *department store* américain et britannique. Deux enseignes bien connues en France sont Galeries Lafayette et Printemps.

▲ Le *magasin populaire* est une « moyenne surface » (entre 400 et 2 500 m²) offrant un assortiment assez étendu, non-alimentaire pour la moitié, et composé essentiellement de produits bas de gamme. L'attrait principal du magasin populaire est sa politique de prix, affichée par les enseignes les plus répandues en France : Monoprix, Uniprix et Prisunic.

▲ Les *grandes et moyennes surfaces spécialisées* font concurrence aux hypermarchés dans les secteurs non-alimentaires : sport (Décathlon), électroménager (Darty), ameublement (Conforama), etc.

▲ Les *discompteurs*[12] et les *maxidiscompteurs*, les *minimarges*[13] et les *superminimarges* ont en commun une politique permanente de « prix-choc ». Ayant généralement une surface de vente comprise entre 700 et 1 000 m², ils offrent des produits de consommation courante, à dominante alimentaire. Cette catégorie recouvre en partie les autres : en France, par exemple, Adli et Le Mutant sont des supermarchés maxidiscompteurs.

3.3. Les méthodes de vente

Elles se classent d'abord selon le lieu de la vente (en magasin ou sans magasin), ensuite selon les modalités humaines et matérielles de la transaction.

3.3.1.   *La vente en magasin.* Dans la vente dite *traditionnelle*, la transaction se fait par l'intermédiaire d'un vendeur qui sert et conseille le client. Cette méthode convient aux petits commerces spécialisés où le contact personnel est primordial. Dans la vente en *libre-service,°* le client se sert lui-même, sans l'intervention d'un vendeur, et règle ses achats à la sortie du magasin. Une formule intermédiaire, pratiquée surtout dans les grandes et moyennes surfaces spécialisées, est celle du *libre-service assisté* : le client dispose des services de vendeurs s'il a besoin de conseils techniques.

3.3.2. *La vente sans magasin.* Sous cette rubrique se rangent les différentes formes de la *vente à distance* (VAD), où l'acheteur et le vendeur ne se trouvent jamais en présence l'un de l'autre. La forme traditionnelle de la VAD est la *vente par correspondance* (VPC) : le client choisit ses achats dans un catalogue et passe commande *par courrier*. La VPC est en baisse aujourd'hui, la plupart des commandes étant transmises par Minitel[14] ou par téléphone[15]. Les « magazines de télé-achat »° connaissent, en revanche, une forte croissance depuis quelques années : au cours d'une émission télévisée, longue en moyenne de trente minutes, un animateur présente des produits (dont il est interdit de citer la marque) que les téléspectateurs peuvent commander par Minitel ou par téléphone. La VAD évolue avec le progrès technologique, comme en témoigne la récente apparition, grâce aux réseaux d'Internet, de la *vente en ligne*. Encore embryonnaire aujourd'hui[16], ce dernier avatar de la vente à distance semble promis à un bel avenir.

<table>
<tr><td>

Pour aller plus loin :

la vente à domicile et la vente « par réseau coopté ».

</td><td>

La vente sans magasin n'exclut pas forcément le contact personnel, comme le savent très bien les distributeurs d'Avon et de Tupperware. C'est grâce à la *vente domiciliaire* ou *par réunions* — on dit aussi : « vente autour d'une tasse de café » — que ces marques ont pu réussir en France comme aux Etats-Unis. Une autre méthode, souvent assimilée abusivement à la vente domiciliaire dont elle provient, a été baptisée *vente par réseau coopté* (VRC)[17]. *Coopté* est ici plus ou moins synonyme de *recruté*, et le terme décrit assez bien la méthode. Un distributeur vend à ses amis et connaissances, qui deviennent, s'ils le souhaitent, distributeurs à leur tour. Le réseau de distribution va ainsi en s'élargissant, comme une pyramide renversée, grâce au « bouche à oreille ».°

</td></tr>
</table>

3.4. Le marchandisage°

Avec le développement du libre-service — qui représente aujourd'hui, estime-t-on, presque 50 % du chiffre d'affaires du commerce de détail en France — l'espace de vente lui-même doit tenir de plus en plus le rôle du vendeur disparu ; de là, l'importance accrue du marchandisage. Développé pour la plupart aux Etats-Unis, le marchandisage est arrivé en France dans les années 60 avec le mot qui le désignait : *merchandising*. Le terme français semble aujourd'hui avoir largement remplacé le franglais. Il s'agit d'un ensemble de techniques ayant pour objet de maximiser la rentabilité des points de vente. Ces techniques s'appliquent à trois domaines :

1. l'aménagement du magasin (rayons, mobilier, éclairage, signalétique[18], etc.);
2. la présentation et la disposition des produits ; et
3. le choix de l'assortiment.

Pour bien choisir en matière d'assortiment, le marchandiseur d'un point de vente étudiera la clientèle de la *zone de chalandise*[19] (ou zone d'attraction commerciale), c'est-à-dire le territoire autour du magasin où résident ses clients potentiels.

51

3.5.   La force de vente

On disait naguère *équipe commerciale* ou *équipe de vente* ; aujourd'hui l'expression *force de vente*, calquée sur *sales force*, tend à s'imposer. Quelle que soit l'appellation, il s'agit de l'ensemble du personnel chargé de vendre et de prospecter[20], en contact (direct ou par téléphone) avec la clientèle (actuelle ou potentielle)[21]. On distingue le personnel *sédentaire*, qui ne se déplace pas (les vendeurs en magasin et les télévendeurs[22]), et le personnel *itinérant*. Dans cette deuxième catégorie plusieurs statuts sont possibles, dont le plus fréquent est celui du *représentant*, appelé communément VRP (voyageur-représentant-placier°)[23]. Selon le statut du vendeur, sa rémunération peut être fixe, proportionnelle aux ventes réalisées (commissions et primes°) ou mixte (comportant une partie fixe et une partie variable).

4. — LA COMMUNICATION COMMERCIALE

Il ne sert à rien de faire parvenir auprès des consommateurs un produit qu'ils n'achètent pas. Voici donc qu'intervient la quatrième composante du plan de marchéage : la *communication commerciale*. Elaborer une politique de communication consiste pour l'entreprise à répondre aux questions suivantes : « Quelles informations faut-il transmettre ? A quel public ? Par quels moyens ? » Les réponses varieront selon les cas, mais toujours elles seront dictées par le même critère : que ce soit directement ou indirectement, à court ou à long terme, il s'agit pour l'entreprise de *maximiser ses ventes*. On distingue la communication qui utilise les médias (la publicité°) et celle qui ne les utilise pas (la communication « hors médias »).

4.1.   La communication média[24] : la publicité

On désigne généralement sous le terme de *publicité* les messages commerciaux transmis par les « moyens de communication de masse ». Il faut distinguer ici les médias et leurs supports. Un support est un vecteur particulier d'informations : *Le Figaro* (journal) ; NRJ (station de radio) ; M6 (chaîne de télévision), etc. Un média est un canal de diffusion générale composé d'un ensemble de supports de même nature. En France les quatre grands médias, par ordre d'importance décroissante du point de vue de la publicité, sont : la presse, la télévision, l'affichage et la radio[25]. Aux Etats-Unis, les trois grands sont la presse, la télévision et la radio, auxquels il faudra bientôt ajouter Internet (voir le Module 12).

Les acteurs de la communication média sont d'une part *l'annonceur,*° entreprise consommatrice de services publicitaires, d'autre part *l'agence-conseil en publicité*° (ou *agence de publicité*), entreprise prestataire[26] de services publicitaires. Le premier commande et paie la publicité ; la seconde conçoit et réalise la publicité.

En fonction de l'objet mis en avant par l'annonceur, on distingue trois catégories de publicité.

1. La *publicité de marque* vante les qualités d'un produit dont la marque est citée. Elle est de loin la forme la plus répandue. Lorsqu'elle se propose de changer l'idée que les consommateurs se font d'un produit, d'améliorer sa réputation dans l'esprit du public, on parle de *publicité d'image* (ou *de prestige*).

2. La *publicité collective* (ou *générique,* ou *de branche*) est faite par un groupe d'entreprises pour un produit dont la marque n'est pas citée (« Le thon, c'est bon », « Got milk? »).

3. La *publicité institutionnelle* a pour but moins d'inciter à l'achat que de valoriser l'annonceur lui-même, d'améliorer son image auprès du public (« G.E. : We bring good things to life.»).

Quand la stratégie publicitaire se fonde sur le *cycle de vie* du produit, on distingue : la *publicité de lancement*, dont le but est de faire connaître un produit nouveau ; la *publicité d'entretien*, qui a pour objet de maintenir ou d'accroître les ventes d'un produit connu ; et la *publicité de relance*, qui cherche à ranimer les ventes d'un produit en fin de cycle.

Une troisième typologie se fonde sur les choix médiatiques de l'annonceur :

4.1.1. *La presse.* Arrivant en tête des médias, avec environ 45 % des dépenses publicitaires, la presse doit sa position dominante à l'extrême diversité de ses supports. Le média presse comprend : la presse quotidienne nationale (une dizaine de titres) ; la presse quotidienne régionale (une soixantaine de titres) ; la presse magazine (environ 1 200 titres) ; la presse gratuite (45 millions d'exemplaires distribués chaque semaine) ; et la presse professionnelle et technique (environ 1 600 titres). Cette hétérogénéité permet à l'annonceur de « micro-cibler » par centre d'intérêt des lectorats restreints, avec une forte sélectivité géographique et socio-démographique.

4.1.2. *La télévision.* Par rapport à la presse, les désavantages de la télévision sont nombreux et importants : un coût très élevé, une sélectivité moyenne ou faible, des écrans publicitaires[27] de plus en plus longs. A cette liste il faut ajouter le nombre réduit des supports : six chaînes hertziennes[28], dont trois sont publiques. Si, malgré tous ces inconvénients, la télévision constitue le média le plus puissant, c'est parce qu'elle permet d'atteindre la plus grande audience. Presque tous les foyers français (environ 96 %) sont équipés d'au moins un téléviseur, devant lequel chaque adulte passe en moyenne trois heures par jour. La télévision représente environ 36 % des dépenses publicitaires en France.

4.1.3. *L'affichage.* Il se divise en trois catégories principales :

1. l'affichage mural grand format (4m x 3m) ;

2. l'affichage des réseaux de transports (autobus, métro, gares) ; et

3. l'affichage du mobilier urbain, sur les abribus et les MUPI (mobilier urbain point-information).

Avec 13 % des dépenses publicitaires en France — contre 1 % aux Etats-Unis —, l'affichage arrive en troisième place parmi les grands médias, après la télévision mais avant la radio. Il recule pourtant depuis quelques années, à mesure que se multiplient les campagnes contre la « pollution visuelle » des villes.

4.1.4. *La radio.* On distingue :

1. les radios du secteur public, composé de cinq stations nationales et d'une quarantaine de stations locales sur lesquelles la publicité de marque est interdite ; et

2. les radios du secteur privé, composé d'environ 3 000 stations dont la plupart sont locales.

Ce média se rapproche de la télévision par l'audience qu'il permet d'atteindre, et de la presse par la multiplicité des supports qui le composent. Malgré la prolifération récente des stations locales privées et la forte sélectivité qui en résulte, la radio ne recueille que 8 % des dépenses publicitaires.

53

4.2.   La communication hors médias

Les deux grandes catégories de communication hors médias sont la promotion des ventes et la mercatique directe.

4.2.1.   *La communication hors médias : la promotion des ventes.*° Quelle que soit la forme que prend la communication commerciale, son objet, avons-nous dit, ne varie pas : que ce soit directement ou indirectement, à court ou à long terme, il

> **Pour aller plus loin :**
>
> la pub et la loi en France.

1. Afin de lutter contre les incursions de l'anglais, la loi impose l'usage de la langue française dans toutes les publicités. Si une langue étrangère est employée, il doit y avoir une traduction en français (lois du 31.12.1975 et du 04.08.1994).
2. La publicité comparative « n'est autorisée que si elle est loyale, véridique et qu'elle n'est pas de nature à induire en erreur le consommateur. Elle doit être limitée à une comparaison objective qui ne peut porter que sur des caractéristiques […] vérifiables […]. Lorsque la comparaison porte sur le prix, elle doit concerner des produits identiques vendus dans les mêmes conditions […]. L'annonceur […] doit être en mesure de prouver l'exactitude de ses allégations […] » (loi du 18.01.1992).

s'agit pour l'entreprise de *maximiser ses ventes*. La publicité et la promotion poursuivent donc le même but, et se distinguent par la manière dont elles s'y prennent. La publicité choisit la voie des médias pour agir *indirectement* et *à long terme* sur les *attitudes* du consommateur. La promotion se limite généralement aux lieux de vente, où elle agit *directement* et *à court terme* sur le *comportement* du consommateur. La première dispose à acheter ; la seconde provoque l'acte d'achat. Ainsi s'explique la formule, répétée par tous les manuels, selon laquelle « la publicité attire le consommateur vers le produit, alors que la promotion pousse le produit vers le consommateur »[29].

Les techniques promotionnelles se répartissent en cinq catégories :

1. les réductions de prix (offres spéciales, coupons, trois articles pour le prix de deux, etc.) ;
2. les primes (articles offerts en cadeau aux acheteurs d'un article différent) ;
3. les échantillons et les dégustations (quantités réduites d'un produit remises gratuitement afin d'en permettre l'essai) ;
4. les jeux, les concours et les loteries ; et
5. la publicité sur le lieu de vente, ou PLV (mise en valeur du produit à l'aide de matériels divers : présentoirs, cartons,° stands, affiches, vidéos, sonorisation, animation, documentation, etc.)[30].

4.2.2.   *La communication hors médias : la mercatique directe (ou relationnelle).* Aux voies médiatiques de la publicité, la mercatique directe préfère les moyens de communication qui permettent à l'entreprise de s'adresser *individuellement* — et souvent *personnellement* — au client actuel ou potentiel. Il ne s'agit pas d'embrasser une foule anonyme, comme le font les publicitaires, mais d'établir un contact direct avec les *individus* qui la composent.

L'entreprise dispose, pour ce faire, de plusieurs moyens, dont les deux principaux sont la poste et le téléphone. On appelle *publipostage* (ou *mailing*[31]) une opération de prospection par voie postale. L'envoi comprend ordinairement une lettre qui présente l'offre, une documentation (prospectus, dépliant ou brochure) qui décrit le produit, et un coupon-réponse qui permet au destinataire de continuer le « dialogue ». Le publipostage représente plus de la moitié des dépenses de mercatique directe, mais il est talonné de près par le *démarchage*[32] *téléphonique* (appelé aussi *vente par téléphone*, *télévente*[33] et *phoning*).

Pour aller plus loin :

« la publicité directe ».

En mercatique directe les questions primordiales sont : « A qui envoyer des offres de vente ? A qui téléphoner ? » En effet toute action, pour être rentable, doit se limiter aux individus avec lesquels l'entreprise a intérêt à se mettre en relation. De là, l'importance des *fichiers* et des *bases de données*[34] permettant de cibler les bons prospects. Pour constituer une base de données, ou pour mettre à jour celle qu'elle possède, l'entreprise peut recourir aux médias pour faire parvenir un message auprès du prospect *à qui elle donne le moyen de répondre directement*. A la télévision ce sera un numéro vert (numéro d'appel gratuit) indiqué au cours d'une émission de téléachat ; dans la presse ce sera un coupon-réponse joint à l'annonce. Il s'agit dans ce cas d'une catégorie hybride, à mi-chemin de la publicité et de la mercatique directe. Certains parlent ici de « publicité directe » — expression quelque peu abusive, il faut en convenir, puisqu'en principe la publicité est une communication médiatique.

4.3. La communication « événementielle »

Cette rubrique regroupe toutes les formes de communication commerciale qui sont liées à un événement ou à une série d'événements. Selon que l'événement est ou n'est pas en lui-même commercial, on distingue d'une part les foires, les salons et les expositions, d'autre part le parrainage et le mécénat.

4.3.1. *Les foires, les salons et les expositions.* Il s'agit dans les trois cas d'une manifestation commerciale réunissant de nombreuses entreprises. Le terme de *foire*° tend à s'employer si la manifestation est locale ou régionale et réunit des entreprises de secteurs différents. Le terme de *salon*° désigne en général les manifestations nationales ou internationales regroupant des entreprises du même secteur. Si la manifestation est particulièrement importante et internationalisée, le terme d'*exposition*° est parfois employé. On appelle *exposant* l'entreprise qui participe à une telle manifestation, et *stand* l'emplacement qui lui est réservé. Les foires et les salons sont pour les exposants l'occasion de faire essayer leurs produits, de présenter leurs nouveautés et de constituer des bases de données. Deux manifestations bien connues sont le Salon de l'Automobile et le Salon des Arts ménagers.

4.3.2. *Le parrainage et le mécénat.* Le *parrainage*° est, selon le *Journal officiel* du 31.01.1989, « un soutien matériel apporté à une manifestation, à une personne, à une organisation en vue d'en retirer un bénéfice direct »[35]. Le parraineur peut s'associer plus ou moins étroitement à l'événement qu'il parraine. Telle entreprise se contente d'afficher son nom sur le maillot d'un footballeur ; telle autre va jusqu'à créer l'événement auquel elle prête son nom (« le Trophée Lancôme » en France, « the AT&T Pebble Beach Classic » aux Etats-Unis).

Le *mécénat* est, selon le même numéro du *Journal officiel*, « un soutien matériel apporté, *sans contrepartie directe de la part du bénéficiaire*, à une œuvre ou à une personne pour l'exercice d'activités présentant un intérêt général »[36]. C'est nous qui soulignons « sans contrepartie directe » afin de faire ressortir la différence essentielle entre le mécénat et le parrainage. Alors que le parraineur apporte son aide *en échange de services contractuels*, le mécène s'efface discrètement devant l'événement qu'il soutient. Si le mécène n'est pas désintéressé, du moins doit-il le paraître, ce qui explique qu'aux activités sportives il préfère les manifestations humanitaires et culturelles. Ainsi, les Vins Nicolas ont subventionné la construction de barrages au Mali, alors qu'aux Etats-Unis, « G.E. is proud to support *The McLaughlin Group* ».

Les manuels rangent souvent le parrainage et le mécénat, avec la promotion des ventes et la mercatique directe, dans la communication hors médias. C'est une erreur dans la mesure où la quasi totalité des événements subventionnés sont *médiatisés* — sans quoi il n'y aurait évidemment ni parrainage ni mécénat. Il s'agit en réalité d'une forme de publicité ayant pour but moins l'incitation à l'achat immédiat que la valorisation de l'image du parraineur ou du mécène. Autrement dit, le parrainage et le mécénat relèvent de la *publicité institutionnelle* (voir 4.1.).

V O C A B U L A I R E

Sigles et acronymes

INPI   Institut national de la propriété industrielle
MAS   magasin à succursales (multiples)
PLV   publicité sur le lieu de vente
VAD   vente à distance
VPC   vente par correspondance
VPCD vente par correspondance et à distance
VRC   vente par réseau coopté
VRP   voyageur-représentant-placier

Lexique français-anglais

agence-conseil en publicité (*f.*)   advertising agency
annonceur (*m.*)   advertiser
approvisionner   to supply
approvisionnement (*m.*)   supply, procurement
s'approvisionner   to obtain supplies
assortiment (*m.*)   assortment, selection
base de données (*f.*)   database
bénéfice (*m.*)   profit
bouche à oreille (*m.*)   word of mouth
carton (publicitaire) (*m.*)   display (*in a store*)
ciblage (*m.*)   targeting
cible (*f.*)   target
cibler   to target
comportement d'achat (*m.*)   purchasing behavior
concurrentiel(le) (*adj.*)   competitive

concurrence (*f.*)   competition
concurrencer   to compete with
concurrent(e) (*m., f. et adj.*)   competitor; competing
conditionnement (*m.*)   container, wrapper, etc.; presentation; packaging
conditionner   to wrap, to package; to present
consigner   to charge a deposit (*for a container*)
consigne (*f.*)   deposit
coûts (*m.*)   costs, expenses
détaillant (*m.*)   retailer
détail (*m.*) (**vendre au ~**)   (to sell) retail
échantillon (*m.*)   sample
échantillonnage (*m.*)   sampling
emballage (*m.*)   container, wrapper, packing, etc.; packaging
emballer   to package, to wrap
étiquette (*f.*)   label
étiquetage (*m.*)   labeling
étiqueter   to label
étude de marché (*f.*)   market study
exposition (*f.*)   show, exhibition
foire (*f.*)   fair, show
frais généraux (*m.*)   fixed overhead
franchise (*f.*)   franchise
gamme (*f.*)   line of products
grossiste (*m.*)   wholesaler
gros (*m.*) (**acheter en ~**)   (to buy) wholesale
image de marque (*f.*)   brand image

libre-service (*m.*)   self-service
magasin à succursales (*m.*)   chain store
magazine de télé-achat (*m.*)   infomercial
marchandisage (*m.*)   merchandising
marchéage (*m.*) (**plan de ~**)   marketing mix
  ("the 4 Ps")
marge bénéficiaire (*f.*)   profit margin
marque (*f.*)   trademark, brand name
mercatique (*f.* et *adj.*)   marketing
  mercaticien(ne) (*m., f.*)   marketing expert
parrainage (*m.*)   sponsorship
  parrainer   to sponsor
  parraineur (*m.*)   sponsor
part de marché (*f.*)   market share
point de vente (*m.*)   retail outlet
politique (*f.*)   policy

prime (*f.*) bonus
prix coûtant (*m.*), **vendre au ~**   to sell at cost
prix de revient (*m.*)   cost price
promotion des ventes (*f.*)   sales promotion
  promotionnel(le) (*adj.*)   promotional
publicité (*f.*)   advertising; advertisement,
  commercial
  publicitaire (*adj.*)   pertaining to advertising
  publicitaire (*m., f.*)   advertising professional
rentable (*adj.*)   profitable
  rentabiliser   to make profitable
  rentabilité (*f.*)   profitability
salon (*m.*)   (trade) show, exhibition
sondage (*m.*)   poll
voyageur-représentant-placier (*m.*)   traveling
  salesperson

A C T I V I T É S

I. Traduction

A. *Français → anglais (version)*

1. Une technique promotionnelle courante consiste à distribuer des échantillons sur les lieux de vente.
2. Tous ces détaillants s'approvisionnent chez le même grossiste.
3. Une réduction de nos frais généraux ferait baisser nos prix de revient, ce qui nous rendrait plus concurrentiels.
4. Depuis une dizaine d'années les mercaticiens s'intéressent davantage aux techniques d'emballage.
5. Le parrainage est particulièrement développé dans le monde du sport.
6. La rémunération des VRP peut être fixe, proportionnelle aux ventes réalisées (commissions et primes) ou mixte (comportant une partie fixe et une partie variable).
7. Selon un sondage récent, 20 % des Français regardent régulièrement les magazines de télé-achat.
8. L'étiquette doit obligatoirement indiquer la marque du produit.
9. Un plan de marchéage doit tenir compte du comportement d'achat des consommateurs.
10. Le *mécénat* est « un soutien matériel apporté, *sans contrepartie directe de la part du bénéficiaire*, à une œuvre ou à une personne pour l'exercice d'activités présentant un intérêt général ».

B. *Anglais → français (thème)*

1. Advertising is only one aspect of a larger marketing strategy.
2. Macintosh has to increase its market share if it wants to compete with IBM.
3. Large chain stores have driven the traditional "Mom and Pop" stores to virtual extinction.
4. The department store is a form of retail outlet that does not thrive in a suburban setting.

5. Costs are down and profits are up, thanks to superior merchandising.
6. We're selling at cost just to stay competitive. We've got to find a way to increase profitability.
7. Word of mouth is what every advertiser hopes for.
8. The success of any direct marketing campaign depends on the quality of the database that is used.
9. Just watch the commercials, and you'll know what groups are being targeted.
10. Their policy has always been to stress packaging over product.

II.   Entraînement

1. En quoi consiste « l'attitude mercatique » ? A la suite de quelle évolution économique s'est-elle imposée depuis la Deuxième Guerre mondiale ?
2. Qu'est-ce que la mercatique ?
3. Décrivez les deux phases de la démarche mercatique. Quels sont les deux « temps » de la phase d'analyse ?
4. Qu'est-ce que la *segmentation du marché* ? A quoi sert-elle ? Définissez, à ce propos, la notion de *style de vie* (ou *sociostyle*).
5. En quoi consiste le *marché potentiel* d'un produit ? Dans votre réponse, employez et expliquez les termes de *non-consommateur absolu, non-consommateur relatif, client actuel de l'entreprise* et *client actuel de la concurrence*.
6. Quelles sont les quatre variables mercatiques dont il faut tenir compte dans l'élaboration d'un plan de marchéage ?
7. Qu'est-ce qu'une *marque* ? Quelles formes, autre que celle d'une dénomination, la marque peut-elle prendre ?
8. Qu'est-ce qu'une *gamme* ? En quoi une gamme se distingue-t-elle d'une *ligne de produits* et d'un *assortiment* ?
9. Quelles sont les différentes fonctions de l'*emballage* d'un produit ? En quoi l'emballage *recyclable* ressemble-t-il à l'emballage *perdu* et à l'emballage *consigné* ? En quoi un *conditionnement* diffère-t-il d'un *emballage* ? A quoi sert l'*étiquette* ?
10. Expliquez les trois méthodes de *fixation des prix.*
11. Dans quelles conditions et à quelles catégories d'acheteurs sont accordées les différentes sortes de *réductions de prix* ?
12. Qu'est-ce que le *canal de distribution* d'un produit ? Quel critère fonde la distinction entre canaux *ultracourt, court* et *long* ?
13. En quoi consistent les deux grandes catégories de *formes de commerce* ? Dans la catégorie du *commerce indépendant*, qu'est-ce qui distingue le commerce *traditionnel* du commerce *associé* ? Qu'est-ce, à ce propos, que la *franchise* ?
14. Enumérez et définissez les types de points de vente. Qu'est-ce qu'une *moyenne surface* ? une *grande surface* ?
15. Quelles sont les trois méthodes de vente en magasin ? Qu'est-ce que la *vente à distance* ? Quelle en est la forme traditionnelle ? Pourquoi est-elle en déclin ?
16. La vente sans magasin n'exclut pas forcément le contact personnel, comme en témoignent la *vente domiciliaire* et la *vente par réseau coopté*. De quoi s'agit-il ?
17. Qu'est-ce qui explique l'importance accrue du *marchandisage* ? Quel en est l'objet ? Définissez, à ce propos, la notion de *zone de chalandise.*

18. En quoi consiste la *force de vente* d'une entreprise ? Que signifie le sigle *VRP* ? Comment les VRP sont-ils rémunérés ?

19. En quoi un *support* se distingue-t-il d'un *média* ? Donnez-en des exemples.

20. Qu'est-ce qu'un *annonceur* ? A quoi l'annonceur fait-il appel pour faire connaître son produit ?

21. Quels types de publicité distingue-t-on en fonction de l'objet mis en avant par l'annonceur ? en fonction du cycle de vie du produit ?

22. Quels sont les avantages et les inconvénients de chacun des « grands médias », considéré du point de vue de la communication du message publicitaire ?

23. Dans quelles conditions la publicité comparative est-elle autorisée en France ?

24. En quoi la *promotion des ventes* se distingue-t-elle de la publicité ? Donnez plusieurs exemples de la promotion. A la lumière de ces exemples, évaluez la formule, tant de fois répétée, selon laquelle « la publicité attire le consommateur vers le produit, alors que la promotion pousse le produit vers le consommateur ».

25. Qu'est-ce qui distingue la *mercatique directe* de la publicité ? Certains préfèrent parler de la mercatique *relationnelle*. Qu'est-ce, à votre avis, qui justifie cet adjectif ? Décrivez les deux principales techniques utilisées par la mercatique directe.

26. En quoi l'expression *publicité directe* est-elle contradictoire ? Quelles techniques désigne-t-elle ?

27. Qu'entend-on par *communication événementielle* ?

28. Souvent employés indifféremment, les termes de *foire*, de *salon* et d'*exposition* marquent pourtant des nuances. Lesquelles ?

29. Qu'est-ce que le *parrainage* ? En quoi se distingue-t-il du *mécénat* ? Relèvent-ils de la communication média (publicité) ou de la communication hors média ?

III. Matière à réflexion

1. Comparez la définition de la mercatique proposée par le *Journal officiel* et celle de l'American Marketing Association. Celle-ci a le mérite d'être plus courte, mais est-elle l'équivalent de celle-là ?

2. L'« attitude mercatique », désormais indispensable au succès, consiste à orienter les efforts de l'entreprise vers les consommateurs, à adopter leur point de vue pour mieux répondre à leurs besoins. Il s'agit, selon Y. Chirouze, de « proposer au client le produit […] qu'il souhaite, à l'endroit, au moment, sous la forme et au prix qui lui conviennent » (*De l'étude de marché au lancement d'un produit nouveau*). Discutez, à la lumière de cette définition, l'attitude de Henry Ford, qui disait dans les années 20 : « Mes clients peuvent choisir la couleur de leur voiture, à condition que ce soit le noir ».

3. Essayez d'identifier les sociostyles d'une population de référence (votre pays, votre ville, votre université…). De quel(s) genre(s) de produits seraient-ils la clientèle naturelle ? Quelle politique commerciale serait la plus efficace ? Quel est votre sociostyle ? La notion de sociostyle relève-t-elle de la stéréotypie ?

4. Les mercaticiens sont d'accord sur l'importance grandissante des fonctions *mercatiques* de l'emballage — le « packaging » — par rapport à ses fonctions *physiques*. Trouvez quelques exemples de ce phénomène. Qu'est-ce, à votre avis, qui l'explique ?

5. On assiste, en France comme aux Etats-Unis, au déclin du petit commerce de proximité, incapable de faire face à la concurrence des grandes et moyennes surfaces. Faut-il déplorer ce phénomène ? Quels sont les avantages et les inconvénients de ces deux catégories de point de vente ?

6. Selon la « loi Toubon[37] », promulguée le 4 août 1994 et modifiée ensuite par le Conseil constitutionnel, « l'emploi de la langue française est obligatoire […] dans la désignation, la présentation […] d'un bien, d'un produit ou d'un service. […] Les mêmes dispositions s'appliquent à toute publicité écrite, parlée ou audiovisuelle ». Si une langue étrangère est employée, non seulement il doit y avoir une traduction en français, mais « la présentation en français doit être aussi lisible, audible ou intelligible que la présentation en langues étrangères ». Ainsi, dans une annonce parue récemment dans *L'Express* — hebdomadaire d'informations publié en France par des Français à l'usage des Français — apprenons-nous que le Toyota RAV 4 est équipé d'un *double airbag*. Une note en bas de page nous informe que « airbag = coussin gonflable ». Comment expliquez-vous l'usage de l'anglais dans cette annonce en particulier (choisie au hasard afin d'illustrer un phénomène courant) et dans la publicité française en général ? Les critiques de la loi crient au « protectionnisme linguistique » ; légiférer en matière de langues est, selon eux, futile et dangereux. Qu'en pensez-vous ?

Notes

1. *Economie d'entreprise* (Editions Casteilla), p. 56.
2. Mis au point par le GENCOD (Groupement d'études de normalisation et de codification), le code-barres permet d'identifier le produit en lecture optique à l'aide d'une caisse à scanner, d'une douchette ou d'un crayon lecteur ; il facilite la gestion des stocks, tout en limitant les erreurs et la fraude.
3. C'est le cas depuis longtemps aux Etats-Unis. En France, le régime de la liberté des prix ne remonte qu'à 1987, date de l'entrée en vigueur de l'ordonnance du 1.12.1986, selon laquelle « les prix […] sont librement déterminés par le jeu de la concurrence ».
4. Augmenter.
5. La vente à perte est interdite en France, sauf dans quelques cas définis par la loi (vente de produits périssables menacés d'altération, vente en fin de saison ou hors saison de produits saisonniers, etc.).
6. La marge *bénéficiaire* pour chaque unité.
7. Au sens propre, écrémer le lait, c'est le dépouiller de la crème. Au sens figuré : enlever ou retenir les meilleurs éléments d'un ensemble. Dans un contexte mercatique, il s'agit de cibler les consommateurs ayant le plus grand pouvoir d'achat. Les publicitaires américains parlent de « skimming ».
8. *Payer au comptant* (ou *payer comptant*) : payer toute la somme due au moment de l'achat (sans crédit). N.B. : *Payer au comptant* n'est pas synonyme de *payer en espèces* [*cash*] : le règlement au comptant peut s'effectuer en espèces, mais aussi par chèque, carte bancaire, etc. Voir à ce sujet le Module 5.
9. La liste des prix.
10. On distingue traditionnellement le *canal de distribution* et le *circuit de distribution* (l'ensemble des canaux par où passe un produit ou une catégorie de produits). La distinction n'est pas des plus claires, et dans la pratique elle est rarement observée, *circuit* étant employé indifféremment à la place de *canal* et inversement. Le terme *canal* tend aujourd'hui à l'emporter sur *circuit*, en partie parce que ce dernier suggère ce qui n'est pas le cas du trajet du produit : un retour au point de départ.
11. Néologisme créé par la *Commission de terminologie* pour traduire *convenience store* (*Journal officiel* du 02.04.87). Au Québec : *dépanneur*.
12. Néologisme formé d'après l'anglais *discount* (*Journal officiel* du 28.02.93).
13. Appelées ainsi en raison de la marge bénéficiaire réduite.
14. Sur le Minitel, voir le Module 12.
15. L'expression et le sigle ont pourtant la vie dure, et continuent à s'employer abusivement dans les cas où la commande n'est pas transmise par courrier. On lit souvent que la VPC « connaît un fort

développement… est en croissance rapide », etc. Il s'agit plutôt de la VAD. (On voit aussi le sigle VPCD : *vente par correspondance et à distance.*)

16. Si embryonnaire qu'il n'y a pas encore de sigle. Ce sera sans doute le CEL (*commerce en ligne*).

17. Il s'agissait, comme c'est souvent le cas, de traduire en français un terme venu des Etats-Unis, où la méthode s'appelle *multi-level marketing.*

18. L'ensemble des éléments de signalisation dans un lieu public.

19. Du vieux mot *chaland* (client). On dit encore d'un magasin ayant beaucoup de clients qu'il est *bien achalandé.*

20. Rechercher de nouveaux clients, des *prospects* (anglicisme).

21. La dernière partie de la définition exclut en principe les cadres commerciaux (chefs des ventes, directeurs mercatique, etc.). L'emploi de l'expression varie.

22. Les vendeurs qui prospectent par téléphone.

23. On distinguait autrefois, selon le rayon de leurs déplacements, les voyageurs, les représentants et les placiers. La distinction est aujourd'hui dépassée, mais l'expression, et surtout son sigle, sont restés dans l'usage.

24. On s'attendrait ici à l'adjectif *médiatique* (relatif aux médias), mais l'usage préfère l'apposition du substantif. Celui-ci se met parfois au pluriel après un substantif au singulier, auquel cas il s'agit d'une ellipse : *la communication [par l'intermédiaire des] médias.* Le mot (dans ce sens) fut emprunté à l'américain dans les années 60, sous forme de *mass media.* A noter pourtant qu'en français le singulier s'écrit *média*, et le pluriel, *médias*, alors qu'en anglais on dit (ou devrait dire), conformément à l'étymologie : « The media are… this medium is… ». Cet usage « étymologique » se rencontre parfois en français, mais de plus en plus rarement.

25. Les manuels ajoutent traditionnellement un cinquième : le cinéma. Mais avec seulement 0,5 % des dépenses publicitaires (contre 2,5 % en 1968), le cinéma n'est plus à sa place parmi les « grands ».

26. Qui fournit.

27. Temps réservés aux messages publicitaires.

28. Diffusées par voie hertzienne (ondes électromagnétiques), mode classique de transmission. Il y a, bien entendu, de nombreuses chaînes câblées, mais relativement peu de foyers y sont abonnés, et encore moins sont équipés d'une parabole (antenne satellite individuelle).

29. Formule quelque peu trompeuse, dans la mesure où certaines techniques promotionnelles visent précisément à « attirer le client vers le produit », c'est-à-dire au point de vente.

30. Malgré son appellation, la PLV, limitée dans l'espace et dans le temps, est classée parmi les techniques promotionnelles.

31. Le mot a malheureusement la vie dure, mais il tend à s'effacer devant le terme français. En proposant *publipostage*, la *Commission de terminologie* a été mieux inspirée que dans d'autres cas.

32. « Activité commerciale qui consiste à solliciter la clientèle à son domicile » (*Dict. Robert*).

33. Les puristes objectent que le préfixe *télé-* signifie ou devrait signifier « à distance » et non pas « par téléphone » (ou « par télévision »). *Télévente* est pour eux synonyme de *vente à distance* (voir 3.3.2.).

34. Un fichier est une simple liste (de noms, d'adresses, de numéros de téléphone, etc.) ; une base de données (*database* en anglais) réunit et relie logiquement plusieurs fichiers accessibles et interrogeables au moyen d'un logiciel. En mercatique directe les bases de données ont remplacé les fichiers.

35. *Parrainage*, *parraineur* et *parrainer* ont été proposés par la *Commission de terminologie* pour remplacer respectivement *sponsoring* (ou *sponsorisation*), *sponsor* et *sponsoriser*.

36. Le mot dérive du nom de Mécène, ministre sous l'empereur romain Auguste (1er siècle av. J.-C.) et grand protecteur des arts et des lettres. On appelle *mécène* la personne ou l'entreprise qui apporte un soutien « sans contrepartie… ».

37. Jacques Toubon était à l'époque Ministre de la culture et de la francophonie.

Compréhension de texte

Création d'entreprise

Le rêve américain

Innovation, prise de risques, accès au capital et stock options. Le credo des entrepreneurs version Silicon Valley est aussi celui d'une multitude de PME-PMI, les fameuses *start up*.

Hors des Etats-Unis, point de salut[1]! Ce leitmotiv est dans les bouches de tous les entrepreneurs high-tech. Un secteur bouillonnant dont les *start up*, de plus en plus nombreuses, auraient embauché 20 000 personnes en un an.

Leur modèle se situe en Californie, dans la célèbre Silicon Valley. Au pays de Hollywood, où l'argent des « capital-risqueurs[2] » coule à flots, on applique les dernières techniques prophétiques de management et de gestion. Et c'est sans complexe que de jeunes dirigeants français, rassemblés dans une association créée en 1997, Croissance Plus, sensibilisent notre pays aux recettes de l'eldorado américain.

Leur credo repose sur quatre principes qui marquent leur vision positive de l'avenir: l'innovation, la prise de risque, l'accès au capital des financiers et l'attraction du personnel via les stock options (actions acquises à des prix inférieurs à ceux du marché) et, enfin, la conquête des marchés internationaux. « Nous avons prouvé que ce modèle était exportable en France », affirme Denis Payre, ex-PDG de Business Objects, l'une des plus belles réussites du high-tech de ces dernières années.

Aujourd'hui, Denis Payre est investisseur en capital-risque et préside Croissance Plus. Lui et les six autres membres fondateurs de l'association ne manquent pas d'arguments de poids: de 1991 à 1996, ils ont triplé leur chiffre d'affaires et créé plus de 4 000 emplois! Depuis, d'autres chefs d'entreprise les ont rejoints. Dont la majorité envisage une implantation à New York ou Los Angeles. « Comment passer à côté d'un pays qui représente à lui seul 50% du marché? » s'interroge Louis Gay, ancien pilote de chasse et patron de Datops, une société qui commercialise un CD-ROM capable de traiter et de sélectionner les millions d'informations qui circulent quotidiennement sur le Web.

Pas question pour autant de se délocaliser. Le partage des tâches est le suivant: la France pour la créativité et la recherche, les Etats-Unis pour le marketing et le commercial. « Car, outre-Atlantique, les ingénieurs sont trop chers et le turnover est trop important », précise Christophe Schneider, PDG de Xanth Informatique.

Un tiers des sociétés passe le cap des trois ans

C'est donc vers ce modèle que tendent les *start up*. Du coup, Denis Payre voit l'avenir en rose: « La création d'entreprise dans notre secteur est en nette progression. » Un sentiment partagé par les responsables de Syntec Informatique, qui ne

L'Express du 11.06.1998.
© 1998 *L'Express*.

disposent pourtant d'aucune statistique dans ce domaine. D'après eux, la plupart des sociétés nouvellement créées proposent des services pour Internet ou Intranet. A l'arrivée, un tiers seulement parvient véritablement à s'installer; les autres meurent ou sont rachetées faute d'une gestion rigoureuse.

« Un dirigeant de *start up* ne peut pas imaginer, à terme, de conserver la majorité de son capital », prévient Marie-Annick Peninon, déléguée générale de l'Afiq (Association française d'investissement en capital-risque). « Il vaut mieux posséder 20% d'une société prospère que 80% d'une entreprise qui végète. » Ce n'est pas l'avis de Bernard Gilly, PDG de Transgène, l'une des plus prometteuses sociétés de biotechnologie, qui pense pouvoir « éviter de se faire manger tout cru par plus gros que soi si l'on est soutenu par des financiers qui osent prendre des risques et qui possèdent une vision à long terme ».

Administration lourde et lente, paperasserie étouffante, fiscalité handicapante, systèmes d'aides confus… Les reproches ne manquent pas pour dénoncer les freins français à l'esprit d'initiative. « Heureusement, il semble que ce gouvernement[3] ait compris certaines choses », remarque Denis Payre, qui se réjouit des récentes mesures du ministre de l'Economie, lequel est revenu sur la loi rétroactive de 1996. Cette loi taxait les entreprises dont les salariés avaient revendu leurs stock options moins de cinq ans après les avoir acquises. Une pilule d'autant plus difficile à avaler que la distribution d'actions de la société remplit un rôle déterminant dans ce secteur. « Sans elles, je ne peux pas attirer les talents dont j'ai besoin pour assurer le développement de mon entreprise », affirme Mathieu Nouzareth, PDG de Web Concept.

Sa société, qui développe des services sur Internet (conseil, réalisation, achat d'espace…), prévoit de doubler chaque année, pendant cinq ans, son chiffre d'affaires et ses effectifs. D'autres signes encourageants marquent la volonté des pouvoirs publics de soutenir les entrepreneurs: par exemple, la création des fonds communs pour l'innovation (FCPI), ouverts aux petits épargnants.

Mais la mesure la plus appréciée reste l'ouverture en 1996 du nouveau marché. A l'image du Nasdaq américain (où sont cotés Microsoft et Intel), il permet aux sociétés de trouver les fonds indispensables à leur développement. De janvier à mars 1998, l'indice de ce marché a progressé de 38%, contre 17% pour le CAC 40. Un bon début, même si, avec une valeur totale des titres estimée à 10 milliards de francs, on est loin des 9 000 milliards de francs du Nasdaq[4].

ALI LAÏDI

63

A vous...

1. Quel est le thème de l'article?
2. Qu'est-ce qu'une « start up »? Pourquoi le mot est-il féminin? Pourquoi ce mot est-il employé à la place de son équivalent français (s'il en existe un)?
3. C'est « sans complexe », nous dit l'auteur au deuxième paragraphe, que de jeunes dirigeants français sensibilisent la France aux recettes américaines. Qu'est-ce qui explique, à votre avis, cette indication? Que signifie l'expression?
4. Relevez toutes les expressions empruntées à l'américain. Pourquoi y en a-t-il tant dans cet article? Expliquez à ce propos les deux paires suivantes: *techniques [...] de management et de gestion; le marketing et le commercial.*
5. Indiquez *d'après le contexte* ce que signifient les mots et expressions suivants: *(se) délocaliser, passer le cap, paperasserie.*
6. Sur quoi repose la philosophie optimiste des jeunes dirigeants français cités dans l'article?

7. Pourquoi une délocalisation est-elle hors de question?

8. Qu'est-ce qu'on reproche aux pouvoirs publics en France? Qu'est-ce qui freinerait la création d'entreprise? Pourquoi l'espoir est-il permis?

9. Relevez toutes les expressions qui se rapportent à un certain « mythe américain ». Dans quel mesure, à votre avis, l'auteur y souscrit-il lui-même? Sur quels indices fondez-vous votre opinion?

Notes

1. Allusion à l'expression *Hors de l'Eglise, point de salut*. « *Hors de..., point de salut* se dit pour exprimer une condition indispensable, nécessaire » (*Dict. Robert*).

2. Expression d'emploi très récent (d'où les guillemets) basée sur *capital-risque* (voir plus loin dans l'article), néologisme proposé pour traduire l'américain *venture capital*, c'est-à-dire le financement d'une entreprise, généralement jeune, sous forme d'une prise de participation (rachat d'une partie des actions).

3. Il s'agit du gouvernement socialiste de Lionel Jospin, entré en fonction en juin 1997.

4. Sur le Nouveau Marché, le Nasdaq et le CAC, voir, au Module 8 (*La Bourse*), ⬤ *Le Nouveau Marché* et ⬤ *Quatre mots et un sigle*.

DEUXIÈME PARTIE

Au Service de l'entreprise et du particulier

BanniBug II

Le mardi 3 juin 1997, au moment où Marc et Gilles installaient la deuxième machine, Thierry affichait une annonce à l'Université et à l'Ecole supérieure de commerce de Tours. Le lendemain elle parut dans les offres d'emploi de *La Nouvelle République* :

PME (TPE°) à Tours recherche
Responsable Communication

Votre mission : Pour développer les ventes d'un produit nouveau, vous aurez l'entière responsabilité d'élaborer et de mettre en œuvre une stratégie efficace.

Votre profil : De formation mercatique supérieure (type ESC° ou DESS°-marketing), vous avez de l'initiative, le goût du défi et le sens des résultats. Chez vous l'esprit d'entreprise prime l'esprit d'équipe.

Télécopiez CV + lettre à 47…

Douze candidatures furent transmises, dont Jason et Thierry retinrent six. Les entretiens eurent lieu vendredi, dans le bruit et la poussière des travaux d'installation. Déçus par les cinq premiers, les associés les discutaient — « … ne semblait pas piger… avait quand même un peu

Embauche d'une « responsable communication » : Céline Hautvianne.

d'expérience… vingt minutes en retard… à court d'idées… pourrait sans doute faire le boulot… oui, mais… » — lorsqu'arriva pour son rendez-vous la dernière candidate.

Céline Hautvianne terminait à l'université un DESS de mercatique. Son curriculum vitæ faisait état de plusieurs séjours en entreprise, mais dans sa lettre, dont Jason et Thierry apprécièrent le franc-parler, elle semblait en minimiser l'importance. Sans nier l'utilité « certaine mais limitée » de ces « travaux de terrain » — upeps,° stages diplômants, formations en alternance —, elle préféra mettre l'accent sur son *certificat d'entrepreneuriat*, obtenu dans le cadre d'une nouvelle option de fin de cycle baptisée « Innover et entreprendre ». L'essentiel était pour elle de mettre au plus vite le bon dosage de connaissances et de compétences au service d'un projet de création. En attendant d'avoir les moyens de monter sa propre affaire, elle recherchait l'occasion de participer au démarrage d'une jeune entreprise.

Son dossier était de loin le plus prometteur, à tel point que Jason et Thierry s'en méfiaient. Les cinq premiers candidats avaient été bien plus impressionnants sur le papier qu'en personne, et les associés craignaient avec Céline une répétition du scénario.

Jason commença par lui exposer, comme aux autres, les détails du projet.

— … Et voilà, conclut-il, ce que nous espérons faire. Veuillez nous dire, en toute franchise, ce que vous pensez du concept.

— Je pense qu'il est loufoque, qu'il pourrait marcher et que tout dépendra de la prospection.

— Et comment est-ce que vous vous y prendriez ? demanda Thierry.

Céline réfléchit quelques secondes, puis improvisa pendant un quart d'heure une campagne « en sept points ». Lorsqu'elle arriva au cinquième, Jason et Thierry avaient déjà décidé de l'embaucher, s'ils le pouvaient.

— Je serais curieux de savoir, demanda Thierry lorsqu'elle eut fini, ce qui vous intéresse dans ce poste. Pourquoi souhaitez-vous travailler pour nous ?

— Je ne sais pas encore si je le souhaite. J'aimerais, si vous le voulez bien, vous poser quelques questions.

— Bien sûr, répondirent ensemble Jason et Thierry.

Ils avaient tous les deux l'étrange impression d'être eux-mêmes postulants soumis aux questions d'un entretien d'embauche.

— D'abord, dit Céline, je ne comprends pas votre choix d'un statut. Vous aviez largement les 50 000 francs nécessaires pour créer une SARL, ce qui aurait limité votre responsabilité. En choisissant la SNC vous risquez de tout perdre. Pourquoi donc avoir préféré cette formule ?

— Parce que, s'empressa de répondre Jason, il était hors de question de nous associer autrement qu'à parts égales. Or c'est moi qui avais le magot nécessaire, et mon associé était sans le sou. D'où son « apport en industrie ». Un tel apport ne peut pas conférer la qualité d'associé dans une SARL. La SNC était donc notre seule option.

— Pas la seule, corrigea Céline. Une société en commandite simple aurait limité au moins la responsabilité du commanditaire.

— C'était exclu, répondit Thierry, parce qu'un commanditaire ne peut en aucun cas être gérant, et nous tenions à partager également la gestion.

Céline posa encore une dizaine de questions, parla brièvement à Marc et à Gilles, demanda même à lire les statuts. Puis, après un moment de réflexion :

— Voyons… Vous vous associez à 50/50, partageant les parts et la gestion, malgré le déséquilibre des apports et des risques. Vous démarrez avec des fonds à la limite du suffisant. Vous vous lancez à l'instinct, sans avoir réalisé aucune étude afin d'évaluer la taille du marché… A la fac j'ai fait un mémoire sur « les erreurs classiques des créateurs d'entreprise ». Vous semblez avoir voulu les commettre toutes…

— Oh ! nous voilà tout de suite au bord de la faillite ! dit Thierry, visiblement irrité. Il vous faut absolument accepter notre offre, car sans vos conseils nous sommes perdus à coup sûr !

— Je ne me souviens pas d'avoir reçu une offre, répliqua Céline. D'ailleurs, si je travaillais pour vous, ce ne serait pas pour vous conseiller, mais pour faire vendre votre produit…

— Ce produit, interrompit Jason, serait un peu le vôtre, à raison de 10 %. Tel serait le taux de votre intéressement aux bénéfices, en plus des 12 000 francs par mois que nous pourrions vous proposer. Oui, je sais : vos qualifications vous vaudraient davantage ailleurs. Mais si vous n'aviez pas « le goût du défi », vous n'auriez pas répondu à l'annonce. Chez nous, vous aurez l'occasion de donner toute votre mesure. Avec vous, nous aurons les moyens de réussir. Alors, vous vous joignez à nous ?

— Ben… évidemment.

La petite équipe était au grand complet ; il fallait donc célébrer. Marc eut l'idée, approuvée à l'unanimité, d'aller dîner à la couscousserie du coin. Au dessert, tout le monde se tutoyait.

Vers neuf heures Céline se leva pour prendre congé.

— J'ai mes deux derniers examens à passer lundi matin, expliqua-t-elle. Je serai à la boîte à 12h30. D'ici là j'aurai mis au point un plan d'action. Allez, salut !

Un sourire entendu sembla prêter à son dernier mot un sens inattendu. Les quatre hommes mirent un moment à comprendre. Puis, levant leurs verres :

— A BanniBug !

DESS diplôme d'études supérieures spécialisées (bac + 5)
ESC Ecole supérieure de commerce
TPE très petite entreprise
upep unité de première expérience professionnelle

MODULE 5

La Banque et les moyens de paiement

es opérations bancaires françaises ressemblent pour l'essentiel à celles des banques américaines. Il existe certes de nombreuses différences — dont nous relèverons au passage quelques-unes —, mais elles tendent à s'estomper ou à s'effacer à mesure que s'internationalisent les entreprises de côté et d'autre de l'Atlantique.

1. LES COMPTES BANCAIRES

En France, comme aux Etats-Unis, les comptes° bancaires se divisent grosso modo en deux catégories : les *comptes (de) chèques*° et les *comptes d'épargne.*°

1.1. Le compte chèques

Le compte chèques (appelé aussi *compte de dépôt*°) permet d'effectuer les opérations courantes : versements,° retraits,° virements,° émission de chèques, etc. Chaque mois le titulaire[1] reçoit un *relevé*° de compte (voir la Figure 5.1) qui indique, dans la colonne « crédit », toutes les sommes déposées,° et dans la colonne « débit », toutes les sommes retirées.°

La différence entre les crédits et les débits représente le *solde*° ; il est *créditeur*° ou *débiteur*° selon que le total des crédits est supérieur ou inférieur au total des débits. Dans le cas d'un solde débiteur — ce qu'il faut éviter sous peine d'amende (ou pire) —, on dit que le compte est *à découvert.*°

figure 5.1

Relevé de compte.

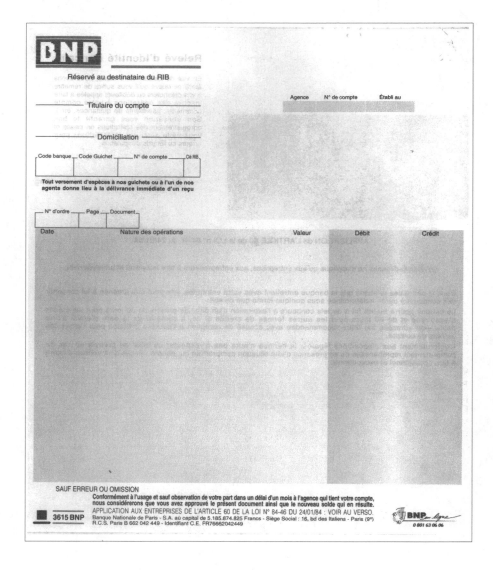

1.2. Le compte d'épargne

Un compte chèques doit toujours présenter un solde créditeur, mais il ne rapporte pas d'intérêts. Si donc le titulaire veut faire fructifier son argent, il peut choisir d'en placer une partie dans un compte d'épargne, lequel a l'avantage d'être rémunéré. Le taux de l'intérêt servi dépend de la formule choisie et de la réglementation du moment.

Pour aller plus loin :

le compte courant.°

Il importe de distinguer le compte chèques, ouvert aux particuliers, et le *compte courant*, réservé aux entreprises. A la différence du compte chèques, le compte courant peut présenter un découvert, le solde étant tour à tour créditeur et débiteur selon le rapport des dépôts aux dépenses à une date donnée. Le montant des découverts — limité, bien entendu — est exigible aux échéances° convenues. Le compte courant fonctionne ainsi comme une sorte de ligne de crédit dont dispose en permanence l'entreprise cliente[2].

Les comptes d'épargne se divisent en deux catégories selon que les sommes déposées sont *remboursables à vue* ou *à terme*. Dans le premier cas, le titulaire peut retirer son argent quand il le souhaite ; il en garde à tout moment l'entière disponibilité[3]. Dans le deuxième cas, les sommes déposées sont bloquées pendant un certain temps ; en général, plus la période d'indisponibilité est longue, plus le taux d'intérêt est élevé.

Pour aller plus loin :

les comptes d'épargne à vue.

Les formules les plus courantes sont les suivantes.

1. Le *compte pour le développement industriel* (CODEVI) est ainsi nommé parce que l'argent des titulaires est investi à la Bourse. Les sommes déposées sont actuellement rémunérées au taux de 3,5 %. Les intérêts sont exonérés de l'impôt sur le revenu, mais, en contrepartie, les dépôts sont plafonnés à 30 000 francs.

2. Le titulaire d'un CODEVI qui en a atteint le plafond peut ouvrir un *compte sur livret* (CSL). Le montant des dépôts n'est pas plafonné, mais les intérêts (3,5 %) sont soumis à l'impôt sur le revenu.

3. Le *compte épargne logement* (CEL) permet de déposer jusqu'à 100 000 francs, avec 2,25 % d'intérêts nets d'impôt. Dix-huit mois après l'ouverture du compte, le titulaire peut obtenir un prêt immobilier (pour l'achat, la construction ou l'amélioration d'une résidence) au taux privilégié de 3,75 %.

4. Conçu en 1982 par le gouvernement socialiste, le compte sur *livret d'épargne populaire* (LEP) est « destiné à aider les personnes aux revenus les plus modestes à placer leurs économies dans des conditions qui en maintiennent le pouvoir d'achat » (loi du 27.04.1982). Plafonnés à 40 000 francs, les dépôts rapportent des intérêts nets d'impôt dont le taux, fixé actuellement à 4,75 %, est toujours supérieur à celui des autres comptes d'épargne. Le titulaire est soumis à des conditions de ressources (son revenu ne peut pas dépasser un certain seuil).

Grâce au développement de la monétique[4], les services bancaires sont en pleine mutation depuis deux décennies. Si le guichet° « classique » n'est pas encore obsolète, on n'a plus à s'y rendre pour effectuer la plupart des opérations courantes. Aux *distributeurs automatiques de billets* (DAB) — appelés également *guichets automatiques de banque* (GAB)[5] — le client muni d'une carte bancaire peut désormais consulter son compte (derniers crédits et débits, solde), retirer de l'argent, déposer des espèces° ou des chèques, virer° des fonds ou commander un chéquier.°

Aux services bancaires en libre-service s'ajoute aujourd'hui « la banque à domicile ». A l'aide d'un terminal Minitel[6] et, plus récemment, sur Internet, avec un micro-ordinateur et un modem, on peut gérer son compte sans se déplacer, régler certaines factures (télépaiement) et même acheter ou vendre des valeurs mobilières[7].

❷ LES MOYENS DE PAIEMENT

On appelle *moyens de paiement* les différents instruments qui permettent aux entreprises ainsi qu'aux particuliers de régler leurs achats ou d'éteindre leurs dettes — par l'intermédiaire, dans la plupart des cas, d'un compte bancaire. Avant d'énumérer ces instruments, il convient de faire une première distinction entre le paiement *au comptant* et le paiement *à crédit*.

▲ Le paiement *au comptant* est immédiat : toute la somme due est payée au moment de l'achat. N.B. : Il ne faut pas confondre *payer au comptant* (ou *payer comptant*) et *payer en espèces* (*cash*). On peut tout payer, et tout de suite, non seulement en espèces, mais aussi par chèque ou carte de paiement, etc.

▲ Le paiement *à crédit* est différé. On en distingue deux sortes : le paiement *à terme*, qui s'effectue à une date ultérieure fixée d'avance ; et le paiement *à tempérament*, qui s'effectue en plusieurs versements échelonnés sur une durée fixée d'avance.

Si l'on passe du *moment* au *moyen*, les paiements peuvent s'effectuer : 1° en *espèces*; 2° par *chèque*; 3° par *virement*; 4° par *carte de paiement*; et 5° par *lettre de change*° (ou *traite*°).

2.1. Le règlement en espèces (ou en liquide°)

C'est un moyen de paiement qui dispense de passer par un compte bancaire, mais dans le commerce son emploi est limité. La loi interdit aux entreprises de payer en espèces toute somme supérieure à 5 000 francs (150 000 francs pour les particuliers).

2.2. Le règlement par chèque

C'est, après les espèces, le moyen de paiement le plus utilisé. Le chèque est un document par lequel une personne, physique ou morale[8], appelée le *tireur*, donne l'ordre à sa banque, appelée le *tiré*, de verser une somme à une autre personne, physique ou morale, appelée le *bénéficiaire*[9].

On peut évidemment régler par chèque un achat à crédit, mais le chèque lui-même n'est pas un instrument de crédit : la somme inscrite là-dessus est payable « à vue », c'est-à-dire immédiatement, dès la présentation du chèque chez le tiré (la banque). Il est donc interdit de postdater un chèque : il faut que la somme déposée sur le compte soit égale ou supérieure à la valeur du chèque *au moment de son émission*. Autrement dit, la provision doit être suffisante et préalable. L'émission d'un chèque sans provision — un « chèque en bois », dit-on familièrement[10] —, qui consiste à tirer un chèque sur un compte insuffisamment provisionné, est un délit que la loi sanctionne plus ou moins sévèrement, selon le cas.

En France tous les chèques délivrés depuis 1979 sont *pré-barrés* (traversés de deux traits obliques, comme le chèque représenté dans la Figure 5.2).

Le bénéficiaire d'un chèque barré ne peut recevoir son argent qu'indirectement, après l'avoir déposé sur son compte bancaire. Aucun autre compte d'ailleurs ne peut être crédité de la somme, car le chèque barré n'est pas transmissible à un tiers° par endossement.° Le barrement et l'interdiction d'endossement[11] sont des mesures de sécurité destinées à réduire au minimum les risques courus par le tireur et le bénéficiaire en cas de perte ou de vol d'un chéquier ou d'un chèque.

En France, à la différence des Etats-Unis, le tireur ne peut faire opposition° au paiement d'un chèque que dans des conditions précises définies par la loi : perte ou vol du chèque, redressement ou liquidation judiciaires[12] du bénéficiaire.

Pour aller plus loin :

les chèques certifiés, au porteur° et en blanc°.

S'il faut une garantie de paiement, le chèque peut être *certifié*. Dans ce cas une provision suffisante, égale au montant du chèque, est bloquée sur le compte du tireur pendant huit jours ; ainsi le bénéficiaire est-il sûr de toucher son dû. Un chèque *au porteur*, sur lequel le nom du bénéficiaire n'est pas indiqué, est transmissible *de la main à la main* (sans signature ni formalités). Un chèque *en blanc* est signé et daté, mais sans indication du montant.

75

igure 5.2

Chèque pré-barré.

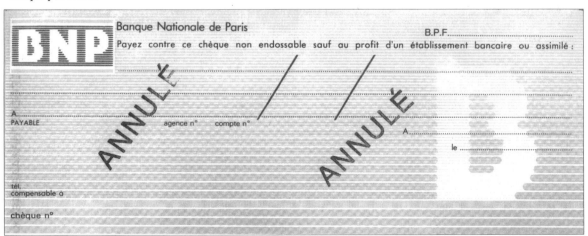

2.3. Le règlement par virement

Le virement est un transfert de fonds d'un compte à un autre compte. Une somme peut être virée entre deux comptes d'un même titulaire, ou du compte d'un titulaire au compte d'un autre titulaire ; elle peut passer entre deux comptes dans la même banque, ou d'une banque à une autre[13]. Le titulaire du compte à débiter (le *donneur d'ordre*) commence par remplir un *ordre de virement* (voir la Figure 5.3) ; la somme indiquée là-dessus est alors débitée de son compte et portée simultanément au crédit du compte du *bénéficiaire*.

Le développement de la monétique a facilité les opérations électroniques, ce qui explique que le virement soit le moyen de paiement le plus utilisé dans le commerce international, où il représente actuellement près de 80 % des transactions.

Certaines factures régulières — celles, par exemple, d'Electricité de France et de France Télécom — peuvent être réglées par un virement permanent appelé *prélèvement° automatique*. Le client reçoit ses factures par courrier, et s'il n'en conteste pas le montant, les sommes sont *prélevées°* — c'est-à-dire débitées — automatiquement de son compte.

2.4. Le règlement par carte bancaire (ou carte de paiement)

En 1995, lorsqu'aux Etats-Unis la *check card* (ou *debit card*) n'en était qu'à ses débuts, la carte de paiement représentait déjà 24 % des opérations en France (hors paiements en espèces). Emise par une banque, la carte de paiement permet au titulaire d'un compte chèques de régler ses achats chez les commerçants. Le montant est

igure 5.3

Ordre de virement.

BNP				Ordre de virement

Siège : _____

Par le débit de — mon / notre — (1) compte ci-dessous _____ (nom ou raison sociale du donneur d'ordre)

code banque | Code guichet | Numéro de compte | Clé RIB | (adresse du donneur d'ordre)
3 0 0 0 4 | 0 | 0 0 0 | |

reproduire ci-dessus les indications de votre relevé d'identité bancaire

Veuillez — virer / tenir à la disposition — (1) la somme de _____ (somme en lettres)

Somme en chiffres
FRF _____ ,

en faveur de   Nom du bénéficiaire _____

chez   Code banque ou Ets | Code guichet | Numéro de compte | Clé RIB RIP ou RICE | (adresse du bénéficiaire)

Banque (1)
C.C.P. (1)

(nom de l'établissement et du guichet du bénéficiaire)

Motif ou libellé de l'opération (facultatif) _____   Date : _____
Signature

Réf. commerciale donneur d'ordre _____

Réf. interne donneur d'ordre _____

(1) Rayer la mention inutile

VP. 0018 - 11/96

débité du compte soit tout de suite (*débit immédiat* ou *au jour le jour*), soit à la fin du mois (*débit différé* ou *mensuel*). Dans ce dernier cas il s'agit d'une sorte de crédit gratuit à court terme, mais il ne faudrait pas confondre la carte bancaire française avec la carte de crédit « à l'américaine », rarissime en France[14].

2.5. Le paiement par lettre de change (ou traite)

Il est plutôt exceptionnel dans le commerce qu'un achat se règle au comptant, surtout lorsqu'il s'agit d'une somme importante. Le plus souvent acheteur et vendeur s'accordent sur un crédit à court terme, réglé au bout de 30, de 60 ou de 90 jours au moyen d'une lettre de change. Il s'agit donc en même temps d'un moyen de paiement et d'un instrument de crédit.

La lettre de change est un document par lequel un créancier° donne l'ordre à son débiteur de payer une certaine somme à une date déterminée. (Voir la Figure 5.4, à laquelle renvoient les chiffres entre crochets ci-dessous.)

Le *tireur* est la personne (physique ou morale) qui *tire* — c'est-à-dire qui crée ou émet — la lettre de change[15]. C'est lui qui, en tant que créancier, donne l'ordre de payer [1] la somme qui lui est due [2]. Sa signature doit figurer sur la traite, ainsi que la date [3] et le lieu [4] où la traite a été créée. Il doit signer la traite [5] ; son nom et son adresse figurent en haut et à gauche [6]. Le *tiré* [7] est le débiteur ; c'est lui qui doit payer à l'*échéance*° [8]. Le *bénéficiaire* est la personne (physique ou morale) à qui le paiement doit être fait [9]. Le bénéficiaire est souvent le tireur lui-même, qui, dans ce cas, écrit « nous-mêmes » après l'ordre de payer. Si le tireur doit de l'argent à un tiers, il peut désigner son créancier comme bénéficiaire.

Considérons, à titre d'exemple, la situation suivante. BanniBug commande à La Compagnie cent rouleaux de toile en fibre de verre. Prix total convenu : 30 000 francs. La somme étant assez importante, BanniBug demande un crédit de 60 jours. Le 10 mai La Compagnie envoie la marchandise en même temps que la facture. Dans son avis d'expédition, joint à la facture, La Compagnie informe BanniBug de la traite qu'elle a tirée sur lui, et le prie d'y « faire bon accueil » (c'est-à-dire de l'accepter dès réception et de la payer à l'échéance du 10 juillet). BanniBug accepte la traite en la signant [10][16], puis la renvoie à La Compagnie.

igure 5.4

Lettre de change.

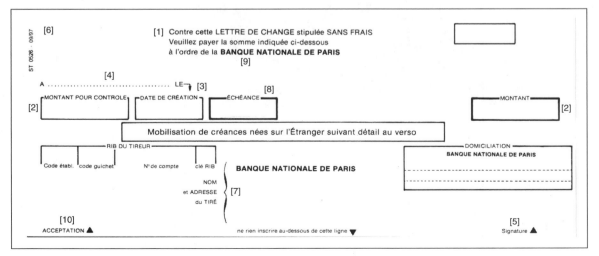

Une fois en possession de la traite signée par le tiré, le tireur a plusieurs options :

▲ Il peut attendre jusqu'à l'échéance pour toucher la somme qui lui est due. Le lieu de paiement est indiqué sous « domiciliation » [11] sur la traite : il s'agit normalement de la banque du tiré.

▲ Il peut s'en servir à son tour comme moyen de paiement en désignant comme nouveau bénéficiaire un de ses créanciers. A la différence du chèque barré (voir ci-dessus), la traite est *transmissible par endossement*. Le tireur bénéficiaire endosse° la traite en écrivant au dos la formule « Payez à l'ordre de [nom] », suivie de sa signature. Le nouveau bénéficiaire, appelé *endossataire*,° touche alors le montant à l'échéance, s'il ne devient endosseur° à son tour en faveur d'un nouvel endossataire.

▲ Si le tireur bénéficiaire a besoin d'argent avant l'échéance, il peut vendre la traite à sa banque ; on dit alors qu'il présente la traite à l'*escompte*.° L'escompte est en réalité un cas particulier de transmission par endossement. En remettant la traite à sa banque, le bénéficiaire (devenu « cédant ») peut toucher sa créance avant l'échéance. La banque (devenue « cessionnaire »), en acceptant d'acheter la traite, avance des fonds qu'elle ne pourra pas recouvrer avant l'échéance (à moins de devenir cédant à son tour). Il s'agit donc d'un crédit, lequel n'est évidemment pas offert gratuitement. Le coût de l'opération — les *agios* (intérêt, commission et frais divers) — est déduit du montant touché par le cédant au moment de l'escompte.

Qu'arrive-t-il si, à l'échéance, le tiré refuse de payer une traite ? Le bénéficiaire peut lui accorder une prorogation° de l'échéance, ou bien — ce qui revient au même — tirer sur lui une nouvelle traite pour remplacer l'impayée. Faute d'arrangement à l'amiable, le bénéficiaire a des recours judiciaires efficaces et rapides (procédure d'injonction de payer, saisie des biens du débiteur, etc.).

Pour aller plus loin :

le billet à ordre.°

Il ne faudrait pas confondre la traite avec le *billet à ordre*. Celui-ci, comme la traite, est un *effet de commerce*, c'est-à-dire « un instrument de crédit négociable [transmissible par endossement] qui constate l'existence d'une créance à court terme » (*Lexique éco-droit*). Mais la traite est un *ordre de payer*, envoyé par le créancier à son débiteur, alors que le billet à ordre est une *promesse de payer*, envoyée par le débiteur à son créancier. La première porte l'inscription : « Contre cette lettre de change veuillez payer la somme indiquée ci-dessous », alors qu'on lit sur le second : « Contre le présent billet à ordre nous paierons la somme indiquée ci-dessous ». Le billet à ordre est beaucoup moins utilisé que la lettre de change.

V OCABULAIRE

Sigles et acronymes

CEL   compte épargne logement
CODEVI   compte pour le développement
   industriel

CSL   compte sur livret
DAB   distributeur automatique de billets
GAB   guichet automatique de banque
LEP   livret d'épargne populaire

Lexique français-anglais

bénéficiaire (*m., f.*)   beneficiary

billet à ordre (*m.*)   promissory note

blanc (chèque en ~) (*m.*)   blank check

carnet de chèques (*m.*)   checkbook (synonym: *chéquier*)

chéquier (*m.*)   checkbook (synonym: *carnet de chèques*)

compte (*m.*)   account

   compte courant   checking account (*for businesses*)

   compte (de) chèques   checking account

   compte de dépôt   checking account

   compte d'épargne   savings account

créancier (-ière) (*m., f.*)   creditor

créditeur (-trice) (*adj.*)   positive (*balance, for example*)

débiteur (-trice) (*adj. et m., f.*)   negative; debtor

découvert (à ~) (*adj.*)   overdrawn

   découvert (*m.*)   overdraft

dépôt (*m.*)   deposit (synonym: *versement*)

   déposer   to deposit (synonym: *verser*)

   dépôt (compte de ~)   checking account

échéance (*f.*)   deadline; due date; date of maturity

endossement (*m.*)   endorsement

   endossataire (*m., f.*)   endorsee

   endosser   to endorse

   endosseur (*m.*)   endorser

épargne (*f.*)   savings

   épargne (compte d'~)   savings account

   épargner   to save

escompte (*m.*)   discounting

   escompter   to discount (*a bill*)

espèces (*f. pl.*)   cash

guichet (*m.*)   window (*in a bank or other service institution*)

   guichetier (-ière) (*m., f.*)   teller

lettre de change (*f.*)   bill of exchange; draft (synonym: *traite*)

liquide (*m.*)   cash

opposition (faire ~ au paiement d'un chèque)   to stop payment on a check

porteur (chèque au ~) (*m.*)   bearer's check

prélèvement (automatique) (*m.*)   (automatic) deduction

   prélever   to deduct

prorogation (*f.*)   extension

   proroger   to extend

régler   to pay

   règlement (*m.*)   payment

relevé de compte (*m.*)   bank statement

retrait (*m.*)   withdrawal

   retirer   to withdraw

solde (*m.*)   balance

   solde créditeur   positive balance

   solde débiteur   negative balance

tiers (*m.*)   third party

traite (*f.*)   bill of exchange; draft (synonym: *lettre de change*)

versement (*m.*)   deposit (synonym: *dépôt*)

   verser   to deposit (synonym: *déposer*)

virement (*m.*)   transfer (*of funds*)

   virer   to transfer (*funds*)

79

A C T I V I T É S

I. Traduction

A. *Français → anglais (version)*

1. Le compte de dépôt permet d'effectuer les opérations courantes : versements, retraits, virements, émission de chèques, etc.

2. Le compte d'épargne rapporte des intérêts dont le taux varie.

3. Les intérêts que ce compte rapporte sont exonérés de l'impôt sur le revenu, mais, en contrepartie, les dépôts sont plafonnés à 30 000 francs.

4. La loi interdit aux entreprises de payer en espèces toute somme supérieure à 5 000 francs (150 000 francs pour les particuliers).

5. Avec le développement des services bancaires en libre-service, le métier de guichetier semble menacé de disparition prochaine.

6. « Comment retirer de l'argent ? Au guichet, vous remplirez un bordereau de retrait d'espèces, que vous présenterez au caissier de votre agence. Au distributeur ou dans un libre-service, avec votre carte bancaire, en tapant votre code confidentiel (4 chiffres). Ne le notez pas sur un carnet, ne le communiquez à personne ; il doit rester secret » (*L'ABC de la banque*, brochure éditée par le Crédit Lyonnais à l'usage des adolescents de 12 à 16 ans).

7. « ALLO CL vous communique : le solde de la veille ; l'encours Carte Bleue ; la disponibilité de votre chéquier ; les 6 dernières opérations des 30 derniers jours ; des informations pratiques concernant vos moyens de paiement » (brochure publicitaire du Crédit Lyonnais).

8. « Le rejet d'un chèque faute de provision suffisante entraîne, pour l'émetteur, l'interdiction immédiate d'émettre des chèques sur l'ensemble des comptes qu'il détient dans toutes ses banques » (loi du 30.12.1991).

9. « Avec le compte JEANS, vous donnez à votre enfant les moyens de se sentir responsable de son argent. Nous lui remettons en effet, avec votre accord, une Carte JEANS grâce à laquelle, dans les guichets automatiques BNP, il a la possibilité de : consulter le solde de son compte et obtenir un relevé des dix dernières opérations enregistrées ; effectuer un retrait d'argent » (brochure publicitaire de la BNP).

10. « Le client peut ordonner des virements entre ses propres comptes ouverts dans les livres de la banque […], ainsi qu'entre les comptes de tiers qui sont rattachés à son code d'accès » (brochure publicitaire de Barclays Bank).

B. *Anglais → français (thème)*

1. We opened our joint checking account two weeks ago, but we still haven't received our checkbook.

2. He couldn't pay the draft by the maturity date, so he tried to get an extension.

3. Don't endorse your check until you get to the window.

4. I've had three overdrafts since I started using my check card.

5. My salary is deposited automatically each month.

6. I need some cash. Where's the nearest ATM?

7. According to my bank statement, I have a negative balance.

8. The teller explained how I can deposit and withdraw funds.

9. In the United States, bad checks are « rubber », because they bounce back unpaid. But why do the French call them « wooden »?

10. "A draft, sometimes referred to as a bill of exchange, is the instrument normally used in international commerce to effect payment. A draft is simply an order written by an exporter instructing an importer, or an importer's agent, to pay a specified amount of money at a specified time" (C.W.L. Hill, *International Business* [Chicago: Irwin], p. 451).

II. Entraînement

1. Le compte chèques, avons-nous dit, permet d'effectuer les opérations courantes. Indiquez-en quelques exemples et expliquez-les.

2. Quelle est la différence essentielle entre le compte chèques, ouvert aux particuliers, et le *compte courant*, réservé aux entreprises ?

3. Les comptes d'épargne se divisent en deux catégories selon que les sommes déposées sont *remboursables à vue* ou *à terme*. Qu'est-ce qui distingue ces deux catégories ?

4. Comment un compte d'épargne permet-il au titulaire de *faire fructifier son argent* ?

5. Selon quels critères se distinguent les différents comptes d'épargne à vue ?

6. Qu'est-ce que le *paiement au comptant* ? Le paiement à crédit se fait *à terme* ou *à tempérament*. En quoi se distinguent ces deux manières de payer ?

7. Quelles sont les différents *moyens de paiement* ?

8. Définissez les termes suivants, relatifs au chèque : *tireur, tiré, bénéficiaire, payable à vue, provision suffisante et préalable*.

9. Qu'est-ce qu'un chèque *barré* ? A quoi sert le barrement ?

10. Qu'est-ce qu'un chèque *certifié* ? un chèque *au porteur* ? un chèque *en blanc* ?

11. Qu'est-ce qu'un *virement* ? Qu'est-ce qui distingue le virement « occasionnel » du *prélèvement automatique* ?

12. En quoi la carte bancaire française se distingue-t-elle de la carte de crédit « à l'américaine » ?

13. Qu'est-ce qu'une *lettre de change* (ou *traite*) ? Pourquoi la lettre de change est-elle en même temps un moyen de paiement et un instrument de crédit ?

14. Définissez les termes suivants, relatifs à la lettre de change : *tireur, tiré, bénéficiaire*.

15. Expliquez les trois options entre lesquelles peut choisir le tireur, une fois qu'il a reçu une traite signée par le tiré. Définissez à ce propos les termes suivants : *endossement* (*endosser, endossataire*) ; *escompte* (*escompter*) ; *domiciliation*.

16. Qu'arrive-t-il si, à l'échéance, le tiré refuse de payer une traite ?

17. Quelle est la différence essentielle entre la *lettre de change* et le *billet à ordre* ?

III. Matière à réflexion

Visitez les sites Web de quelques banques françaises et faites un rapport sur vos découvertes. Vous pourriez, par exemple, comparer les produits et les services (prix et gammes) de plusieurs banques. Pour savoir quel plan d'épargne vous convient, passez un des tests interactifs proposés au site du Crédit Lyonnais. Visitez le site de la Banque Directe pour apprendre les avantages d'une « cyberbanque », (sans agences) par rapport aux banques « classiques ». Pour commencer, voici quelques URL :

Banque Directe : http://www.banquedirecte.fr

Crédit Agricole : http://www.credit-agricole.fr

Crédit Lyonnais : http://www.creditlyonnais.com/fr

Société Générale : http://www.socgen.com

Pour trouver les URL d'autres banques, aidez-vous d'un moteur de recherche tel que Yahoo! ou Infoseek (qui ont tous les deux un lien pour la France). Pour Yahoo!, essayez : « http://yahoo.fr » (rubrique : *Commerce et économie*, puis *Sociétés*). Pour Infoseek, tapez « http://infoseek.com » (rubrique : *France*, puis *Entreprises, économies*).

Notes

1. Le/La *titulaire* d'un compte, c'est la personne au nom de laquelle le compte est établi. Dans le cas d'un compte *joint* (par opposition à *individuel*), on parle de *cotitulaires*.

2. Pour certaines banques, dont la Société Générale, le terme de *compte courant* désigne les comptes chèques réservés aux particuliers, aussi bien que les comptes courants ouverts aux entreprises. La distinction devient alors celle qui oppose les comptes courants *avec* ou *sans* découvert autorisé.

3. Une exception : le *compte épargne logement* (voir *Les comptes d'épargne à vue*) exige un solde minimum de 2 000 F.

4. On désigne ainsi « l'ensemble des techniques électroniques, informatiques et télématiques permettant d'effectuer des transactions, des transferts de fonds » (*Dict. Robert*).

5. Les deux termes sont devenus plus ou moins synonymes. Aux premiers temps des automates bancaires, le DAB n'était qu'une « billetterie » permettant de retirer de l'argent. Avec le développement d'autres services, le DAB est devenu un véritable guichet en libre-service, d'où le nouveau sigle.

6. Voir à ce sujet le Module 12.

7. Actions ou obligations; voir à ce sujet le Module 8.

8. Sur cette distinction, voir le Module 1.

9. Ou au tireur lui-même, dans le cas d'un chèque de retrait.

10. L'origine de l'expression est plus conjecturale que celle de l'équivalent américain (*rubber check*). Il s'agit sans doute d'une allusion au bénéficiaire qui, s'étant rendu chez le tireur pour toucher son argent, trouve *visage de bois*, c'est-à-dire porte close.

11. Interdiction d'endossement « sauf au profit d'une banque... » (voir la Figure 5.2). Le bénéficiaire endosse le chèque au profit de sa banque en écrivant au verso (« en dos ») : « Payez à l'ordre de [nom de sa banque] ».

12. Sur le redressement et la liquidation judiciaires, voir le Module 2.

13. Certaines banques, dont la Société Générale, emploient le terme de *transfert*, au lieu de *virement*, lorsqu'il s'agit d'opérations avec l'étranger.

14. Il existe des « cartes de crédit » en France, mais il s'agit, pour la plupart d'entre elles, de cartes bancaires d'un genre particulier. Rattachées à un compte de dépôt, elles permettent au titulaire d'accumuler une dette et d'en échelonner le paiement sur plusieurs mois. Les mensualités de remboursement sont prélevées automatiquement sur le compte. La formule revient, pour l'essentiel, à autoriser un solde débiteur, moyennant intérêts.

15. D'où le mot *traite*, participe passé (au féminin) du verbe *traire*, ancien synonyme de *tirer*.

16. Remarquer la formule « Acceptation *ou aval* ». Si le bénéficiaire souhaite une garantie de paiement, il demandera au tiré d'obtenir l'*aval* (garantie) d'un tiers, appelé *avaliseur* (ou *avaliste*). Celui qui *avalise* une traite en la signant s'engage à payer à la place d'un tiré défaillant.

MODULE 6

Les Transports

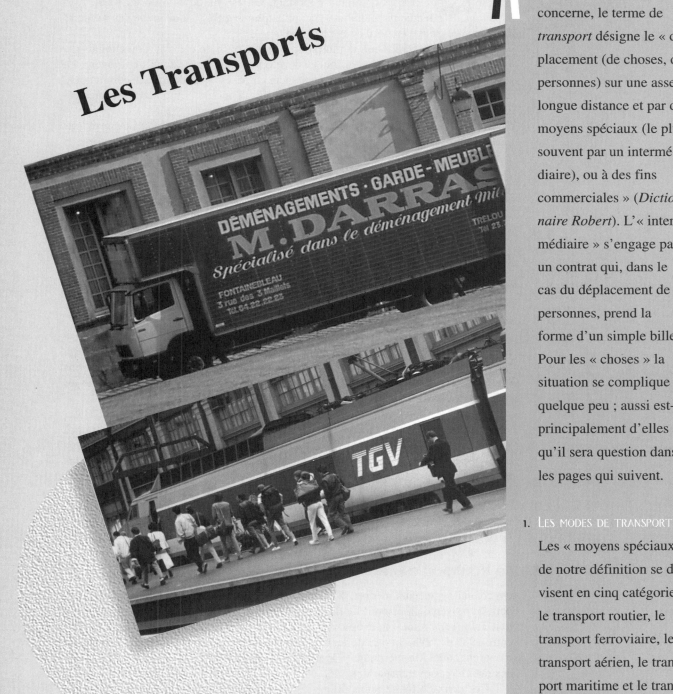

Au sens restreint qui nous concerne, le terme de *transport* désigne le « déplacement (de choses, de personnes) sur une assez longue distance et par des moyens spéciaux (le plus souvent par un intermédiaire), ou à des fins commerciales » (*Dictionnaire Robert*). L'« intermédiaire » s'engage par un contrat qui, dans le cas du déplacement de personnes, prend la forme d'un simple billet. Pour les « choses » la situation se complique quelque peu ; aussi est-ce principalement d'elles qu'il sera question dans les pages qui suivent.

1. LES MODES DE TRANSPORT

Les « moyens spéciaux » de notre définition se divisent en cinq catégories : le transport routier, le transport ferroviaire, le transport aérien, le transport maritime et le transport fluvial.

1.1. Le transport routier

En France, comme dans le reste de l'Europe et comme aux Etats-Unis, la route est de loin le mode de transport le plus important. On estime qu'environ 80 % du fret° hexagonal s'effectue par camion — ce qui explique qu'à chaque grève des routiers° la France se trouve au bord de la paralysie.

Moins cher que l'avion et plus souple que le train, le camion a pu atteindre sa prédominance actuelle grâce surtout au développement du réseau routier français. Le camionnage[1] se partage à peu près également entre les voies de grande communication (autoroutes et routes nationales) et les voies de moindre importance (routes départementales et chemins vicinaux[2]).

Parmi les différents types de camions, petits (les *camionnettes*) ou gros (les *poids lourds*), on distingue, entre autres : le *fourgon*° (ou *camionnette fermée*) ; la *camionnette-plateau* (ou pick-up[3]) ; le *camion-citerne*° ; le *camion à benne*° (basculante) ; et le *semi-remorque*° (dont la partie arrière se détache du tracteur). La réglementation officielle distingue les véhicules « articulés » (les semi-remorques) et ceux qui sont tout d'une pièce (appelés, curieusement, « véhicules isolés »).

1.2. Le transport ferroviaire

Dans la concurrence qui oppose la route au rail, celui-ci perd du terrain depuis plusieurs décennies. Moins cher que le camionnage, mais aussi moins souple et moins rapide, le transport ferroviaire poursuit son déclin en France comme ailleurs. En Grande-Bretagne et en Espagne, le train ne transporte plus qu'entre 5 % et 10 % des marchandises, et il faut y voir sans doute l'avenir de la France.

Ce sont la SNCF (Société nationale des chemins de fer français), entreprise publique, et le SERNAM (Service national des messageries), filiale de la SNCF, qui détiennent en France le monopole du rail. Le SERNAM se charge des expéditions dites « de détail » (entre cinq kilogrammes et cinq tonnes) ; la SNCF achemine les marchandises plus lourdes.

La SNCF a fait et continue à faire d'impressionnants efforts de modernisation, dont certains ont réussi. Citons en exemple la mise en service du TGV (train à grande vitesse), dont le succès s'étend à mesure que les lignes se multiplient. Mais en même temps qu'augmente le nombre des passagers, le train achemine de moins en moins de marchandises. Il gardera son avantage dans le transport de pondéreux[4], mais pour ce qui est de tout le reste il continuera de perdre des parts de marché.

Quant au matériel roulant[5], il existe, en plus des voitures à voyageurs et des *fourgons,* de nombreux wagons de marchandises, dont les plus utilisés sont le *wagon plat,*° le *wagon tombereau,*° le *wagon couvert,*° le *wagon frigorifique*° et le *wagon-citerne.*°

1.3. Le transport aérien

On connaît, grâce aux médias, la préférence grandissante des passagers pour l'avion comme moyen de transport. Le développement du fret aérien est moins connu, mais tout aussi important. On estime que le transport aérien de marchandises a *doublé* entre 1985 et 1995. Sa part du marché mondial n'est certes pas énorme : 1 % seulement (en tonnes kilométriques[6]). Mais ce tonnage représente 10 % de la *valeur* totale des marchandises transportées.

Ces deux chiffres résument les désavantages de l'avion, lequel est en même temps le mode de transport le plus cher et le plus limité quant au volume et au poids des marchandises transportables. Ainsi convient-il surtout au fret relativement léger, peu encombrant, et de forte valeur par rapport au poids. En règle générale, l'avion ne peut pas se justifier pour le transport de marchandises d'une valeur au kilo de moins de cent francs. Si le fret aérien se développe malgré ces contraintes, c'est en raison, bien entendu, de sa rapidité.

Il existe trois catégories d'avions de transport :

▲ *Les avions réservés au transport de passagers.* Il s'agit des plus petits avions de ligne, bimoteurs ou biréacteurs court ou moyen courrier° pour la plupart.
▲ *Les avions mixtes.* Aujourd'hui les plus nombreux, ils ont pour mission principale le transport de passagers, mais leur soutes° peuvent accueillir du fret en plus des bagages. Les gros porteurs,° tels que le Boeing 747, peuvent transporter jusqu'à 27 tonnes de marchandises.
▲ *Les avions-cargo.* Ils expliquent en grande partie la forte croissance du fret aérien. Ce même Boeing 747, par exemple, converti en « tout cargo », a une charge utile de 95 tonnes.

1.4. Le transport maritime

Le navire a dû subir, comme le train, la concurrence de l'avion. Sa part de marché est en baisse pour ce qui est du fret, malgré un tonnage global croissant. Quant aux passagers, le transport maritime continue à diminuer, et ne subsiste plus guère que sous forme de voyages d'agrément. Une exception notable était, jusqu'à récemment, le cas des transbordeurs° de la Manche. Leur avenir n'est pas brillant depuis la mise en service par Eurotunnel des navettes° ferroviaires (le Shuttle) et des trains à grande vitesse (Eurostar) reliant via le tunnel le continent et la Grande-Bretagne.

On distingue, comme pour les avions et selon le même critère, trois catégories de navires. On appelle *paquebots°* les navires destinés au transport de passagers ; *cargos mixtes* les navires transporteurs de marchandises et de passagers ; et *cargos°* les navires réservés au transport de marchandises.

Il existe plusieurs types de cargos. Le cargo conventionnel ou polyvalent — ainsi appelé parce qu'il s'adapte au transport de toutes sortes de marchandises emballées —, s'efface peu à peu en faveur de navires de plus en plus spécialisés. Citons en exemple le *porte-conteneur,°* aménagé pour le transport de marchandises conteneurisées[7]. Encore plus spécialisés sont les *vraquiers,°* conçus pour le transport du vrac,° et dont les dénominations dépendent de la cargaison.° Au transport de vrac solide servent, par exemple, le charbonnier, le céréalier et le minéralier. Le vrac liquide est transporté par les *navires-citernes,°* tels que le pétrolier,° classique ou géant[8], et le méthanier° (pour le gaz liquéfié)[9].

1.5. Le transport fluvial

L'adjectif prend ici un sens étendu : *relatif aux voies d'eau navigables (fleuves et canaux).* Les bateaux utilisés se rangent en deux catégories : les *barges* qui, n'ayant pas de moteur, sont tirées par un *remorqueur°* ou (plus souvent) poussées par un *pousseur°* ; et les *automoteurs* (mus par leur propre moteur). Parmi ces derniers on distingue, selon leur longueur et la capacité de leur cale° : les *péniches°* (jusqu'à 38,5 mètres ; charge utile de 160 à 350 tonnes) ; les *chalands°* (de 50 à 60 mètres ; 900 tonnes) ; et les *automoteurs rhénans*[10] (de 80 à 95 mètres ; de 1 350 à 3 000 tonnes).

Le choix du type de bateau dépend de la capacité des voies d'eau reliant les points de départ et d'arrivée. Les voies *à grand gabarit*[11] (ou *à gabarit européen*), les plus larges et les plus profondes, peuvent accueillir les automoteurs rhénans, ainsi que les convois de barges (dont la longueur peut atteindre 185 mètres). Ces grandes voies, situées pour la plupart dans les régions industrialisées du Nord et de l'Est, ne représentent malheureusement qu'environ 20 % du réseau navigable français, le reste étant constitué de voies *à moyen* ou *à petit gabarit.*

En tonnes kilométriques le transport fluvial reste à peu près constant en France depuis une quinzaine d'années. Sa part du marché est pourtant en baisse, et la tendance semble irréversible. Le bateau fluvial aura toujours, comme le train, un avantage certain dans le transport du vrac et des pondéreux (charbon, sable, minérais, etc.). Mais sa lenteur, ainsi que l'obsolescence du réseau navigable, constituent des handicaps insurmontables. Signe du temps : le projet du canal Rhin-Rhône — conçu en 1953 pour relier la mer du Nord et la Méditerranée (via Lyon), objet d'études depuis 1978, « indispensable à l'économie française », selon Raymond Barre (maire de Lyon), — a été abandonné définitivement en juin 1997, pour cause de faible demande et de rentabilité douteuse. En effet, la liaison Rotterdam-Marseille par le canal aurait été beaucoup plus chère et moins rapide que par mer via Gibraltar !

Les sens et les dérivés d'un mot :

fret.°

Ce terme polyvalent peut désigner:

1. le prix du transport de marchandises,
2. les marchandises transportées ou
3. le transport lui-même.

Exemples : *fret de base, négociation des frets* (sens 1) ; *chargement du fret, fret lourd* (sens 2) ; *avion de fret, fret routier* (sens 3). Le terme relevait à l'origine du transport maritime, mais aujourd'hui il s'applique également aux transports aérien et routier. Sa famille est nombreuse. L'*affrètement*° est un contrat par lequel quelqu'un (le *fréteur*) s'engage à mettre un moyen de transport (navire, avion ou camion) à la disposition de quelqu'un d'autre (l'*affréteur*) pour le transport de marchandises ou de personnes[12]. *Fréter*° et *affréter*° signifient respectivement *donner* et *prendre* en location un moyen de transport. S'agissant du transport de personnes, on emploie souvent le synonyme *noliser* (*chartériser* en franglais) : *vol, avion nolisés.*

❷ LE CONTRAT DE TRANSPORT

Le transport de marchandises fait l'objet d'un contrat auquel il y a deux parties[13] : le transporteur° et l'expéditeur.° Le transporteur s'engage à livrer° à un destinataire,° dans des conditions déterminées et moyennant rémunération, les marchandises qui lui ont été confiées par l'expéditeur. Le transporteur reconnaît avoir pris en charge les marchandises en bon état : aussi est-il responsable[14] de toute perte et avarie° constatée par le destinataire à la livraison.°

Le contrat se matérialise normalement par un document[15], dont la nature dépend du mode de transport. Voici les principaux documents utilisés :

▲ Dans les transports routier et ferroviaire, la *lettre de voiture.*°
▲ Dans le transport aérien, la *lettre de transport aérien*° (LTA).

▲ Dans le transport maritime, le *connaissement.*°
▲ Dans le transport fluvial, la lettre de voiture ou le connaissement.

Tous ces documents de transport indiquent la nature des marchandises ; tous attestent de leur prise en charge par le transporteur. Le connaissement présente pourtant des différences importantes par rapport aux lettres de voiture et de transport aérien. Le transport maritime étant en général beaucoup plus lent que les transports routier, ferroviaire et aérien, le destinataire de marchandises expédiées par mer peut avoir besoin de les vendre *avant de les recevoir.* C'est ce que le connaissement lui permet de faire, car il représente les marchandises elles-mêmes aussi bien que leur transport. Autrement dit, le connaissement est en même temps un document de transport et un *titre de propriété,* transmissible par endossement.

Le transporteur établit le connaissement en quatre exemplaires, dont un est envoyé par voie rapide au destinataire. Celui-ci, nouveau propriétaire des marchandises (toujours en cours de transport), n'a, pour les vendre, qu'à endosser son exemplaire à l'ordre d'un acheteur. Si, ayant besoin d'argent, il préfère rester propriétaire des marchandises, il peut toujours s'en servir pour obtenir un prêt en remettant à sa banque son exemplaire du connaissement. Il donne ainsi en gage[16] ses marchandises, et reçoit une somme égale à leur valeur. Il s'agit dans ce cas d'un *crédit documentaire* (crédoc), c'est-à-dire d'un crédit accordé contre remise de documents. (Voir à ce sujet le module suivant : ➡ *Le crédit documentaire.*)

Pour aller plus loin :

Qui paie ?

Si le destinataire paie à l'arrivée le prix du transport, on dit que les marchandises sont expédiées en *port dû* (*port* signifiant ici *prix du transport*). Si l'expéditeur paie au départ le prix du transport, on dit que les marchandises sont expédiées en *port payé.* Dans ce dernier cas le prix des marchandises sera suivi de l'indication *franco de port.* Le sens étymologique de *franco* est *exempt, sans obligation. Franco de port* signifie donc : sans frais de transport (pour le destinataire). Suivi du nom d'un lieu ou d'un moyen de transport (*franco aéroport, franco camion*), le mot indique jusqu'où les frais sont payés par l'expéditeur. Ainsi, l'acheteur de marchandises dont le prix est donné *franco gare arrivée* doit payer le transport de la gare d'arrivée à son domicile. Un prix donné *franco domicile* (synonyme : *franco de port*) comprend tous les frais de transport (jusqu'au *domicile* du destinataire). Dans l'expression *franco sur place*, les mots *sur place* signifient *chez le vendeur.* L'acheteur sait dans ce cas qu'il paiera la totalité des frais de transport. *Franco domicile* et *franco sur place* sont ainsi des synonymes respectivement de *port payé* et de *port dû.* (Mais on dit *envoyer en port payé* ou *en port dû*, alors qu'on donne un prix *franco domicile* ou *sur place*). N.B. : Dans le commerce international on utilise les *incoterms.* (Voir à ce sujet le module suivant.)

V O C A B U L A I R E

Sigles et acronymes

LTA   lettre de transport aérien
SERNAM   Service national des messageries

SNCF   Société nationale des chemins de fer français
TGV   train à grande vitesse

Lexique français-anglais

affrètement (*m.*) chartering
   affréter to charter (*fréter*)
avarie (*f.*) damage
cale (*f.*) hold (of a freighter)
camion à benne (basculante) (*m.*) dump truck
camion-citerne (*m.*) tanker truck
cargaison (*f.*) cargo
cargo (*m.*) freighter
chaland (*m.*) barge
connaissement (maritime, fluvial) (*m.*) bill of
     lading (B/L)
conteneur (*m.*) container
courrier (court, moyen ou **long ~)** (*m.*) short,
     medium, long haul (*airliner*)
destinataire (*m., f.*) addressee
expéditeur (-trice) (*m., f.*) sender
   expédier to send
fourgon (*m.*) utility van; baggage car (*of a train*)
fret (*m.*) freight
   fréter to charter (≠ *affréter*)
gros porteur (*m.*) jumbo jet
lettre de transport aérien (LTA) (*f.*) airway
     bill (AWB)
lettre de voiture (*f.*) consignment note
livrer to deliver

livraison (*f.*) delivery
méthanier (*m.*) liquified gas tanker
navette (*f.*) shuttle
navire-citerne (*m.*) tanker (ship)
paquebot (*m.*) (passenger) liner
péniche (*f.*) barge
pétrolier (*m.*) (oil) tanker
   ~ géant supertanker
porte-conteneur (*m.*) container ship
pousseur (*m.*) push tug (boat)
remorqueur (*m.*) tugboat
routier (*m.*) truck driver (synonym:
     camionneur)
semi-remorque (*m.*) semi (truck)
soute (*f.*) baggage or cargo compartment (*of an
     airplane*)
transbordeur (*m.*) ferry (boat)
transporteur (*m.*) carrier
vrac (*m.*) bulk (*merchandise*)
   en ~ (*adj. et adv.*) in bulk
   vraquier (*m.*) bulker (ship)
wagon (*m.*) car (*railroad*)
   wagon-citerne tanker car
   wagon couvert boxcar
   wagon frigorifique refrigerator car
   wagon plat flatcar
   wagon tombereau open freight car

A C T I V I T É S

I. Traduction

A. *Français → anglais (version)*

1. Sauf exception — le cas, par exemple, d'un expéditeur relié directement par rail à son destinataire —, le camion est le seul mode de transport capable d'acheminer des marchandises de porte à porte.

2. Le transporteur est responsable de toute perte et avarie constatée par le destinataire à la livraison.

3. Qui doit établir la lettre de transport aérien : le transporteur ou l'expéditeur ?

4. Le rail vaut mieux que la route pour le transport du vrac.

5. En règle générale, l'avion ne peut pas se justifier pour le transport de marchandises d'une valeur au kilo de moins de cent francs.

6. Le fret aérien est en forte hausse, grâce à la mise en service des gros porteurs.

7. Le colis a été expédié en port payé.

8. Les prix que vous m'avez donnés sont franco domicile, n'est-ce pas ? Et quand pourrez-vous livrer les marchandises ?

9. Les pousseurs tendent à remplacer les remorqueurs pour les convois de barges.

10. Le train gardera son avantage dans le transport de pondéreux, mais pour tout le reste il continuera de perdre des parts de marché.

B. *Anglais → français (thème)*

1. Why are striking truck drivers allowed to block the roads in France?
2. Let me see the bill of lading. I need to know what kind of cargo the freighter was carrying.
3. I need to get to London by 3:00, so I'll take the shuttle train, even though I prefer the ferry.
4. Is barge traffic increasing on the Rhine?
5. The shipwrecked supertanker spilled a million gallons of oil into the English Channel.
6. Coal is shipped in bulk in open freight cars.
7. The air freight carrier plans to charter ten more airplanes in order to meet the demand.
8. The company plans to buy ten more airplanes and then to charter them.
9. The charter agreement can cover a certain period of time or a specific voyage.
10. Tanker ships, trucks, and rail cars are becoming more and more specialized.

II. Entraînement

1. Qu'est-ce qui explique la prédominance actuelle du camion par rapport aux autres modes de transport ?
2. Quels sont les différents types de camions ?
3. Quelles deux entreprises publiques détiennent en France le monopole du rail ? De quelle manière partagent-elles le marché ?
4. Quels types de véhicules constituent le matériel roulant ?
5. A quelle catégorie de fret le transport aérien convient-il tout particulièrement ? Pourquoi ?
6. Quelles sont les trois catégories d'avions de transport ?
7. Quelles sont les trois catégories de navires ?
8. Quels sont les différents types de cargos ?
9. Quels sont les différents types de bateaux fluviaux ?
10. Chaque année le transport fluvial recule un peu plus devant la concurrence. Qu'est-ce qui explique ce déclin ? Pourquoi le projet du canal Rhin-Rhône a-t-il été abandonné ?
11. Quels sont les différents sens du mot *fret* ? Qu'est-ce qu'un contrat d'*affrètement* ? Expliquez à ce propos les termes *fréteur, affréteur, fréter* et *affréter*.
12. A quoi s'engage le transporteur en tant que partie au contrat de transport ? Envers qui s'engage-t-il ?
13. Quel est le document utilisé pour chacun des modes de transport ?
14. En quoi le connaissement est-il différent des autres documents de transport ? Comment permet-il au propriétaire des marchandises de les vendre ou d'obtenir un prêt ?
15. Que signifient *port dû* et *port payé* ? Expliquez le sens du mot *port* dans ces expressions. Qu'est-ce qu'un prix *franco de port* ? un prix *franco gare départ* ? *Franco domicile* et *franco sur place* sont plus ou moins synonymes, avons-nous dit, de *port payé* et de *port dû* respectivement. Ces deux paires d'expressions ne s'emploient pourtant pas de la même façon. Employez-les dans des phrases pour illustrer leur différence syntaxique.

III.   Matière à réflexion

Visitez les sites Web de quelques transporteurs français et faites un rapport sur vos découvertes. Le site de la SNCF (http://www.sncf.fr) serait un bon point de départ : ses rubriques — en particulier celle du *fret* — donnent une idée des stratégies mises en œuvre par cette entreprise publique pour faire face à la concurrence de la route. Une consultation des archives du *Fret Magazine* (http://www.sncf.fr/fret/fretmag), édité par la SNCF, serait à cet égard, sinon précisément passionnante, au moins instructive. Vous y trouverez de nombreux articles sur les moyens de « valoriser les atouts des prestations ferroviaires », d'opérer « un rééquilibrage en faveur du rail », etc. Autre thème sur lequel il y a maintes variations dans les numéros récents : les répercussions de l'Union européenne sur le transport ferroviaire. (Pour trouver les sites d'autres transporteurs, aidez-vous d'un moteur de recherche tel que Infoseek ou Yahoo!. Pour ce dernier, essayez : « http://yahoo.fr », rubrique *Commerce et économie*, puis *Sociétés,* puis *Transports.*)

Notes

1. Transport de marchandises par camion.
2. Qui mettent en communication des villages voisins (comme les *county roads* aux Etat-Unis).
3. Mais il ne se ressemble pas au véhicule qui s'appelle ainsi aux Etats-Unis.
4. Marchandises très lourdes (pesant plus d'une tonne au mètre cube), transportées *en vrac°* (c'est-à-dire sans emballage).
5. Le terme comprend tous les véhicules qui circulent sur la voie ferrée.
6. *Tonne kilométrique* (ou *tonne-kilomètre*) : tonne transportée sur un kilomètre.
7. Un *conteneur* est une grosse caisse aux dimensions normalisées servant à la manutention et au transport de marchandises. Proposé comme traduction de l'anglo-américain *container* (longtemps employé en français), le néologisme a fait fortune, s'implantant dans l'usage avec sa famille (*conteneuriser, conteneurisation, conteneurisable*).
8. Les termes *tanker* et *supertanker* s'emploient encore, mais de moins en moins, en français.
9. *Le vrac :* marchandises transportées en vrac. Cet emploi (avec l'article défini) n'est pas attesté par les dictionnaires, mais il est courant chez les transporteurs.
10. Ainsi appelés parce qu'ils sont utilisés sur le Rhin. On voit souvent la dénomination *automoteur type RHK* (Rhein-Herne-Kanal).
11. *Gabarit :* modèle (et par extension : appareil) qui sert à vérifier la forme ou les dimensions d'un objet. S'agissant des chemins de fer, par exemple, un gabarit est un arceau sous lequel on fait passer un wagon chargé pour vérifier que ses dimensions ne dépassent pas celles des ponts et des tunnels. Le mot (dont le *t* n'est pas prononcé) s'emploie également au figuré : *un petit gabarit* (une personne de petite stature) ; *des livres du même gabarit* (genre).
12. Dans le transport maritime, on appelle *charte-partie* (*f.*) le contrat d'affrètement. *Partie* est ici un adjectif formé du participe passé de *partir*, qui signifiait autrefois *partager, séparer en parties*. La coutume était de « partir » la charte (document constatant l'existence du contrat) en la déchirant en deux moitiés, l'une pour l'expéditeur et l'autre pour le destinataire.
13. *Partie* (contractante) : personne (physique ou morale) qui s'engage par un contrat. Sur la distinction entre personnes physique et morale, voir le Module 1.
14. Plus précisément, il est *présumé* responsable. Il existe de nombreuses causes d'exonération, dont, par exemple (pour le transport maritime) : incendie à bord, sauvetage en mer, emballage défectueux ou d'autres faits imputables à l'expéditeur (vices cachés de la marchandise, etc.).
15. Dans le langage courant on appelle *contrat* le document lui-même. Le document de transport, dûment signé, n'est — juridiquement parlant — que la *preuve* d'un contrat (accord).
16. « Le gage confère au créancier le droit de se faire payer sur la chose qui en est l'objet » (Code civil) ; il s'agit donc d'une garantie de paiement.

Le Commerce international et la douane

Le choix d'une « solution-transport » se complique pour l'entreprise qui vend ses produits à l'étranger. Les frais s'additionnent, les formalités se multiplient à mesure que s'allongent distances et délais. Chaque déchargement, chaque rechargement présente de nouveaux risques de casse et de perte, de retard et de vol. Face à cette complexité, l'entreprise peut faire appel directement à un transporteur, mais il est souvent préférable de sous-traiter[1], partiellement ou totalement, la fonction import-export[2] en confiant les marchandises à un *transitaire*.°

1. LES TRANSITAIRES

Qu'est-ce, au juste, qu'un *transitaire* ? Le terme recouvre plusieurs activités distinctes ayant en commun le transport international de marchandises. Le transitaire n'est pas un transporteur, mais un *auxiliaire* du transport, un *prestataire de services*[3] qui travaille pour le compte d'une entreprise exportatrice ou importatrice. Selon les responsabilités du transitaire et les tâches qui lui sont confiées, on distingue, entre autres, les « spécialisations » suivantes :

▲ L'*organisateur de transports multimodaux*[4] (OTM) assure toutes les opérations d'import-export : transport, assurance, douane. Il organise les expéditions du début à la fin :
   1. le « pré-acheminement » terrestre (du domicile de l'expéditeur au port ou à l'aéroport d'embarquement) ;
   2. le transport principal, maritime ou aérien ; et
   3. le « post-acheminement » terrestre (du port ou de l'aéroport de débarquement au domicile du destinataire).

   Comme il choisit les transporteurs, il est responsable de leurs fautes. C'est à l'OTM que fait appel l'entreprise qui souhaite se dégager complètement des problèmes liés à l'exportation[5].

▲ Le *groupeur* réunit, afin de les acheminer ensemble, des marchandises provenant de plusieurs expéditeurs. En remettant au transporteur des unités de chargement complètes — conteneurs ou palettes, remorques ou wagons —, le groupeur permet à son client de bénéficier d'un tarif privilégié.

▲ Le *commissionnaire en douane* s'occupe de toutes les formalités douanières pour le compte de son client.

▲ Le *transitaire portuaire* ou *aéroportuaire* veille à la bonne marche des opérations (déchargement, entreposage, rechargement) lors des ruptures de charge[6].

❷ LA DOUANE

On appelle *douane*° l'administration chargée du contrôle des marchandises à l'entrée et à la sortie d'un pays *ou d'un territoire douanier*. Nous mettons en italique ces derniers mots pour rappeler que l'Union européenne constitue un marché unique depuis l'abolition au 1er janvier 1993 de tout contrôle aux frontières intracommunautaires[7]. Aussi les termes d'*importation* et d'*exportation* ne s'appliquent-ils plus — officiellement — qu'aux échanges entre l'Union européenne et les pays tiers[8]. C'est dans ce sens que les termes seront employés dans la discussion qui suit. Il y sera question essentiellement de la douane française (la Direction générale des Douanes et Droits indirects[9]), mais depuis 1993 la quasi totalité de sa réglementation est commune à tous les pays de l'Union européenne.

On appelle *dédouanement*° l'accomplissement des formalités requises par la douane. A l'importation[10], dédouaner° une marchandise consiste d'abord à la présenter dans un *bureau de douane*° du pays importateur ; ensuite à y déposer une déclaration en détail ; enfin à payer les taxes exigibles, appelées *droits de douane.*°

A quoi servent les droits de douane ? Ils sont d'abord une source de revenu pour l'Etat (8,78 milliards de francs en 1996). Ils servent en plus à renchérir[11] les produits importés, favorisant ainsi la compétivité des entreprises françaises et européennes.

Le montant des droits de douane pour une marchandise donnée est déterminé, dans la plupart des cas, par deux facteurs : sa *valeur* et le *taux*° applicable.

1. On appelle droits *ad valorem* ceux qui sont calculés « selon la valeur » — la *valeur en douane* — de la marchandise importée. La valeur en douane d'une marchandise est la somme du prix d'achat et des frais de transport.

2. Le taux applicable dépend de la nature des marchandises importées et de leur origine. Le *tarif* est un tableau qui indique le taux qui correspond à chaque

Pour aller plus loin :

les procédures simplifiées de dédouanement.

La tendance est aujourd'hui à la simplification des formalités douanières, et en particulier des deux premières étapes du dédouanement mentionnées ci-dessus.

1. Il existe aujourd'hui une *procédure de dédouanement à domicile* (PDD) qui permet à l'entreprise importatrice d'accomplir toutes les formalités au sein de son établissement, sans passer par le bureau de douane. L'entreprise peut procéder au déchargement des marchandises dès leur arrivée dans ses locaux, à condition d'en informer immédiatement le bureau de douane ; elle doit alors établir la déclaration en détail dans un délai réglementaire avant de pouvoir disposer des marchandises. Même si les marchandises passent par le bureau de douane, leur séjour peut être écourté par la *procédure simplifiée bureau* (PSB). Pour en bénéficier l'entreprise doit fournir des informations préalables, y compris une déclaration partielle, avant l'arrivée au bureau des marchandises.

2. Quant à la déclaration en détail, le DAU (document administratif unique), utilisé par tous les pays de l'Union européenne dans leurs échanges avec les pays tiers, remplace aujourd'hui les dizaines de formulaires imposés par l'ancienne réglementation. Dans la plupart des bureaux de douane le DAU n'est même plus établi à la main, mais généré par le *système d'ordinateurs pour le fret international* (SOFI).

Grâce à ces initiatives, entre autres, la douane française, autrefois synonyme de lenteur et de paperasses, mérite aujourd'hui une meilleure réputation.

catégorie de produits (appelée *espèce tarifaire*) et à chaque pays exportateur[12]. N.B. : Tous les pays de l'Union européenne appliquent aux pays tiers le même tarif : il s'agit du tarif extérieur commun (TEC).

Pour trouver donc le montant des droits à payer, il suffit d'appliquer le taux (indiqué dans le tarif en vigueur) à la valeur en douane (attestée par la facture commerciale et le contrat de transport).

❸ LES INCOTERMS

Imaginez qu'un constructeur de maisons en Hongrie, ayant eu vent de la réputation grandissante des moustiquaires BanniBug, souhaite en commander un millier pour un nouveau lotissement à Budapest. Il écrit pour obtenir un prix, joignant à sa lettre une spécification complète. Réponse de BanniBug : 403 000 francs (sans autre indication).

Le constructeur s'étonne du chiffre, car il s'attendait à payer davantage. Il ne pourra pourtant rien décider avant de recevoir une offre complète. Le prix semble anormalement bas, mais que comprend-il ? Qui doit payer le transport et l'assurance ? Qui réglera les droits de douane ? Qui sera responsable en cas de perte ou d'avarie ?

Pour aller plus loin :

les régimes suspensifs.

Dans certaines situations l'importateur peut être exonéré des droits de douane. Il existe plusieurs *régimes*[13] *suspensifs* — ainsi appelés parce qu'ils *suspendent* les droits de douane —, dont voici les principaux :

1. Le *transit* s'applique à toute marchandise qui ne fait que traverser un pays ou un territoire douanier.
2. L'*entreposage* exonère les marchandises admises sur un territoire national ou douanier en vue d'y être stockés temporairement.
3. Le *perfectionnement actif* permet d'importer des produits destinés à être réexportés après transformation.
4. L'*admission temporaire* concerne ce qu'on pourrait appeler le « matériel professionnel » (échantillons distribués gratuitement ou exposés dans les foires, etc.).

Il serait possible — seulement un peu long et fastidieux — de répondre dans le contrat de vente à chacune de ces questions, avec toute la précision requise. Mais les deux parties au contrat peuvent s'entendre plus succinctement grâce aux *incoterms* (« international commercial terms ») de la Chambre de Commerce internationale (CCI). Dans le cadre d'un contrat de vente, les incoterms précisent les obligations respectives des parties contractantes, pour tout ce qui relève du transport des marchandises vendues. Le choix d'un incoterm détermine en particulier le lieu auquel les *risques* et les *frais* passent du vendeur à l'acheteur, le moment où l'un cesse et l'autre commence de les supporter. Les risques sont ceux que fait courir tout déplacement de marchandises : perte, vol, avarie ou retard. Les frais dont il peut s'agir sont, par exemple et selon le cas : le chargement° et le déchargement° ; le pré- et le post-acheminement ; les formalités douanières à l'export et à l'import ; le passage portuaire ou aéroportuaire ; le transport principal et l'assurance transport.

Il y a treize « incoterms 1990 » (date de leur dernière révision), employés couramment sous forme de sigles. Les incoterms proviennent tous de l'anglais ; nous n'indiquons qu'à titre d'information leurs traductions françaises, *lesquelles ne sont pas employées dans les contrats de vente internationale*. Voir la Figure 7.1.

Le sigle doit être suivi d'une précision géographique (normalement d'un nom de ville), représentée dans le tableau par les mots qui suivent les points de suspension. Sans précision géographique l'incoterm serait incomplet et donc inapplicable dans un contrat. L'indication du lieu convenu complète ainsi l'incoterm, comme l'incoterm lui-même complète le prix. Chaque sigle peut s'employer comme substantif (« Le CFR… nous semble préférable »), comme adjectif (« Nous préférerions une vente CFR… ») ou comme adverbe (« Nous préférons vendre CFR… »).

Concis, précis, universellement reconnus[14], les incoterms représentent pour les commerçants du monde entier un code commun grâce auquel peuvent s'éviter malentendus et litiges.

Sigle	Incoterm	Traduction française	Mode de transport
EXW	Ex Works (...named place)	A l'usine (...lieu convenu)	polyvalent
FCA	Free Carrier (...named place)	Franco transporteur (...lieu convenu)	polyvalent
FAS	Free Alongside Ship (...named port of shipment)	Franco le long du navire (...port d'embarquement convenu)	maritime
FOB	Free on Board (...named port of shipment)	Franco à bord (...port d'embarquement convenu)	maritime
CFR	Cost and Freight (...named port of destination)	Coût et fret (...port de destination convenu)	maritime
CIF	Cost, Insurance, Freight (...named port of destination)	Coût, assurance, fret (...port de destination convenu)	maritime
CPT	Carriage Paid to (...named point of destination)	Port payé jusqu'à (...point de destination convenu)	polyvalent
CIP	Carriage and Insurance Paid to (...named point of destination)	Port et assurance payés jusqu'à (...point de destination convenu)	polyvalent
DAF	Delivered at Frontier (...named place)	Rendu frontière (...lieu convenu)	terrestre
DES	Delivered ex Ship (...named port of destination)	Rendu ex ship (...port de destination convenu)	maritime
DEQ	Delivered ex Quay (...named port of destination)	Rendu à quai (...port de destination convenu)	maritime
DDU	Delivered Duty Unpaid (...named point of destination)	Rendu droits non acquittés (...point de destination convenu)	polyvalent
DDP	Delivered Duty Paid (...named point of destination)	Rendu droits acquittés (...point de destination convenu)	polyvalent

figure 7.1

Les Incoterms 1990.

95

Pour nous en convaincre, revenons au prix proposé par BanniBug à András Makó (ainsi s'appelle le constructeur hongrois). N'ayant aucune expérience dans l'exportation, ni même la moindre idée des formalités à remplir, BanniBug supposait que son client s'occuperait de tout. L'unique responsabilité de BanniBug serait de

Un faux ami : délai.

Le mot signifie *temps accordé pour faire une chose* (ou bien *prolongation du temps accordé*). Ainsi un fournisseur, ayant promis de livrer avant la fin du mois, devrait-il *respecter le délai, livrer dans le délai*. S'il n'y réussit pas, il devra *demander un délai*. Le signataire d'un contrat peut bénéficier d'un *délai de réflexion* (*cooling-off period*). L'employé ou le locataire qui veut quitter un emploi ou un appartement doit respecter un *délai de préavis* (*notice*). On dirait en anglais *time*, *period*, *extension*, *deadline*, etc. C'est *retard* qui traduit l'anglais *delay*. Ainsi, après trois *retards de livraison*, le client a décidé de s'approvisionner ailleurs, et demande à son ancien fournisseur de lui rendre *sans retard* son acompte. Il est vrai qu'on dit aussi *sans délai*, mais le mot garde ici son sens... français (de *prolongation*)[15].

mettre les marchandises à la disposition du transporteur venu les prendre à Tours. András Makó assumerait tous les risques et frais du transport dès que son transporteur aurait quitté les locaux du vendeur. BanniBug a donc proposé sans le savoir — et aurait dû préciser — un prix EXW, ou Ex (« en dehors de ») Works (usine, entrepôt, établissement, etc.) Tours. Une vente EXW réduit au minimum les obligations *du vendeur*.

András Makó, de son côté, avait l'habitude d'être fourni DDP Budapest, ce qui explique sa réaction au prix proposé. Une vente DDP, ou Delivered Duty Paid, réduit au minimum les obligations *de l'acheteur*, son unique responsabilité étant de prendre livraison des marchandises. C'est chez lui qu'a lieu le transfert des risques et des frais, ce qui revient à dire que le vendeur doit les supporter tout au long de l'acheminement des marchandises.

Se situant entre ces deux extrêmes, les autres incoterms partagent différemment les obligations entre vendeur et acheteur en retardant plus ou moins le moment où les risques et les frais passent du premier au second. Le tableau les présente dans l'ordre conventionnel des obligations de plus en plus nombreuses à la charge du vendeur[16].

Pour aller plus loin :

le crédit documentaire.

Ces trois instruments ont tous l'inconvénient majeur de laisser à l'acheteur l'initiative du paiement. C'est à lui d'envoyer le chèque (et d'approvisionner son compte), d'accepter une traite ou de donner à sa banque l'ordre de virement. Pour éliminer le risque de non-paiement, la Chambre de Commerce internationale a élaboré des techniques qui offrent au vendeur un moyen sûr de recouvrer ses créances, c'est-à-dire de recevoir le paiement des sommes qui lui sont dues. La plus utilisée de ces techniques est le *crédit documentaire* (crédoc)[17]. Si le contrat de vente stipule l'utilisation d'un crédoc, le mécanisme se déroule en huit étapes, ainsi qu'il suit :

1. L'acheteur importateur — nous l'appellerons A/I — demande à sa banque d'ouvrir un crédit en faveur du vendeur exportateur (V/E).
2. En ouvrant le crédit, la banque de l'A/I s'engage envers la banque du V/E à payer la somme due contre présentation de certains documents.
3. La banque du V/E lui notifie le crédit.
4. Le V/E expédie les marchandises et reçoit du transporteur les documents de transport, preuve de l'expédition.
5. Le V/E présente les documents à sa banque, qui le paie.
6. La banque du V/E envoie les documents à la banque de l'A/I pour se faire rembourser.
7. La banque de l'A/I lui présente les documents pour se faire rembourser.
8. L'A/I présente les documents au transporteur pour prendre possession des marchandises.

Le crédoc a l'avantage de protéger également vendeur et acheteur. Le vendeur n'expédie pas les marchandises avant de recevoir la notification du crédit ; il a donc la certitude d'être payé. L'acheteur ne paie pas avant d'avoir en main les documents de transport ; il est donc sûr de recevoir les marchandises.

Le CFR (Cost and Freight), par exemple, situé vers le milieu de la liste, met à la charge du vendeur le pré-acheminement des marchandises au port, leur chargement à bord du navire, les formalités douanières export ainsi que le transport principal ; l'acheteur paie l'assurance transport, les formalités douanières import, le déchargement des marchandises et leur post-acheminement. Le transfert des risques se fait lors du chargement, « au passage du bastingage[18] ».

Si important que soit l'incoterm choisi, il ne change pas toujours le coût total assumé par l'acheteur. Si, par exemple, Makó accepte l'offre de 403 000 francs EXW Tours, il paiera cette somme à BanniBug et supportera lui-même les frais de transport. Mettons que ceux-ci totalisent 40 000 francs, et qu'ils soient constants quelle que soit la formule retenue. Makó paiera alors 443 000 francs au total. Mais, allergique comme il est aux détails paperassiers de la logistique internationale, il préfère payer 443 000 DDP Budapest. Si BanniBug a l'imprudence d'accepter cette proposition, il encaissera toujours ses 403 000 francs (le prix des moustiquaires), mais c'est lui maintenant qui devra s'occuper du transport.

Si utiles, si *indispensables* que soient les incoterms, ils constituent seulement une clause du contrat de vente. D'autres clauses doivent préciser les modalités du paiement : date, monnaie et *instrument*. On entend par *instrument* la forme matérielle ou électronique qui sert de support au transfert de fonds. Les instruments les plus utilisés dans les opérations internationales sont le chèque, la lettre de change et le virement[19]. Ce dernier est de loin l'instrument le plus utilisé, grâce au système SWIFT (Society for Worldwide Interbank Financial Telecommunications). SWIFT est aujourd'hui le plus important réseau d'échanges de données informatisées (EDI[20]) du monde, reliant plus de 4 000 banques dans 105 pays. Plus rapide et moins coûteux que le virement par télex (désormais obsolète), le virement SWIFT tend à remplacer également les autres instruments. Le chèque et la traite ne représentent plus ensemble qu'environ 20 % des règlements dans le commerce international (où d'ailleurs leur utilisation s'achève presque toujours par un virement SWIFT).

V O C A B U L A I R E

Sigles et acronymes

CCI Chambre de commerce internationale
DAU document administratif unique
EDI échange de données informatisées
OTM organisateur de transport multimodal
PDD procédure de dédouanement à domicile
PSB procédure simplifiée bureau
SOFI système d'ordinateurs pour le fret international
SWIFT Society for Worldwide Interbank Financial Telecommunications
TEC tarif extérieur commun

Lexique français–anglais

bureau de douane (*m.*) customs office

chargement (*m.*) loading
  charger to load
déchargement (*m.*) unloading
  décharger to unload
dédouanement (*m.*) customs clearance
  dédouaner to clear through customs
douane (*f.*) customs
  douanier (*m.*) customs agent
  douanier (-ière) (*adj.*) pertaining to customs
droits de douane (*m. pl.*) customs duties
rechargement (*m.*) reloading
  recharger to reload
taux (*m.*) rate
transitaire (*m., f.*) freight forwarder; forwarding agent

A C T I V I T É S

I. Traduction

A. *Français → anglais (version)*

1. La douane sert évidemment une fonction protectionniste (en renchérissant les produits importés), mais elle aide aussi à remplir les caisses de l'Etat.
2. Nous ne sommes plus obligés de passer par le bureau de douane pour dédouaner nos marchandises.
3. Dans le CIP, c'est le vendeur qui paie le chargement à bord du navire.
4. Dans le DAF, c'est l'acheteur qui paie le déchargement au port de débarquement.
5. Dans le FAS le vendeur assume toutes les formalités douanières, export et import.
6. Pour les marchandises en transit les droits de douane sont suspendus.
7. Pour trouver le montant des droits de douane, il suffit d'appliquer le taux (indiqué dans le tarif en vigueur) à la valeur en douane (attestée par la facture commerciale et le contrat de transport).
8. Mon transitaire me dispense de comparer les prix de plusieurs transporteurs.
9. « Du fait de l'importance croissante, au plan industriel comme commercial, du respect des délais de livraison, on voit se développer depuis quelques années les prestations de transport à délai garanti » (D. Chevalier et F. Duphil, *Le Transport*, Editions Foucher [Paris : 1996], p. 26).
10. « Les régimes douaniers à mettre en œuvre et les formalités à accomplir (à l'export, en transit et à l'import) peuvent ne pas être indépendants des modalités de transport choisies » (*ibid*, p. 13).

B. *Anglais → français (thème)*

1. How much will the customs duties amount to?
2. Hiring a freight forwarder to handle our exports has saved us more headaches than money.
3. How long will it take to get this merchandise cleared through customs?
4. The customs agent told us that we have to unload the merchandise.
5.–10. From the *International Trade Law Monitor*:

The thirteen [inco]terms are grouped into four basically different categories:

▲ Group E: Departure term. Where the seller makes the goods available to the buyer at the seller's own premises (EXW).

▲ Group F: Shipment terms; main carriage[21] unpaid. Where the seller is called on to deliver the goods to a carrier named by the buyer (FCA, FAS and FOB). These are shipment contracts with the shipment point named, and carriage unpaid by the seller.

▲ Group C: Shipment terms; main carriage paid. Where the seller has to contract for carriage, but without assuming the risk of loss of or damage to the goods or additional costs due to events occurring after shipment and dispatch (CFR, CIF, CPT and CIP). These are shipment contracts with the destination point named, and carriage paid by the seller. There are two critical division points, one for the division of costs, the other for the division of risk. Costs being assumed by the seller until the destination point; risk being transferred to the buyer at the point of shipment. CIF and CIP are the only incoterms related directly to insurance cover. In these the seller arranges the contract of carriage and payment of freight and is regarded as being in a better position than the buyer to arrange insurance.

▲ Group D: Arrival Terms. Where the seller has to bear all costs and risk needed to bring the goods to the country of destination (DAF, DES, DEQ, DDU and DDP). These are arrival contracts[22].

II. Entraînement

1. Qu'est-ce, en général, qu'un transitaire ? Pour qui travaille-t-il ? Quelles sont les différentes spécialisations du métier ? Décrivez le travail de chacune.
2. Qu'est-ce que la douane ? Comment s'appelle la douane française ?
3. Qu'est-ce que le dédouanement ? Quelles en sont les trois étapes ?
4. En quoi consistent la procédure de dédouanement à domicile et la procédure simplifiée bureau ? Comment la déclaration en douane a-t-elle été simplifiée ?
5. A quoi servent les droits de douane ? Comment calcule-t-on le montant des droits de douane pour une marchandise donnée ?
6. Dans quelles conditions les droits de douane sont-ils suspendus ?
7. Quelle est l'origine du mot *incoterm* ? Quelles précisions les incoterms apportent-ils dans un contrat de vente ?
8. Pourquoi le sigle d'un incoterm doit-il être suivi d'une précision géographique dans un contrat de vente ?
9. Dans quel sens l'EXW est-il le « contraire » du DDP ? Justifiez notre affirmation selon laquelle les autres incoterms se situent « entre ces deux extrêmes ».
10. Pourquoi le choix d'un incoterm ne change-t-il pas forcément le coût total assumé par l'acheteur ?
11. Qu'est-ce qu'un instrument de paiement ? Quels sont les instruments utilisés dans les opérations internationales ? Lequel est le plus utilisé ? Pourquoi ?
12. Quel est l'inconvénient majeur des trois instruments de paiement les plus utilisés ? Comment l'utilisation du crédit documentaire permet-elle de résoudre le problème ? Expliquez à ce propos la différence entre un instrument de paiement et une technique de recouvrement de créances.
13. Résumez le mécanisme du crédit documentaire. En quoi le crédoc protège-t-il l'acheteur aussi bien que le vendeur ?

III. Matière à réflexion

1. Visitez le site Web des douanes françaises. Essayez d'y trouver une réponse aux questions suivantes :

▲ En quoi consiste chacune des trois « missions » de la douane française (mission fiscale, mission économique, mission de lutte contre la fraude) ? (Voir, au site, la rubrique *Missions*.)
▲ Dans quelles conditions exceptionnelles y a-t-il toujours des contrôles douaniers aux frontières intracommunautaires ? Comment calcule-t-on la valeur en douane ? (Rubrique : *Informations pratiques*.)
▲ Qu'a fait la douane l'année passée dans les domaines suivants : les luttes contre la toxicomanie, le trafic d'armes et le blanchiment d'argent sale (*money laundering*) ; la protection des espèces menacées d'extinction ? (Rubrique : *Bilan d'activité 1997*.)

2. La définition complète d'un incoterm se présente sous la forme d'un tableau à deux colonnes dont chacune comporte dix articles. A gauche figurent les obligations du vendeur ; à droite, les obligations réciproques de l'acheteur pour la même opération. Choisissez un incoterm ; puis, à la place des *x* dans l'URL suivant, tapez-en le

sigle pour visiter le site Web indiquant les « "mirrored" correlative obligations of buyer and seller ».

http://ra.irv.uit.no/trade law/documents/sales/incoterms/nav/*xxx* nav.html

S'agit-il, d'après le tableau du site, d'un incoterm qui donne plus d'obligations au vendeur qu'à l'acheteur ? Traduisez en français les obligations réciproques.

Notes

1. Voir à ce sujet le Module 3 : ➡ *La sous-traitance.*
2. « *Import-export :* commerce international de produits importés ou exportés. *Faire de l'import-export* » (*Dict. Robert*). *Import* et *export*, formes abrégées d'*importation* et d'*exportation*, sont néanmoins *masculins*. Ils s'emploient couramment dans les expressions *à l'import* et *à l'export*, lesquelles sont elles-mêmes souvent abrégées en *import* et *export* (*formalités douanières import*).
3. Personne (physique ou morale) qui fournit des services contre paiement.
4. Un transport *multimodal* combine plusieurs modes de transport.
5. L'OTM correspond à l'anglo-américain *freight forwarder*, ainsi que le montre cette définition de *Tradewinds: The Magazine of International Trade :* « The freight forwarder is an expert in getting merchandise to its destination and a specialist in international transport who takes over the logistics, financial responsabilities and the observance of regulations regarding the different stages of transporting the merchandise » (http://www.tradewinds-tv.com, rubrique : *freight forwarder*).
6. Il y a *rupture de charge* quand la marchandise passe d'un mode de transport à un autre, et par extension, pour un même mode de transport, d'un navire, avion, etc., à un autre navire, avion, etc. (transbordement).
7. *Intracommunautaire :* à l'intérieur de la Communauté européenne (CE, ex-CEE), pilier de l'Union européenne.
8. Pour les échanges intracommunautaires, c'est désormais *acquisition* et *livraison* qu'il faudrait dire.
9. Dont on consultera avec profit le site Web (à http://www.finances.gouv.fr/douanes).
10. Nous limitons la discussion au cas de l'importation (seul à occasionner la perception de droits de douane).
11. Rendre plus cher.
12. L'anglais *tariff* a aussi ce sens, mais le mot s'emploie plus souvent pour désigner les droits de douane eux-mêmes.
13. *Régime* signifie ici : un ensemble de dispositions légales.
14. Une seule exception importante : le FOB américain n'est pas celui de la CCI. Depuis plusieurs années la CCI essaie d'amener les Etats-Unis à la définition « officielle ».
15. On pourrait faire des remarques analogues sur bien d'autres mots dont le sens a « glissé » sous l'influence de l'anglais (*contrôle, opportunité, alternative, réaliser, supporter, ignorer…*).
16. Pour une définition plus complète de EXW et DDP, ainsi que de tous les autres incoterms, on peut consulter plusieurs sites du Web (mots-clés pour la recherche : Incoterms 1990). Un bon point de départ : le site de l'*International Trade Law Monitor* (à http://ra.irv.uit.no/trade_law).
17. « Parfois on dit, par abus de langage, que l'on est "payé par crédit documentaire", écrit Michel Gauthier, ajoutant que « cette expression est inexacte » (*Moniteur du Commerce international*, cité dans le *Bulletin de Liaison* de la CCIP, automne 1992). Le crédoc n'est pas un moyen de paiement au même titre que le chèque, la traite ou le virement. C'est une *technique de recouvrement de créances* qui garantit que le paiement sera effectué (par chèque, traite ou virement).
18. *When the goods pass the ship's rail.*
19. Pour une explication de ces termes, voir le Module 5 : *La Banque et les moyens de paiement.*
20. Même sigle en anglais (pour *electronic data interchange*). D'après CALS (Commerce at Light Speed), « EDI is defined as the transfer of structured data by agreed message standards from computer to computer by electronic means » (http://www.cals.com/edi).
21. *Carriage* signifie *transport*, comme (plus loin) *carrier* traduit *transporteur*.
22. URL : http://ananse.irv.uit.no/trade_law/documents/sales/incoterms/nav/inc_grp.htm

La Bourse

À Bruges, au Moyen Age, un groupe de banquiers avaient l'habitude de tenir leurs réunions d'affaires chez une famille du nom de Van der Burse. L'orthographe se modifia par la suite, sous l'influence sans doute de *bourse* (sac à argent), et c'est ainsi que s'expliquerait l'origine du terme. Vraie ou fantaisiste, cette étymologie enseigne au moins une première leçon : *la Bourse° est un marché*, c'est-à-dire un lieu (concret ou abstrait) où se rencontrent vendeurs et acheteurs. Qu'est-ce donc qui se vend en Bourse ? La Bourse est le marché des *valeurs mobilières*[1].

1. LES VALEURS MOBILIÈRES°
Une valeur mobilière (appelée couramment *valeur*) est un titre[2] négociable. Selon la nature des droits attestés par la valeur, il s'agit soit d'un titre de propriété, soit

d'un titre de créance. De là, les deux grandes catégories de valeurs mobilières : les *actions*° et les *obligations.*°

1.1.   Les actions

Au moment de sa création et au cours de son existence, une société de capitaux[3] a besoin de réunir des sommes importantes. Elle procédera pour ce faire à une émission (mise en vente) d'actions. Les actions émises représentent chacune une fraction du capital social. Ceux qui les achètent — les *actionnaires*° — sont donc les propriétaires de la société.

En tant qu'associé de la société, l'actionnaire jouit de certains droits, 1. pécuniaires[4] et 2. non-pécuniaires, dont voici les principaux :

1. L'actionnaire a droit à une fraction des bénéfices.° Considérons le cas de COGÉTEC, une société anonyme ayant réalisé au cours de l'exercice écoulé un bénéfice net d'un million de francs. L'assemblée générale, sur proposition du conseil d'administration, décide de distribuer aux actionnaires 30 % de ce chiffre (un tel pourcentage étant typique des sociétés françaises). La somme de 300 000 F sera donc répartie parmi les actionnaires, chacun étant payé au prorata (en proportion) du nombre des actions qu'il détient. Or le capital de COGÉTEC est constitué de 1 000 actions. La somme à distribuer (300 000 F) divisée par le nombre des actions (1 000) représente le *dividende*° (300 F). Monsieur Lheureux, qui détient 50 actions de COGÉTEC, touchera donc cette année la somme de 15 000 F (300 F x 50).

2. L'actionnaire a — en principe et sauf exception[5] — le droit de vote aux assemblées générales, selon la règle d'*une voix par action.* Puisqu'il participe ainsi à la gestion de la société, il a le droit d'en consulter les documents comptables.

Pour aller plus loin :

deux actions nouvelles.

Les actions ordinaires, comme nous l'avons vu, confèrent à leur détenteur un droit pécuniaire (dividendes) et un droit non-pécuniaire (participation à la gestion). Depuis une vingtaine d'années il existe des actions qui séparent ces deux droits pour n'en retenir que le premier. Ce sont les *actions à dividende prioritaire* (ADP) et les *certificats d'investissement privilégiés* (CIP). Leurs détenteurs reçoivent des dividendes prioritaires et supérieurs à ceux des actions ordinaires, mais ils sont privés du droit de vote. Ces titres permettent aux dirigeants d'une société d'en augmenter le capital et d'en garder en même temps le contrôle.

1.2.   Les obligations

La société émettrice d'actions fait appel à ses propriétaires ; il s'agit donc de *ressources internes* (ou *fonds propres*). Mais une société peut préférer emprunter les sommes dont elle a besoin ; on parle dans ce cas de *ressources externes* (ou *fonds étrangers*)[6]. L'emprunt est *indivis* lorsqu'il y a un seul prêteur — une banque, par exemple —, et *obligataire* lorsqu'il y a de nombreux prêteurs. Cette deuxième formule peut être retenue dans certaines conditions quand une société ou une collectivité publique a besoin d'une somme trop importante pour être fournie par un seul prêteur. L'emprunt obligataire se compose d'un nombre déterminé d'obligations dont chacune représente une fraction égale de la somme empruntée. Acheter une obligation, c'est donc prêter de l'argent. Ceux qui les achètent — les *obligataires*° — deviennent des créanciers de la société ou de la collectivité émettrices.

En tant que créancier, l'obligataire jouit de droits exclusivement pécuniaires. Il a droit d'abord à un intérêt annuel (le coupon) pendant la durée de l'obligation ; ensuite au remboursement de la somme prêtée (le principal). Le remboursement (on dit plus souvent : *l'amortissement*), dont la méthode est stipulée au moment de l'émission, se fait soit en totalité à la fin de la durée de l'obligation, soit en tranches annuelles égales.

Considérons à titre d'exemple une obligation de 1 000 F d'une durée de 10 ans, rapportant 6 % d'intérêts et remboursée en totalité au terme. L'obligataire touchera un coupon annuel de 60 F pendant neuf ans ; la dixième année il recevra 1 060 F (le coupon annuel plus le principal).

| **Pour aller plus loin :** les différentes catégories d'obligations. | Aux *obligations à taux fixe* (voir ci-dessus) s'opposent les obligations dont le taux varie pendant la durée de l'emprunt selon les évolutions d'un indice de référence (le marché monétaire ou obligataire). Ce sont les *obligations à taux variable*, *flottant*, *révisible*, etc. Il existe aussi des titres hybrides, à mi-chemin des actions et des obligations. Les *obligations convertibles en actions* (OC), par exemple, donnent aux obligataires le droit de devenir actionnaires en contrepartie d'un taux d'intérêt nettement inférieur à celui des obligations ordinaires. Les *titres participatifs* (TP) ne sont pas remboursables : ils font partie des fonds propres de l'entreprise émettrice, et en cela ils ressemblent aux actions. Mais leur intérêt minimum garanti les rapprochent des obligations. Emis par les entreprises publiques, les TP sont souvent, comme les OC, convertibles en actions en cas de privatisation. |

❷ LES « COMPARTIMENTS » DE LA BOURSE

La Bourse, marché des valeurs mobilières, se compose en réalité de plusieurs marchés différents. On retient traditionnellement deux classifications, fondées l'une sur les conditions d'accès, l'autre sur la méthode de règlement.

2.1. Les marches classés selon les conditions d'accès

Classés selon les conditions qu'une entreprise doit satisfaire afin d'y accéder, les marchés sont au nombre de quatre : le marché officiel, le second marché, le marché libre et le Nouveau Marché.

2.1.1. Le *marché officiel* (appelé aussi *cote officielle*) regroupe un millier d'entreprises ayant rempli les conditions d'accès les plus contraignantes. Pour s'y inscrire une entreprise doit avoir un capital supérieur à 150 millions de francs, dont 25 % doit être détenu par le public sous forme d'actions. L'entreprise doit avoir réalisé des bénéfices, distribué un dividende et subi un contrôle comptable rigoureux au cours des deux derniers exercices. Les entreprises inscrites à la cote officielle figurent parmi les plus importantes, et leurs titres, parmi les plus prestigieux. C'est le marché « haut de gamme ».

2.1.2.   Le *second marché* a été créé pour accueillir les PME désireuses d'accéder au marché financier mais incapable de satisfaire les conditions d'admission au marché officiel. Une entreprise peut y être inscrite en plaçant seulement 10 % de son capital auprès du public ; aucun montant minimum n'est exigé. Il n'est pas nécessaire d'avoir dégagé des bénéfices, et les procédures comptables sont moins contraignantes. Le second marché regroupe aujourd'hui environ trois cents entreprises, dont certaines, après y avoir fait leurs preuves pendant trois ans, réussissent le passage au marché officiel.

2.1.3.   Le *marché libre* accueille les valeurs que n'admettent ni le marché officiel ni le second marché. Négociées pour la plupart en ligne ou par téléphone, elles correspondent plus ou moins à celles que l'on qualifie aux Etats-Unis d'*off the board*, *unlisted* et surtout *over the counter* (ce qui explique que l'on dise le plus souvent marché OTC). Créé en 1996 (pour remplacer l'ancien marché hors cote, dissous en juillet 1998), le marché libre n'est pas réglementé, et les conditions d'accès sont minimes : il suffit de présenter les bilans des deux derniers exercices. Une entreprise dont les dirigeants fondateurs souhaitent garder le contrôle peut financer ses projets en vendant quelques actions, tout en se réservant la quasi totalité du capital ; de là, le faible volume et la sporadicité des transactions. On trouve sur ce marché du bon et du mauvais : des entreprises d'avenir qui se préparent au second marché ; d'autres, sans avenir, qui viennent d'en être expulsées.

104

Pour aller plus loin :

le Nouveau Marché.

Créé en 1996, le Nouveau Marché accueille une quarantaine de sociétés « jeunes… innovantes… entrepreneuriales… de haute technologie… à fort potentiel de croissance… aux perspectives de rendement élevé, même si leur niveau de risque est, lui aussi, important » (tel est du moins le profil fourni par la Société du Nouveau Marché[7]). Il s'agit d'un « marché autonome » qui « n'est pas un compartiment supplémentaire de la Bourse de Paris [le marché officiel], ni l'antichambre[8] du second marché ». Les critères d'admission, moins stricts que ceux du marché officiel et du second marché, confèrent néanmoins aux sociétés cotées une respectabilité qu'elles ne sauraient trouver au marché libre. Le Nouveau Marché a pu attirer plusieurs entreprises cotées jusqu'en 1996 au Nasdaq[9] américain, auquel d'ailleurs il ressemble et dont il s'est inspiré lors de sa création.

2.2.   Les marchés classés selon la nature des opérations

Une autre typologie des « compartiments » de la Bourse se fonde sur la nature des opérations, et plus particulièrement sur la façon dont les achats sont réglés. On distingue selon ce critère le *marché au comptant* et le *marché à règlement mensuel* (RM).

2.2.1.   Sur le *marché au comptant* — comme l'indique assez son nom[10] — les valeurs sont achetées, payées et livrées (inscrites sur le compte de l'acheteur) en même temps. L'acheteur doit donc disposer, au moment de l'achat, d'une somme égale au prix des valeurs achetées. Quant au vendeur, il doit posséder les valeurs au moment de la vente. C'est ainsi que s'effectuent toutes les opérations du second marché, du marché libre (OTC) et du Nouveau Marché, ainsi que la plupart des opérations du marché officiel.

2.2.2. Sur le *marché à règlement mensuel* le prix est fixé au moment de l'achat, mais le paiement et la livraison des valeurs achetées sont différés à la fin du mois boursier. On peut donc acheter des valeurs sans les payer tout de suite, et vendre des valeurs que l'on ne possède pas. C'est ainsi que s'achètent les valeurs d'environ trois cents grandes sociétés cotées sur le marché officiel.

Considérons deux exemples. Le 1ᵉʳ avril Monsieur Taureau, anticipant une hausse du cours de COGÉTEC, achète 100 actions à 400 F l'action. Il ne débourse rien au moment de l'achat. Si, à la fin du mois boursier, au jour dit « de liquidation », il payait sa dette (40 000 F) et gardait ses actions, il s'agirait d'un simple achat à crédit. Mais Monsieur Taureau, fin spéculateur, avait raison : COGÉTEC vient de mettre au point une nouvelle technique de clonage, et le cours monte comme prévu. Le 23 avril, au jour de la liquidation, chaque action vaut 500 F. Monsieur Taureau paie donc les 100 actions au prix convenu au début du mois (40 000 F) pour les revendre aussitôt au nouveau prix (50 000 F), encaissant un bénéfice de 10 000 F. Monsieur Taureau a spéculé à la hausse ; il est haussier.°

Monsieur Ours, par contre, est baissier° ; il va spéculer à la baisse. Le 1er mai, sachant que le clonage va être interdit, il vend « à découvert » (c'est-à-dire sans les posséder) 100 actions de COGÉTEC au cours du jour (500 F l'action). Le 23 mai, au jour de la liquidation, le cours, comme prévu, est descendu à 400 F. Monsieur Ours achète alors les 100 actions pour 40 000 F, puis les livre à son acheteur au prix convenu au début du mois (50 000 F), encaissant un bénéfice de 10 000 F.

Ces deux exemples, si schématiques qu'ils soient, donnent peut-être une idée de la complexité des opérations du marché RM, terrain d'élection des spéculateurs.

Quatre mots et un sigle :

cote,° coter,° coté,° cotation° ; CAC.

La *cote* d'une valeur mobilière est l'indication officielle de son cours (prix). Le mot désigne également, par extension, la liste ou le tableau qui indique les cours officiels. *Coter* une valeur consiste à l'inscrire à la cote ou à en fixer le cours. Une valeur *cotée* figure (est inscrite) à la cote. La *cotation* est l'action de coter. La cotation d'une valeur, c'est soit son inscription à la cote, soit la détermination de son cours. Exemples : *S'inscrire à la cote du marché officiel ; coter son entreprise sur le second marché ; être coté sur le Nouveau Marché ; être candidat à la cotation.* La cotation se fait en continu, assistée par ordinateur, d'où le sigle CAC (cotation assistée en continu). Le CAC 40 est le principal indice (indicateur) de la Bourse de Paris. Il s'agit d'une moyenne calculée sur la base de quarante valeurs figurant parmi les plus actives de la Bourse et considérées comme représentatives des tendances générales du marché. Le CAC 40 est à Paris ce que sont le Dow Jones à New York et le Nikkeï à Tokyo.

❸ LA GESTION D'UN PORTEFEUILLE

On appelle *portefeuille*° l'ensemble des valeurs mobilières détenues par une personne (physique ou morale). Pour constituer ou modifier un portefeuille, il faut passer par l'intermédiaire d'une banque ou d'une société de Bourse ; le particulier

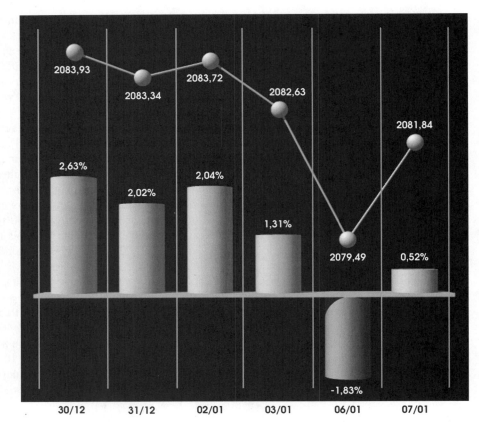

f igure 8.1

Le CAC 40; évolution

quotidienne en niveau

et en %.

n'a pas d'accès direct aux sociétés dont il veut acquérir les valeurs. Après avoir ouvert un compte titres auprès de son intermédiaire, on peut lui transmettre des *ordres d'achat* ou *de vente* par téléphone, par Minitel ou, de plus en plus, en ligne[11].

Mais c'est ici que les difficultés commencent. Faut-il privilégier les actions ou les obligations ? (Les premières sont plus cycliques et donc moins sûres, mais leur taux de rendement peut être supérieur.) Vaut-il mieux se limiter aux valeurs françaises ? (Les titres étrangers présentent un risque lié au change et au manque d'information, mais ils figurent souvent parmi les plus prometteurs.) Dans quel(s) secteur(s) faut-il investir ? Ici, la règle d'or est de diversifier, sans pourtant se disperser. Mais parmi quels secteurs devrait-on répartir son investissement ? (Tout mettre dans les secteurs du luxe et du bâtiment serait sévèrement sanctionné en cas de récession.) Et lorsqu'on aura identifié les secteurs les plus porteurs, les questions clés resteront entières : Quelles valeurs précises faut-il acheter ? Sur quelles sociétés faut-il miser ? Beaucoup dépendra du profil et des objectifs de l'investisseur. (Quel taux de rendement lui est nécessaire ? Quel niveau de risque lui est acceptable ? Est-il spéculateur ou « père de famille » ?)

Face à de telles questions — et nous aurions pu en allonger indéfiniment la liste —, on peut évidemment déléguer la gestion de son portefeuille à un professionnel. Cette formule — le « compte géré sous mandat » — suppose pourtant un investissement important. Elle convient au boursier qui a plus d'argent que de temps, mais elle n'est pas à la portée du boursicoteur ordinaire[12].

Les SICAV

Depuis une trentaine d'années l'investisseur dispose d'une autre option : le porte-feuille collectif, connu officiellement sous le nom d'*organisme de placement collectif en valeurs mobilières* (OPCVM). La catégorie « classique » d'OPCVM, et la plus importante en termes d'argent investi, est celle des SICAV (sociétés d'investissement à capital variable).

La SICAV est une société de portefeuille. Elle réunit d'abord des fonds en vendant des actions, puis les réinvestit à son tour en achetant des valeurs mobilières auprès d'autres sociétés. La SICAV devient ainsi propriétaire d'un portefeuille dont elle assure professionnellement la gestion. Le revenu qu'elle reçoit de ses investissements est distribué à ses actionnaires. L'avantage majeur de la SICAV est qu'elle dispense ses actionnaires de gérer leur investissement sans les empêcher d'en toucher les bénéfices.

A la différence des autres sociétés, le capital d'une SICAV n'est pas fixé d'avance et varie au jour le jour. Son montant correspond à la valeur globale du portefeuille, laquelle dépend des investissements et des désinvestissements (achats et ventes d'actions). Il s'agit, on le voit, d'une formule très proche de celle des *mutual funds*[13], qui connaissent aux Etats-Unis le même succès pour les mêmes raisons.

Il existe actuellement en France un millier de SICAV, et elles continuent à proliférer. L'investisseur peut choisir entre SICAV obligations et SICAV actions, entre SICAV actions françaises et SICAV actions étrangères, entre SICAV spécialisées par pays ou par secteur, etc. On les range parmi les « placements à risques modérés, à rendement moyen »[14].

107

V O C A B U L A I R E

Sigles et acronymes

ADP   action à dividende prioritaire
CAC   cotation assistée en continu
CIP   certificat d'investissement privilégié
OC   obligation convertible
OPCVM   organisme de placement collectif en valeurs mobilières
OTC   « over the counter »
RM   règlement mensuel
SICAV   société d'investissement à capital variable
TP   titre participatif

Lexique français-anglais

action (*f.*)   share; stock
  actionnaire (*m., f.*)   stockholder; shareholder

baissier (-ière) (*m., f. et adj.*)   bear
bénéfice (*m.*)   profit
Bourse (*f.*)   stock exchange
cotation (*f.*)   quotation; listing
cote (*f.*)   (official) list; quotation
  coté (*adj.*)   listed
  coter   to list
cours (*m.*)   price
dividende (*m.*)   dividend
haussier (-ière) (*m., f. et adj.*)   bull; bullish
obligation (*f.*)   bond
  obligataire (*m., f.*)   bondholder
portefeuille (*m.*)   portfolio
valeur (mobilière) (*f.*)   securities (*usually plural in English*)

A C T I V I T É S

I. Traduction

A. *Français → anglais (version)*

   1. Depuis sa cotation en Bourse le cours de COGÉTEC ne cesse de grimper.
   2. Les sociétés vendent les valeurs qu'elles viennent d'émettre sur le marché qu'on appelle *primaire*.

3. Sur le marché dit *secondaire,* actionnaires et obligataires se vendent entre eux les valeurs qu'ils détiennent.

4.–5. Considérons à titre d'exemple une obligation de 1 000 F d'une durée de 10 ans, rapportant 6 % d'intérêts et remboursée en totalité au terme. L'obligataire touchera un coupon annuel de 60 F pendant neuf ans ; la dixième année il recevra 1 060 F (le coupon annuel plus le principal).

6.–10. Tiré de Josette Peyrard, *La Bourse*, 4e éd. (Vuibert : Paris, 1996), p. 202 :

Les gestionnaires de portefeuilles doivent :
- prévoir l'environnement des marchés financiers ;
- comparer les taux de rendement et les risques des titres ;
- composer un portefeuille efficient.

Un portefeuille est dit efficient lorsque :
- pour un même degré de risque, il offre le taux de rendement le plus élevé ;
- il offre le plus faible taux de risque pour un taux de rendement déterminé.

B.   *Anglais → français (thème)*

1. This market seems a bit too bullish. Let's be careful.

2. Stocks and bonds are types of securities.

3. Bondholders tend to be more conservative than stockholders.

4. The over-the-counter market has been heating up lately.

5. There are two ways to manage your portfolio: go for the quick buck, or stick with a few winners over the long haul.

6.–8. From *Edustock*, online at http://tqd.advanced.org/3088 (link: *What is a stock?*):

A stock is a certificate that shows that you own a small fraction of a corporation. When you buy a stock, you are paying for a small percentage of everything that that company owns, buildings, chairs, computers, etc. When you own a stock, you are referred to as a shareholder or stockholder. In essence, a stock is a representation of the amount of a company that you own.

9.–10. From *Yahoo! Financial Glossary* (http://biz.yahoo.com/f/g/bfgloso.html):

Over-the-counter market: A decentralized market (as opposed to an exchange market) where geographically dispersed dealers are linked together by telephone and computer screens. The market is for securities not listed on a stock exchange.

II.   Entraînement

1. Qu'est-ce qu'une valeur mobilière ? Quelles sont les deux grandes catégories de valeurs mobilières ?

2. Expliquez l'affirmation suivante : *L'action est un titre de propriété, alors que l'obligation est un titre de créance.*

3. De quels droits jouit l'actionnaire ? Expliquez à ce propos le sens des mots suivants : *non-pécuniaire, bénéfice, dividende.*

4. En quoi les droits de l'actionnaire diffèrent-ils de ceux dont jouit l'obligataire ? Expliquez à ce propos le sens des mots suivants : *coupon, principal, amortissement.*

5. En quoi les *actions à dividende prioritaire* et les *certificats d'investissement privilégiés* diffèrent-ils des actions ordinaires ?

6. Quelles sont les différentes catégories d'obligations ?
7. Sur quel critère se fonde la distinction entre le marché officiel, le second marché et le marché hors cote ? Décrivez chacun des trois en vous référant à ce critère.
8. Quel est le profil des entreprises cotées sur le Nouveau Marché ?
9. Sur le marché au comptant les valeurs sont achetées, payées et livrées en même temps. En quoi le *marché à règlement mensuel* est-il différent ?
10. Comment procède-t-on sur le marché à règlement mensuel si l'on anticipe une hausse du cours d'une certaine valeur ? Décrivez une opération baissière.
11. Comment achète-t-on des valeurs ?
12. Qu'est-ce qu'un *compte géré sous mandat* ? Pourquoi cette formule ne convient-elle pas à tout le monde ?
13. La SICAV, avons-nous dit, est une société de portefeuille. Qu'est-ce que cela veut dire ?
14. Quel est l'avantage majeur de la SICAV par rapport aux autres sociétés ?
15. Pourquoi le capital de la SICAV est-il « variable » ?

III. Matière à réflexion

Visitez quelques sites boursiers francophones et faites un rapport sur vos découvertes (organisation, fonctionnement, sociétés cotées, etc.). Les sites parisiens seraient un bon point de départ. Les URL du marché officiel, du second marché et du Nouveau Marché sont respectivement :

- http://www.bourse-de-paris/bourse/sbf/homesbf.fcgi?FR
- http://www.bourse-secondmarche.asso.fr
- http://www.nouveau-marche.fr/bourse/nm/homenm-fr.html

Pourquoi n'y a-t-il pas de site pour le marché hors cote ?

Visitez ensuite les sites des Bourses de Bruxelles et de Montréal, dont les URL sont respectivement :

- http://www.bourse.be/bsx.acgi?homeFR&AO
- http://www.bdm.org

Quels sont les indices de référence à Bruxelles ? à Montréal ? Comment s'y appelle le marché hors cote ? Quelles différences linguistiques remarquez-vous au site montréalais ? On y « transige » beaucoup, par exemple (et les titres « se transigent »). Qu'est-ce que cela veut dire ? Voir, au site montréalais, les/la FAQ (*Frequently Asked Questions* ou *Foire aux questions*) pour trouver l'origine des expressions « "bear market", le marché dit des ours » et « "bull market", le marché dit des taureaux ».

Notes

1. Dans ce qui suit, « la Bourse » désignera uniquement la *Bourse des valeurs* (à l'exclusion de la Bourse des marchandises). Il s'agira uniquement de la Bourse de Paris, bien que la plupart des renseignements fournis s'appliquent également aux six autres Bourses françaises (Bordeaux, Lille, Lyon, Marseille, Nancy et Nantes).
2. *Titre* : écrit ou document qui atteste que son propriétaire jouit d'un droit. Mais le vocabulaire a évolué moins vite que la technologie, et ces mots d'*écrit*, etc., peuvent induire en erreur. Depuis 1984 les valeurs mobilières sont *dématérialisées.* Cela veut dire qu'elles ne font plus l'objet d'une représentation physique (« sur le papier ») ; elles existent désormais sous forme d'« inscription » électronique sur un compte.

109

3. La grande majorité des sociétés de capitaux sont des sociétés anonymes. Voir à ce sujet le Module 1.

4. *Pécuniaire* : qui a rapport à l'argent.

5. Certaines sociétés réservent le droit de vote aux détenteurs d'un nombre minimum d'actions (5 ou 10) ; certaines actions confèrent un droit de vote multiple.

6. Sur cette distinction voir le Module 3 : ⬤ *Les sources de financement.*

7. URL de son site Web : http://www.nouveau-marche.fr/bourse/nm/homenm-fr.html

8. *Antichambre* : pièce d'attente à l'entrée d'un salon ou d'un bureau. Une société qui s'inscrit à la cote du Nouveau Marché ne le fait donc pas dans le but unique de se préparer au second marché.

9. National Association of Securities Dealers Automatic Quotation System, qui regroupe plusieurs milliers de valeurs OTC.

10. Payer (au) comptant, c'est payer toute la somme due au moment de l'achat. Voir à ce sujet le Module 5.

11. Voir à ce propos « Gérer son portefeuille via Internet », *L'Expansion* n° 566 (5-18 février 1998).

12. *Boursicoteur (-euse)* : personne qui fait des petites opérations en Bourse, qui spécule sur une petite échelle (par opposition au *boursier*, investisseur professionnel). *Boursicoter ; boursicotage.*

13. Voici la définition qu'en donne *InvestorWords* (http://www.investorwords.com) : « Mutual fund: an open-ended fund operated by an investment company which raises money from shareholders and invests in a group of assets, in accordance with a stated set of objectives. Benefits include diversification and professional money management. Shares are issued and redeemed on demand, based on the fund's net asset value. »

14. Bruno Abescat, « Panorama des placements », *L'Express* n° 2428 (15-21 janvier 1998).

Les Assurances

Une histoire du XXe siècle, racontée du point de vue des assurances, ferait ressortir une tendance de plus en plus marquée, en France comme aux Etats-Unis, à vouloir se garantir des risques dont on s'accommodait auparavant. De là, bien entendu, l'Etat-providence (et son incarnation qu'est en France la Sécurité sociale). De là aussi le chiffre d'affaires astronomique des assureurs (en France, plus de *mille milliards* de francs pour l'année 1997). Aujourd'hui on peut s'assurer contre toutes les misères, petites et grandes, inévitables ou improbables. Un pianiste peut assurer ses mains ; un chanteur, sa voix ; une actrice, sa chevelure — comme le fit Persis Khambatta qui, s'étant fait raser le crâne pour le film *Star Trek*, souscrit une assurance au Lloyd's pour le cas où ses cheveux ne repousseraient pas. Les assurances sont certainement, comme les télécommunications, un secteur d'avenir.

➊ NOTIONS PRÉLIMINAIRES

L'*assurance*° est un contrat par lequel une personne garantit à une autre personne, moyennant rémunération, le paiement d'une somme convenue en cas de réalisation d'un risque déterminé. On appelle *assureur*° la personne, physique ou morale[1], qui garantit le paiement ; *assuré(e)*° la personne, physique ou morale, à laquelle le paiement est garanti ; et *indemnité*° la somme convenue.

Il faut distinguer entre le contrat d'assurances et l'écrit qui en constitue la preuve. Toute assurance repose sur un accord dont les termes, pour être respectés, doivent être stipulés « noir sur blanc ». On appelle *police*° le document, signé par les deux parties contractantes (assureur et assuré), qui précise leurs obligations réciproques. Toute modification ultérieure du contrat doit être constatée par un *avenant,*° signé, lui aussi, par les deux parties et joint à la police.

La *date d'effet*° (ou de *prise d'effet*) du contrat, ainsi que sa date d'expiration, sont précisées dans la police. La protection garantie dure généralement une année, mais il y a presque toujours une clause de tacite *reconduction,*° grâce à laquelle le contrat est *reconduit*° (renouvelé) automatiquement si aucune des parties ne souhaite le *résilier.*° La *résiliation*° d'un contrat d'assurance est soumise à certaines conditions précisées dans la police (un délai de préavis, par exemple).

Les sens d'un mot :

sinistre.°

Les sens du substantif dérivent du sens premier de l'adjectif : « qui fait craindre un malheur » (*un bruit sinistre*, par exemple). Un sinistre est un événement catastrophique naturel : inondation, orage, incendie, etc. Les régions et les populations ayant subi un sinistre sont *sinistrées*. Dans le domaine des assurances le mot désigne par extension tout événement dommageable et donc indemnisable. C'est le sinistre qui déclenche la garantie définie dans la police ; il peut s'agir d'une catastrophe naturelle, mais aussi d'un accident de la route. Le terme peut désigner également la perte de valeur subie par un objet assuré, et même la réclamation que l'assuré présente à l'assureur. Exemples : *déclarer, régler, payer, liquider un sinistre* (*to submit, to adjust, to pay, to settle a claim*).

Quelles sont, de façon générale, les obligations des deux parties contractantes ? L'assureur s'engage à indemniser l'assuré en cas de sinistre, alors que l'assuré s'engage à payer à l'assureur le prix convenu. On appelle *prime*° la somme d'argent due aux échéances précisées dans la police (généralement tous les trois ou six mois).

Dans certains cas l'indemnisation n'est pas totale. Une police d'assurance automobile peut stipuler, par exemple, qu'en cas d'accident la réparation des dégâts ne sera remboursée qu'au-dessus de 6 000 francs. Cette somme, qui reste à la charge de l'assuré, représente la *franchise.*° Le montant de la prime baisse à mesure que s'élève celui de la franchise.

Le sens des mots :

dommage,°
indemniser°
et leurs
familles.

Ces deux concepts clés se complètent, l'assurance étant essentiellement une promesse *d'indemniser* un *dommage.*

1. On distingue en droit les *dommages aux biens*° et les *dommages aux personnes.*° Les premiers, appelés *matériels*, ont pour résultat la perte de valeur d'un objet. Dans ce sens le mot s'emploie au pluriel : *les dommages causés par l'orage.* Synonyme : *dégâts.* Les « dommages aux personnes » peuvent être *corporels*° (atteintes à l'intégrité physique) ou *moraux* (atteintes aux sentiments). Dans ce dernier cas le mot s'emploie au singulier, et souvent on préfère le synonyme *préjudice.* Est *dommageable* tout ce qui *cause* du/des dommage(s), au sens matériel, corporel ou moral. *Endommager,* c'est causer des dommages matériels (substantif : *endommagement*). On appelle aussi *dommages* (au pluriel) — ou *dommages et intérêts*° (*dommages-intérêts*°) — la somme d'argent versée à une personne pour la *dédommager,*° c'est-à-dire pour compenser le(s) dommage(s) qu'elle a subi(s) (substantif : *dédommagement*). Ce qui nous amène à la deuxième famille de mots…

2. *Indemniser* quelqu'un, c'est le dédommager (compenser) de ses pertes : *être indemnisé totalement, partiellement*, etc. *L'indemnisation* est l'action d'indemniser : *l'indemnisation des sinistrés.* Une *indemnité* est la somme d'argent attribuée à quelqu'un en compensation de ses pertes : *le montant des indemnités.* On est *indemnitaire* si l'on a droit à une indemnité (synonyme : *indemnisable*). Tous ces mots dérivent de l'adjectif *indemne* : « qui n'a subi aucun dommage, aucune perte » (*sortir indemne d'un accident*).

113

---

❷ LES CATÉGORIES D'ASSURANCES

Les assurances peuvent se classer selon plusieurs critères. Selon le statut de l'assuré, par exemple, on distingue les assurances des particuliers et celles des entreprises. Selon l'élément naturel où se produit le risque, on distingue les différentes assurances transports (maritime, aérienne et terrestre).

La typologie la plus utilisée est celle qui se base sur *la nature du risque.* Les assurances, ainsi classées, se divisent en deux grandes catégories : les *assurances de personnes*° et les *assurances-dommages* (voir la Figure 9.1).

2.1. Les assurances de personnes

On peut assurer les personnes *sur* la vie ou *contre* certains dommages corporels ; d'où les deux types d'assurances de personnes.

2.1.1. La catégorie des *assurances-vie*° comprend l'assurance *en cas de décès* et l'assurance *en cas de vie.* La première fournit une protection contre les conséquences fi-

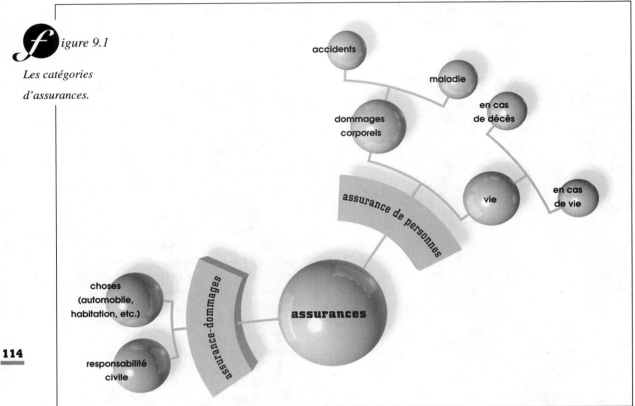

figure 9.1

Les catégories d'assurances.

nancières d'une mort prématurée. Elle garantit le versement d'une somme convenue (appelé *capital-décès°*) ou d'un revenu (appelé *rente°*) à un bénéficiaire° en cas de décès de l'assuré avant une certaine date. L'assurance en cas de vie permet la constitution d'une épargne : elle garantit le versement d'une somme convenue, augmentée d'intérêts, à l'assuré s'il est en vie à l'échéance du contrat.

Ces deux formules peuvent se combiner. Dans le cas d'une assurance mixte, la somme convenue est versée soit au bénéficiaire d'un assuré qui meurt avant l'échéance, soit à l'assuré lui-même si, à cette date, il est en vie. On appelle *assurance-vie entière°* celle qui garantit le versement d'un capital au décès de l'assuré *à quelque date qu'il survienne*[2].

2.1.2. L'autre catégorie des assurances de personnes est celle des *assurances de dommages corporels.* Le terme recouvre toutes les assurances qui protègent contre les conséquences financières d'un accident ou d'une maladie (incapacité° partielle ou totale, temporaire ou permanente ; frais médicaux et pharmaceutiques). L'assurance-accidents et l'assurance-maladie sont souvent combinées dans un même contrat. En France les deux se rangent sous le parapluie de la Sécurité sociale.

2.2. Les assurances-dommages

Dans cette deuxième grande catégorie il s'agit soit des dommages subis par les biens de l'assuré, soit des dommages que l'assuré peut causer à un tiers[3] ou aux biens d'un tiers. De là, les deux sortes d'assurances-dommages : les *assurances de choses°* et les *assurances de responsabilité civile.°*

2.2.1. *Les assurances de choses.* Nombreux sont les dangers auxquels sont exposées les « choses » appartenant à l'assuré. Pour sa voiture il s'agit essentiellement du vol et des dommages consécutifs à un accident, à un acte de vandalisme ou à une tentative de vol (bris de glace,[4] etc.). Le conducteur aura intérêt, pour se protéger contre ces risques, à souscrire une *assurance automobile* avant de prendre le volant.

Pour l'habitation et ce qu'elle contient, la liste est plus longue : vol et cambriolage, actes de malveillance, incendie (et risques annexes), tempêtes et autres intempéries (foudre, cyclones, ouragans, tornades), dégâts des eaux, tremblements de terre, chutes d'arbres, glissements et affaissements de terrain[5]… C'est en souscrivant une *assurance habitation* (du bâtiment et/ou du contenu) que le propriétaire et le locataire pourront se garantir des conséquences financières de tels sinistres.

2.2.2. *Les assurances de responsabilité civile.* On appelle *responsabilité civile* (RC) l'obligation de réparer les dommages que l'on a causés à un autre, dans certains cas définis par la loi (faute, imprudence, négligence, etc.). Précisons que l'on peut être la cause *directe* ou *indirecte* des dommages en question. Ainsi, la RC « du fait personnel » s'applique aux dommages que l'on a causés soi-même, et la RC « du fait d'autrui », aux dommages causés par une personne dont on doit répondre légalement (son enfant mineur, par exemple). A ces deux catégories s'ajoutent celles qui obligent le propriétaire d'un animal et le fabricant d'un produit à réparer les dommages causés par l'un ou par l'autre. L'assurance RC professionnelle indemnise les dommages qu'une personne physique ou morale peut avoir causés dans l'exercice de sa profession.

En France, comme aux Etats-Unis, tout conducteur est obligé de s'assurer contre les dommages que son véhicule peut causer à autrui. Cette assurance-automobile RC — dite « au tiers illimité » parce que la couverture des dommages corporels est sans limite — constitue un minimum obligatoire. Souvent elle fait partie d'une couverture « tous risques », appelée aujourd'hui *assurance tierce*, qui garantit à l'assuré une indemnisation des dommages non seulement *causés* mais aussi *subis* par son véhicule.

De la même façon les assurances-habitation combinent typiquement les couvertures « bâtiment, contenu et responsabilité civile ». Une telle assurance multirisque protège le propriétaire ou le locataire non seulement contre le recours des voisins, au cas où il leur aurait causé des dommages, mais aussi contre les dommages subis chez lui par des tiers.

❸ LES ASSUREURS ET LEURS RÉSEAUX DE DISTRIBUTION

Pendant longtemps en France, à la suite des nationalisations d'après-guerre, une partie importante de la branche des assurances relevait du secteur public. Face aux impératifs du « marché unique » européen — libre circulation des personnes, des marchandises, des capitaux *et des services* (dont les assurances) —, cette situation est en train de changer. Le Groupe des Mutuelles du Mans et l'Union des Assurances de Paris ont déjà été privatisés ; la dénationalisation d'autres groupes est programmée ou en train de se faire. Pour les pays membres de l'Union européenne, il est clair que l'avenir est au libéralisme,[6] dans le domaine des assurances comme en général.

A mesure que se privatise en France la branche des assurances, la distinction fondamentale devient celle qui oppose, au sein du secteur privé, les sociétés anonymes[7] aux sociétés *mutualistes*. Ces dernières sont des sociétés civiles, ce qui signifie qu'à la différence des sociétés commerciales, elles n'ont pas pour objet la réalisation d'un bénéfice par la vente de biens.[8] La société mutualiste (ou mutuelle) regroupe des membres qui s'engagent à s'assurer réciproquement, chacun contribuant une certaine somme en vue des dépenses communes. Le fonds ainsi constitué sert à indemniser les assurés en cas de sinistre. On appelle *cotisation* la somme payée par chacun des membres. A la différence des primes fixes payées par l'assuré d'une SA, le montant des cotisations peut varier. La somme due sera plus ou moins élevée selon que le total des indemnisations pendant une période donnée est supérieur ou inférieur aux prévisions.

Quelle que soit sa forme juridique, la société d'assurances recourt le plus souvent, pour distribuer ses produits, à des réseaux d'intermédiaires composés d'*agents*° et de *courtiers.*°

L'*agent d'assurances* agit en vertu d'un *mandat* conféré par la société d'assurances. Un *mandat* est un « acte par lequel une personne [le *mandant*] donne à une autre personne [le *mandataire*] le droit de faire quelque chose pour elle et en son nom » (*Dict. Robert*). L'agent est donc le mandataire de l'assureur, pour lequel il est chargé de recruter des clients dans une zone géographique définie. Le *courtier d'assurances* est, par contre, le mandataire de l'assuré, pour lequel il est chargé de trouver la meilleure assurance.

Il importe à l'assuré, dans ses rapports avec « son assureur », de savoir s'il traite avec un agent ou avec un courtier. L'assuré qui vient de souscrire une nouvelle assurance, par exemple, peut avoir besoin d'une couverture immédiate. En attendant de recevoir sa police définitive, il demandera une police provisoire, appelée *note de couverture,*° qui indique brièvement les garanties et leur date de prise d'effet. A la différence de l'agent, qui agit au nom de l'assureur, le courtier n'a pas le droit (sauf autorisation expresse) de délivrer un tel document.

Depuis quelques années les assureurs multiplient leurs efforts pour se passer d'intermédiaires. Les méthodes de vente directe — par correspondance, en ligne, aux guichets des banques et dans les grandes surfaces, entre autres — rencontrent jusqu'ici un succès mitigé.

V OCABULAIRE

Sigles et acronymes

RC   responsabilité civile

Lexique français–anglais

agent (d'assurances) (*m.*)   (insurance) agent
assurance (*f.*)   insurance
    assurance-automobile   car insurance
    assurance de choses   property insurance
    assurance de personnes   life-related insurance
    assurance de responsabilité civile
        (~ RC)   liability insurance
    assurance-maladie   health insurance
    assurance (multirisque) habitation
        (comprehensive) household insurance

    assurance-vie   life insurance
    assurance-vie entière   whole-life insurance
assuré(e) (*m., f.*)   insured (party)
assureur (*m.*)   insurer
avenant (*m.*)   rider, endorsement
bénéficiaire (*m., f.*)   beneficiary
capital-décès (*m.*)   death benefit
courtier (d'assurances) (*m.*)   (insurance) broker
date d'effet (~ de prise d'effet) (*f.*)   inception date
dédommager   to compensate; to indemnify
dommage (*m.*)   damage; injury; loss
    dommages aux biens (~ matériels) (*pl.*)   property damage

dommages aux personnes (*pl.*) personal injury

dommages corporels (*pl.*) bodily injury

dommages et intérêts (dommages-intérêts) (*pl.*) damages (*paid to the insured*)

franchise (*f.*) deductible

incapacité (*f.*) disablement, disability

indemniser to compensate; to indemnify

indemnité (*f.*) compensation, indemnity, payout; benefits

note de couverture (*f.*) binder, cover note, provisional policy

police (d'assurances) (*f.*) (insurance) policy

prime (*f.*) premium

reconduction (*f.*) renewal

  reconduire to renew

rente (*f.*) annuity

résiliation (*f.*) cancellation

  résilier to cancel

responsabilité civile (*f.*) liability

sinistre (*m.*) accident; loss; claim

A C T I V I T É S

I. Traduction

A. *Français → anglais (version)*

1. Pour résilier il y a un délai de préavis de deux mois.

2. La date de prise d'effet est toujours celle de la réception de la prime.

3. Tout avenant doit être dûment signé par l'assureur et par l'assuré.

4. Le montant de son indemnité dépendra de la durée et du degré de son incapacité.

5. Le nombre accru des sinistres cette année va sûrement entraîner une augmentation des cotisations.

6.–7. Il faut distinguer entre le contrat d'assurances et l'écrit qui en constitue la preuve. Toute assurance repose sur un accord dont les termes, pour être respectés, doivent être stipulés « noir sur blanc ». On appelle *police* le document, signé par les deux parties contractantes (assureur et assuré), qui précise leurs obligations réciproques. Toute modification ultérieure du contrat doit être constatée par un *avenant*, signé, lui aussi, par les deux parties et joint à la police.

8.–9. « Les assurances IARD (Incendie, Accidents, Risques divers) recouvrent l'ensemble des assurances dommages concernant les particuliers, principalement l'assurance automobile, l'assurance multirisque habitation et la responsabilité civile », site Web d'AGF (Assurances Générales de France), à http://www.agf.fr (rubrique : glossaires).

10. J'ai reçu 450 000 francs de dommages-intérêts.

B. *Anglais → français (thème)*

1. Unless you cancel it, your policy will be automatically renewed.

2. The higher the deductible, the lower the premium.

3. It took two years to settle the claim.

4. You'll have to attach a rider to the policy to change the beneficiary.

5. Liability insurance is required for all drivers in France.

6. She was compensated for only two-thirds of her losses.

7. It's OK, you'll be covered right away. Just ask your broker for a binder. — But I thought a broker couldn't issue a binder.

8. Both the insurer and the insured have obligations that are spelled out in the policy.

9. Property damage is covered for up to $10,000, but there's no limit to coverage for bodily injury.
10. I got $90,000 in damages.

II. Entraînement

1. Qu'est-ce que l'*assurance* ?
2. Quelle différence y a-t-il entre un *contrat* d'assurance et une *police* ? Qu'est-ce qu'un *avenant* permet de faire ?
3. Caractérisez de façon générale les obligations des deux parties à un contrat d'assurance.
4. Expliquez les différents sens du mot *sinistre*.
5. En quoi diffèrent l'assurance *en cas de vie* et l'assurance *en cas de décès* ? Qu'est-ce que l'*assurance-vie entière* ?
6. Qu'est-ce que la *responsabilité civile* (RC) ? En quoi la RC *du fait personnel* diffère-t-elle de la RC *du fait d'autrui* ? Dans quelles circonstances aurait-on besoin d'une assurance RC ?
7. Les assureurs du secteur privé se divisent en sociétés *anonymes* et sociétés *mutualistes*. En quoi se distinguent-elles ? Expliquez à ce propos la différence entre une *prime* et une *cotisation*.
8. Les réseaux de distribution des assurances se composent essentiellement d'*agents* et de *courtiers*. Qu'est-ce qui distingue ces deux intermédiaires ? Expliquez à ce propos le sens du mot *mandataire*. Comment les assureurs essaient-ils de se passer des intermédiaires tels que l'agent et le courtier ?

III. Matière à réflexion

Visitez les sites Web de quelques grands assureurs français ou québécois, et faites un rapport sur vos découvertes. Vous en trouverez plusieurs à :

http://www.yahoo.fr/Commerce et economie/Societes/Services financiers/Assurances

Le site de CNP Assurances (à http://www.cnp.fr) serait un bon point de départ. Vous y trouverez une FAQ (*Foire aux questions*, ou *Frequently Asked Questions*), un *Forum de discussion*, un *Glossaire* et même un *Module de recherche*. Un site particulièrement intéressant est celui de Net Assurances (domicilié à http://www.netassurances.tm.fr). Cherchez-y des réponses aux questions suivantes :

- Qu'est-ce que le système Bonus-Malus ? Comment marche-t-il ? (rubrique : *Bibliothèque*)
- Que faire en cas de sinistre ? (rubrique : *Bibliothèque*)
- Qu'est-ce qu'un *souscripteur* ? un *constat amiable* ? (rubrique : *Lexique*)
- Quelle expression correspond en français à l'américain *a car that has been totalled* ? (rubrique : *Lexique*)

Vous pourrez également y obtenir un devis gratuit pour l'assurance qu'il vous faut (rubrique : *Devis gratuits*), et/ou vous amuser à lire quelques « perles de l'assureur » dans un « recueil de déclarations et correspondances qui seraient moins drôles si elles n'étaient pas vraies ». Exemple : « J'avoue que je n'aurais pas dû faire demi-tour sur l'autoroute avec ma caravane, mais j'avais oublié ma femme à la station-service » (rubrique : *Le Bêtisier des assurances*).

Notes

1. Sur cette distinction, voir le Module 1.

2. *Whenever it occurs.*

3. Le mot *tiers* désigne littéralement une *tierce* (troisième) personne, mais ici comme le plus souvent ailleurs il s'agit d'une *autre* personne, c'est-à-dire autre que l'assureur et l'assuré, et étrangère à leur contrat (*a third party*).

4. *Bris de glace* : *glass breakage.*

5. Traduisons : *Theft and burglary, malicious mischief, fire (and allied perils), storms and other inclement weather (lightning, cyclones, hurricanes, tornadoes), water damage, earthquakes, falling branches, landslides, and sinkholes.*

6. *Libéralisme* et *liberalism* — voilà les plus perfides de tous les faux amis. Au sens économique des termes, *libéralisme*, loin de traduire l'américain *liberalism*, a le sens contraire : « Doctrine [...] prônant la libre entreprise, la libre concurrence et le libre jeu des initiatives individuelles. [...] *Le libéralisme s'oppose à l'intervention de l'Etat* » (*Dict. Robert*).

7. Pour une discussion de la *société anonyme*, voir le Module 1.

8. Toutes les formes juridiques définies au Module 1 (SA, SNC, SARL, EURL, etc.) sont des sociétés commerciales. Notre distinction entre *société commerciale* et *société civile* n'a rien de rigoureux, nous en convenons. Nous imitons en cela le Code de commerce lui-même, selon lequel une société est civile si elle n'accomplit pas d'« actes de commerce ». Mais de cette dernière expression il n'existe pas de définition dans le Code. Tout au plus y trouve-t-on (art. 632) une énumération des différentes catégories d'actes de commerce.

A la recherche d'un emploi

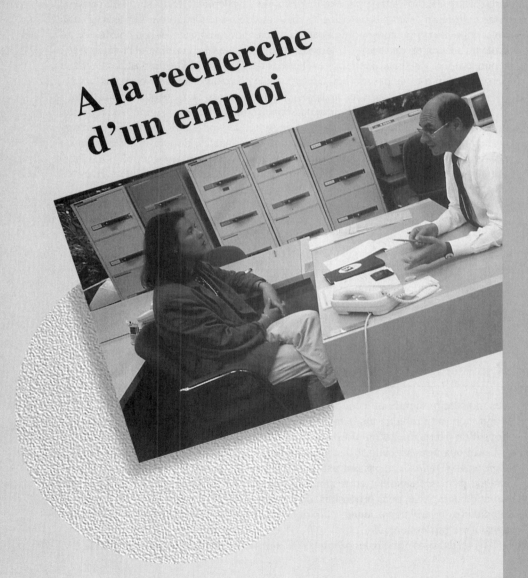

L'Américain qui cherche un emploi en France s'aperçoit vite que les règles du jeu ne sont pas les mêmes. Pour s'en convaincre, on n'a qu'à parcourir les pages d'annonces d'un journal français : « Envoyer lettre manuscrite, CV et photo à… » Pourquoi faut-il que la lettre soit *manuscrite* ? Tout simplement parce qu'elle fera l'objet d'une analyse graphologique. Il est vrai que l'écriture ne révèle guère plus sur les capacités d'un postulant que son signe zodiaque, ce qui n'empêche pas 80 % des employeurs de recourir à la graphologie[1], et 15 %… à l'astrologie[2] ! Quant à la photo, elle fera souvent l'objet d'une analyse morphopsychologique en vue de savoir si le candidat a « la tête de l'emploi »[3].

Si le candidat a la chance d'être convoqué par l'entreprise, il passera, dans 60 % des cas, une batterie de tests de personnalité[4]. Pour les tests dits « projectifs », utilisés par le tiers des DRH[5], le candidat doit dessiner un arbre, commenter une gravure, décrire ce qu'il voit dans une tache d'encre, le but étant de fouiller son inconscient, de sonder sa personnalité profonde. Son épreuve ne sera terminée qu'après l'entretien d'embauche, au cours duquel il risque de s'entendre poser des questions sur sa famille, ses origines, voire sa vie amoureuse[6].

« Mais ce sont », objectera-t-on, « d'inacceptables atteintes à la vie privée. » Assurément ; du moins peut-on les qualifier ainsi du point de vue américain. Les Français commencent d'ailleurs à s'en rendre compte, et s'américanisent à cet égard comme à tant d'autres. La loi Aubry, par exemple, en vigueur depuis 1992, interdit en principe toute question n'ayant pas un « lien direct » avec le poste à pourvoir. Les termes de la loi sont pourtant si généraux qu'on peut facilement la contourner, et bon nombre de recruteurs ne s'en privent pas. « Toutes ces questions que l'on voudrait nous interdire », répliquent-ils, « ne sont-elles pas révélatrices de la personnalité du postulant ? Et sa personnalité n'a-t-elle pas 'lien direct' avec le poste qu'il souhaite occuper ? »

Le Code pénal interdit les mesures discriminatoires : « Constitue une discrimination toute distinction opérée entre personnes à raison de leur origine, de leur sexe, de leur situation de famille, de leur état de santé, de leur handicap, de leurs mœurs, de leurs opinions politiques, de leurs activités syndicales, de leur appartenance ou non-appartenance, vraie ou supposée, à une ethnie, une race ou une religion déterminées » (article L. 225). Cependant la loi n'est pas appliquée avec rigueur, et les tribunaux sont rarement saisis.

Les règles du recrutement évoluent en France, mais lentement…

122

❶ LES PETITES ANNONCES

La chasse à l'emploi commence souvent par une petite annonce. La Figure 10.1 présente un échantillon d'offres et de demandes d'emplois. Les abréviations couramment employées sont présentées dans la Figure 10.2.

❷ LE CURRICULUM VITÆ

Les mots latins signifient « cours de la vie », ce qui exagère un peu l'objet du CV. Il s'agit, comme l'indique assez la traduction américaine, d'un *résumé* des qualifications d'un demandeur d'emploi.

Les ouvrages spécialisés distinguent plusieurs types de CV, allant du *CV chronologique* au *CV-flash*, en passant par le *CV fonctionnel* et le *CV chrono-fonctionnel*. A chaque profil de candidat correspond un type de CV. Pour simplifier un peu cette situation complexe, nous proposons, dans ce qui suit, un modèle qui convient à un(e) candidat(e) relativement jeune, plus riche en études qu'en expériences, qui débute dans la vie professionnelle.

Voici donc les principales rubriques (sections) ; leur ordre sera le même dans le CV.

2.1. Etat civil

Il est déconseillé d'écrire *Curriculum vitæ* en tête de votre CV : à en croire les experts, cette indication inutile agace les recruteurs. Le CV commencera donc par les coordonnées personnelles du candidat : nom, adresse, numéro de téléphone. Le

Offres d'emplois

Enseignement

ECOLE INTERNATIONALE PARIS 5ᵉ recherche **ENSEIGNANTE ANGLAIS** (enfants de 3 à 7 ans) Temps partiel Tél.: 43.74.90.47

Ecole privée pr adultes rech. ENSEIGNANTS, 4 h. par jour **INFORMATIQUE** Ayant BTS. Libre de suite. Env. CV, photo et prétent. à REDA, 31, quai Carnot 75013 PARIS. Ne pas téléphoner.

CABINET DE CONSEIL DE FORMATION EN LANGUES recherche pour adultes francophones **PROFESSEURS D'ANGLAIS QUALIFIÉS** Qualification pédagogique supérieure. 1 an d'expérience minimum exigé. Env. CV et prétentions à A.U.B., B.P. 765 94208 IVRY **NE PAS TÉLÉPHONER**

Le centre de formation continue de ESC recherche **ENSEIGNANTS** anglais, espagnol, secrétariat, dactylo, gestion, comptabilité, management, marketing, techniques de vente. Env. CV + photo à:

ESC, 36, rue de Silly 92300 LEVALLOIS-PERRET

FELLER FRANCE-MUSIQUE L'expérience de la Fondation Feller pour la musique, en matière d'éducation, montre que 4 ans est l'âge idéal pour commencer une INITIATION MUSICALE. Votre formation (piano, chant) CNSM, ENM, CNR, votre sens pédagogique et votre contact avec les enfants font de vous notre **PROFESSEUR H/F** Envoyer votre dossier de candidature (lettre manuscrite, CV, photo) à: SERVICE DU PERSONNEL BP 93, 94000 CRÉTEIL

Divers

RECHERCHE **PRÉCEPTEUR H/F** entre 25 et 35 ans, pour fille de 9 ans afin de lui faire suivre à plein temps des cours par correspondance d'une école privée de grande notoriété. Bilingue anglais/français (anglais langue maternelle apprécié); bonne connaissance espagnol. Licence ou équiv., excellente culture générale, aimant la vie à la campagne et les voyages. Ecr. au journal sous réf. 7567 qui transmettra.

Rech. JF ou MAMY gaie pour garder enfant difficile + travx mén. et repas soir. Temps complet, logée. Sérieuses réf. exigées. Déclaré. 42.68.76.10

PARIS 16ᵉ petite fille de 3 ans rech. sa nounou, anglais langue

maternelle, français courant, bonne éducation. Tél 40.67.84.03

EDITEUR cherche **SECRÉTAIRE STÉNO-DACTYLO TTX BILINGUE ANGLAIS** Env. lettre manus. + CV + photo + prétent. à: 11, rue d'Artois 92400 COURBEVOIE

Agence Conseil en communication recherche **STANDARDISTE RÉCEPTIONNISTE BILINGUE ANGLAIS** Maîtrise Macintosh, excellente présentation exigées. Merci d'adresser lettre, CV et photo à: IMAGES DE MARQUE 11, rue Mesnil 92112 CLICHY

Restaurant du 16ᵉ ch. **SERVEUR(EUSE)** qualifié(e). Poss. de logement. Tél. 43.65.97.89.

Cherche **ETUDIANT(E)S VENDEURS(EUSES).** Salaire motivant. Tél. 43.68.13.90.

Recherche **TRADUCTEUR(TRICE)** français-anglais et français-allemand. 03.12.83.64.

Demandes d'emploi

Etud. amér. donne cours anglais ts niveaux Tél: 49.97.33.86

Dame tte confiance, cinquantaine dynamique, douce, grand sens relationnel, rech. pl. 1 ms ou +. Tél. 01.57.28.90

H. sérieux rech. pl. employé de maison, libre de suite, excellentes réf. contrôlables. Tél. 02.47.86.70

JF expérimentée, sérieuses réf., rech. garde pers. âgée, jour/nuit, semaine ou w-end. Tél. 01.32.25.81

H. rech. pl. cuisine, ménage, repassage, serv. table, excellentes présentation et réf. Tél. 04.93.88.65

J.H. cherche travaux divers (mécanique, peinture, papiers peints, jardinage, etc.). Tél. 03.57.68.52.

123

figure 10.1

Offres et demandes d'emplois.

prénom précède le nom, et ce dernier s'écrit le plus souvent en majuscules. Il est inutile d'indiquer *M.*, *Mlle* ou *Mme*, à moins d'avoir un prénom neutre (comme Leslie ou Robin). Evitez les abréviations dans l'adresse.

2.2. Accroche (ou exergue)

Les publicitaires appellent *accroche* un dessin ou un slogan destiné à accrocher l'attention du consommateur. Dans un CV il s'agit d'une brève description (quelques

adr.	adresser	**pers.**	personne(s)
B.P.	boîte postale	**pl.**	place
BTS	brevet de technicien supérieur	**poss.**	possibilité
		pr	pour
ch.	cherche	**prét.** ou **prétent.**	prétentions (de salaire)
crs.	cours		
CV	curriculum vitæ	**rech.**	recherche
de suite	tout de suite	**réf.**	référence
écr.	écrire	**RV**	rendez-vous
env. ou **envoy.**	envoyer	**sté.**	société
étud.	étudiant(e)	**travx mén.**	travaux ménagers
exig.	exigé(e)(s)		
JF ou **Jne F**	jeune fille/femme	**ts**	tous
		tt	tout
H/F	homme/femme	**tte**	toute
imm.	immédiat(e)	**TTX**	traitement de texte
manus.	manuscrite	**5ᵉ**	cinquième arrondissement (Paris)
ms	mois		
nat.	nationalité		

igure 10.2

Abréviations couramment employées dans les petites annonces.

124

mots) des principaux atouts du candidat : *8 ans d'expérience dans le secteur du...,
Enthousiaste et dynamique, j'ai le sens des responsabilités...*, etc. Une variante récente est la citation, que l'on choisira évidemment en fonction du poste et du recruteur. « *Les faibles ont des problèmes ; les forts ont des solutions. — Louis Pauwels* »
est une citation qui pourrait convenir à un poste de directeur de haut niveau. Selon le
caractère de votre intervieweur, elle pourrait vous valoir d'être engagé(e) sur
l'heure, ou reconduit(e) sur-le-champ. L'accroche est facultative, mais elle tend à
s'imposer à mesure que le marché du travail devient de plus en plus concurrentiel : il
s'agit de distinguer votre candidature des dizaines ou des centaines d'autres que le
DRH reçoit pour le même poste.

2.3. Objectif

Dans cette rubrique — facultative, elle aussi, mais conseillée dans la plupart des cas
— on indique en quelques mots le (genre de) poste auquel on postule. En réponse à
une annonce l'objectif sera précis ; en cas de candidature spontanée il sera plus large.
On peut combiner cette rubrique et la précédente : *Mon objectif de carrière est d'exploiter à fond mon atout essentiel : la maîtrise du...*

2.4. Formation

Il s'agit de vos études et de vos diplômes : n'écrivez donc pas *Education*, qui signifie tout autre chose. Indiquez vos études *dans l'ordre chronologique inverse* (en commençant par la date la plus récente). Evitez de traduire les diplômes (un *masters* n'est pas une *maîtrise*) et les noms propres (l'University of Illinois n'est pas l'Université d'Illinois).

2.5. Langues

Vous avez, en matière de langues étrangères, des compétences particulières : faites-en donc une rubrique à part. La formule *lu, écrit, parlé* est souvent — trop souvent — employée. Il vaut mieux l'éviter en faveur d'une indication de votre niveau, selon l'échelle suivante :

▲ Français : notions
▲ Français : connaissance moyenne
▲ Français courant
▲ Bilingue anglais (langue maternelle)/français[7]

2.6. Expérience professionnelle

Présentez vos expériences en commençant par votre emploi actuel ou le plus récent. L'ordre normal des indications est le suivant : d'abord les dates ; ensuite l'employeur ; enfin le poste occupé avec, éventuellement, une brève description des activités exercées. Pour les dates, il suffit dans la plupart des cas d'indiquer les années. Deux exceptions : les stages (« mai-août 1998 »), et un emploi occupé depuis moins d'un an (« septembre 1998 à ce jour »). La description des activités se fait normalement à l'aide de substantifs (« Conception et mise en place de… »), ou bien au passé composé (« J'ai conçu et mis en place une… »).

2.7. Loisirs

C'est ainsi que s'intitule souvent cette rubrique, mais on voit aussi : *Intérêts, Centres d'intérêt, Activités, Autres activités, Activités extra-professionnelles, Violons d'Ingres*[8], *Personnel, Renseignements personnels, Informations personnelles, Et aussi…, Hobbies, Passions*. Ces deux derniers sont déconseillés : le premier, parce qu'on risque de tomber sur un recruteur qui n'apprécie pas le franglais ; le second, parce qu'il vaut mieux ne pas donner l'impression que ses loisirs passent avant le travail. Sont bien reçus par les DRH : les sports d'équipe et d'endurance, ainsi que les activités qui ont un rapport, même lointain, avec l'emploi (micro-informatique, entraînement d'une équipe de football, par exemple). A éviter : tout ce qui risque de banaliser votre CV (lecture, tennis, cinéma…).

2.8. Divers

C'est dans une rubrique intitulée généralement *Divers* — mais aussi : *Autres informations, Renseignements personnels, Situation familiale*, etc. — que l'on indique son âge et sa situation de famille : *23 ans, célibataire* ; ou *38 ans, marié, 2 enfants*, par exemple. Ces mentions sont facultatives, mais elles figurent dans environ 75 %

figure 10.3

Modèle de CV.

LINDA DANNESKJÖLD
241 West Wooster Street
Bowling Green, Ohio 43402
Etats-Unis
☎ 419.352.5555

MON OBJECTIF DE CARRIÈRE
Exploiter à fond mes atouts principaux:
la maîtrise du français et de l'informatique

FORMATION

1998	MA (Master of Arts) de français, Bowling Green State University (Ohio, Etats-Unis)
1998	*Certificat pratique de français commercial et économique* de la Chambre de Commerce et d'Industrie de Paris (mention très bien)
1996	BA (Bachelor of Arts) de français et d'art, Bradley University (Illinois, Etats-Unis)

INFORMATIQUE

✔ Maîtrise de logiciels Adobe: PageMaker, Photoshop, Illustrator et PageMill.
✔ Spécialiste en création de sites Web.

SÉJOURS À L'ÉTRANGER

✔ 2 ans en France, dont une année d'études à l'Université François-Rabelais, Tours (1996–97)
✔ 6 mois au Québec, dont 4 mois d'études à l'Université Laval (semestre d'automne 1995)

LANGUES

✔ Bilingue français/anglais (langue maternelle)
✔ Espagnol: connaissance moyenne

EXPÉRIENCES PROFESSIONNELLES

1997–1998	Chargée de cours à Bowling Green State University. J'ai assuré des cours de français, niveaux élémentaire et moyen.
Eté 1997	Stagiaire dans l'agence de conception graphique Images de Marque (Tours), où j'ai conçu et réalisé des sites Web pour de nombreuses entreprises.
Eté 1996	Hôtesse d'accueil à Euro Disney, au restaurant L'Astral.

CENTRES D'INTÉRÊT

Peinture, dessin, photographie

DIVERS

23 ans • nationalité américaine

des CV (parfois au début, juste après le numéro de téléphone). Pour ces renseignements la règle est simple : s'ils constituent un atout pour le poste auquel vous postulez, indiquez-les ; s'ils sont sans rapport avec le poste, ou qu'ils risquent même de vous desservir, ne les mentionnez pas. Exception : votre nationalité, dont l'indication est de rigueur si vous envisagez de travailler en dehors de votre pays.

2.9. Références

N'indiquez pas de noms. La formule *Communiquées* [ou : *fournies*] *sur demande* suffit.

D'autres rubriques peuvent se justifier, selon le secteur de l'emploi et le profil du candidat : *Associations, Organisations professionnelles, Publications*, etc. On mettra généralement de telles rubriques après celle de l'expérience professionnelle.

❸ LA LETTRE D'ACCOMPAGNEMENT

Un dossier de candidature comprend toujours une lettre dont l'objet est de *faire lire le CV*.

Deux cas peuvent se présenter :

1. Vous adressez votre candidature à une entreprise qui a annoncé un poste à pourvoir. Dans ce cas votre lettre sera probablement manuscrite, conformément aux termes de l'annonce.

2. Vous écrivez à une entreprise pour lui proposer vos services sans savoir si elle en a besoin. Dans ce cas — qu'on appelle *candidature spontanée* — il vaut mieux que la lettre soit tapée.

Dans les deux cas, le corps de la lettre se composera de trois parties :

1. Dans l'entrée en matière vous indiquerez s'il s'agit d'une réponse à une offre d'emploi ou d'une candidature spontanée. Si vous répondez à une annonce, écrivez, par exemple :
   ▲ En réponse à votre annonce parue dans *Le Figaro* du 2 août, je vous adresse ma candidature à un poste de…
   ▲ Pour faire suite à votre offre d'emploi parue dans *Le Figaro* du 2 août, j'ai l'honneur de vous proposer ma candidature à un poste de…

2. Dans la deuxième partie vous expliquerez ce que vous pouvez apporter à l'entreprise, et pourquoi l'entreprise vous intéresse. La règle d'or : *personnaliser*, autant en ce qui vous concerne qu'en ce qui concerne les besoins de l'entreprise. Il s'agit de motiver votre candidature tout en amenant l'entreprise à s'y intéresser. Il n'est pas inutile d'annoncer ici que vous joignez votre CV à la lettre :
   ▲ Le CV ci-joint résume mon parcours dans… met en valeur mes capacités à… vous montrera que…
   ▲ Vous pourrez constater à la lecture du CV ci-joint que…
   ▲ Comme nous avons convenu lors de notre conversation téléphonique de ce jour, je joins à cette lettre mon curriculum vitæ.

3. Avant de clore (formule de politesse), n'oubliez pas de *demander un rendez-vous*.

La Figure 10.4 présente un modèle de lettre d'accompagnement.

127

LINDA DANNESKJÖLD
147, rue Victor-Hugo
37000 TOURS

Monsieur Pierre D'ALVÉDRE
Restaurants « Chez Pierre »
42, rue de l'Arrivée
75733 PARIS

Tours, le 10 août 1998

Objet: candidature spontanée
P.j.: 1 CV

Monsieur,

Je profite de votre passage à Paris pour vous proposer mes services.

J'ai lu récemment dans le *Journal officiel* un rapport de Patrice Martin-Lalande intitulé « Internet: un vrai défi pour la France ». Le député y fait état de l'inquiétante sous-utilisation par les Français des technologies de l'information, et notamment de la présence plutôt... *discrète* des entreprises françaises sur Internet. Cette situation pourrait desservir en particulier une entreprise — telle justement que la vôtre — qui cherche à conquérir un marché aux Etats-Unis.

La réputation de vos restaurants dans la région newyorkaise n'est plus à faire. Vos nouveaux établissements aux environs de Chicago gagneraient à être mieux connus. Comment réunir offre et demande dans ce marché important? Une campagne publicitaire bien ciblée, à partir d'annonces-presse et de panneaux gros format bien placés, invitant vos clients potentiels (raccordés pour la plupart au Net) à visiter un site Web bien conçu, mettant en valeur les richesses de votre cuisine et de votre cave — voilà quelques éléments de la stratégie que j'envisage pour faire affluer « Chez Pierre » les habitants de Winnetka, de Kenilworth et de Wilmette.

J'aimerais avoir l'occasion de vous en parler. Un entretien me permettrait de vous montrer mes réalisations en matière de sites Web, et de vous entretenir de l'expérience dont fait état le CV ci-joint. A cet effet je me permettrai de vous appeler dans le courant de la semaine prochaine afin de convenir d'un rendez-vous.

Veuillez agréer, Monsieur, l'expression de mes sentiments les meilleurs.

Linda Danneskjöld

Linda Danneskjöld

L'entretien d'embauche

Trente questions auxquelles vous devez vous préparer

1. Présentez votre expérience professionnelle (postes, patrons, collègues, responsabilités...).
2. Pourquoi voulez-vous quitter votre poste actuel ?
3. Quand êtes-vous disponible ? Quelle est votre activité actuelle ?
4. Quelle est votre échelle de salaire ? Combien gagniez-vous dans votre précédent emploi ?
5. Que savez-vous de notre entreprise ? de notre marché ? de nos clients ? de nos concurrents ?
6. Quel est votre plan de carrière ? Quels sont vos objectifs à court, moyen, long terme ?
7. Etes-vous fait(e) pour ce poste ? Qu'est-ce qui vous plaît dans cette fonction ?
8. Pourquoi avez-vous porté votre choix sur notre sociéte ?
9. Pourquoi nous avez-vous écrit ? Pourquoi avez-vous répondu à notre annonce ?
10. Acceptez-vous les déplacements fréquents ?
11. Etes-vous prêt(e) à déménager pour ce poste ?
12. Quelles sont parmi vos aptitudes et expériences celles qui vous permettent de penser que vous réussirez dans un tel emploi ?
13. Quelle est votre formation ? Avez-vous suivi un cycle de formation permanente ? Qu'est-ce qui vous a le plus intéressé(e) ?
14. Quelles langues étrangères maîtrisez-vous ? Quel est votre niveau ? Avez-vous vécu dans les pays dont vous parlez les langues ? Quels journaux étrangers lisez-vous ?
15. Quelles expériences vous ont le plus marqué(e) ? Pourquoi ?
16. Décrivez votre enfance et votre milieu familial.
17. Quelle est votre situation de famille ? Que font votre conjoint et vos enfants ?
18. Faites le portrait du patron idéal.
19. Acceptez-vous les exigences du poste ? Horaires contraignants, disponibilité...
20. Quelles sont vos compétences professionnelles ? comportementales ?
21. Que pratiquez-vous comme traitement de texte, tableur, gestion de fichier, PAO ?
22. Comment vous jugez-vous ? Quels sont vos plus grandes qualités et vos plus grands défauts ?
23. Comment vous insérez-vous dans une équipe ?
24. Aimez-vous les responsabilités ? Quelles ont été vos plus grandes responsabilités ?
25. Quelles sont, selon vous, les quatre qualités essentielles pour réussir ?
26. Faites un portrait sévère de vous-même.
27. Décrivez dans quelles circonstances vous avez voyagé et ce que cela vous a apporté.
28. Quelles sont vos activités extra-professionnelles (sports, lectures, violons d'Ingres) ?
29. Pouvez-vous nous adresser la copie de vos bulletins de paie ? de vos diplômes ?
30. Quels sont vos autres contacts ? Avez-vous d'autres offres ? Lesquelles ? Où ?

Reproduites avec l'aimable autorisation de *Secrétaires et Assistantes Magazine*, n° 21 (jan–fév 1994), d'après les « 32 questions auxquelles vous devez vous préparer »

figure 10.5

L'entretien d'embauche.

ACTIVITÉS

1. Choisissez une offre d'emploi (dans un journal ou en ligne) et postulez au poste proposé. Votre dossier de candidature comprendra votre CV et une lettre d'accompagnement (manuscrite).

2. Posez votre candidature spontanée à un poste de stagiaire. Votre dossier comprendra votre CV et une lettre d'accompagnement (tapée). Votre correspondant(e) saura, à la lecture de votre lettre, que vous vous êtes bien renseigné(e) sur son entreprise.

3. Vous faites un séjour d'un an à Tours, et vous avez besoin d'un travail à temps partiel pour arrondir vos fins de mois. Rédigez une demande d'emploi dans laquelle vous proposez vos services de prof d'anglais, de garde d'enfants, etc. Inspirez-vous des demandes d'emploi d'un journal ou d'un site Web.

4. Consultez un des nombreux « guides du CV » en ligne. Comparez ses conseils aux nôtres. Pour trouver en ligne des offres ou des demandes d'emplois, ainsi que des conseils pour rédiger un CV, voici deux points de départ :

- http://www.yahoo.fr/Commerce_et_economie/Emploi
- http://www.careermosaic.tm.fr

Ce dernier site offre une « CVthèque », ainsi qu'une base d'offres d'emplois et de stages dans le monde entier.

Notes

1. Les sondages s'accordent plus ou moins sur ce chiffre ; certaines estimations vont jusqu'à 90 %.
2. Statistiques avancées par « Capital: Entreprise sous silence », émission télévisée sur la M6 le 5 janvier 1997.
3. La morphopsychologie étudie les (prétendues) correspondances entre la psychologie et les traits morphologiques (y compris types de visage). Il s'agit essentiellement d'une nouvelle version de la vieille *physiognomonie*, pseudo-science en vogue au début du XIXᵉ siècle. Les statistiques sur l'utilisation de la morphopsychologie sont difficiles à obtenir (personne n'avoue). Voir à ce sujet J.-J. Manceau, *Réussir son CV* (L'Etudiant, 1995), pp. 160-161.
4. « Comment passer les trois obstacles de la sélection d'embauche », *L'Expansion* du 20 mars 1997.
5. Directeurs des ressources humaines, responsables du recrutement.
6. Voir à ce sujet « Le Sadisme à l'embauche » dans *Le Point* du 4 janvier 1997.
7. Tout lecteur du présent ouvrage possède au moins une « connaissance moyenne » du français. « Courant » indique au/à la DRH que vous pouvez vous entretenir avec lui/elle (pas forcément sans fautes), ce qu'il/elle ne manquera pas de vérifier. « Bilingue anglais/français » signifie (sur un CV) que l'on peut s'exprimer avec presque autant de facilité en français qu'en anglais.
8. Activité secondaire où l'on excelle (par allusion au peintre Ingres, qui jouait du violon).

Commerce

Le grand bazar du Web

Désormais, on peut tout acheter sur Internet. Mais, si les Américains y font leur shopping en masse, les Français hésitent encore.

Sur l'écran, la chaussure apparaît, encore toute blanche. Sur le talon, un peu de vert. Juste à côté des lacets, le rouge ira à merveille. Trois petits coups de pinceau virtuel plus tard, la chaussure est prête à l'écran. Du sur-mesure. Ne reste plus qu'à choisir la semelle, gomme ou crantée. Puis à remplir le bon de commande: nom, prénom, lieu de livraison. Le tour est joué, et le malheureux pied n'aura, c'est promis, que quinze jours à attendre.

Fiction? Non, kickers.be tout simplement. Une boutique de commerce électronique, ce bien froid vocable qui désigne le fait de faire ses courses sur Internet. Aux Etats-Unis, c'est l'euphorie: les achats en ligne ont représenté 16 milliards de francs en 1997 et devraient atteindre 230 milliards en 2002. Souvent, on en profite même pour réorganiser la production. Ainsi, Dell Computer, qui jusque-là vendait ses ordinateurs sur catalogue, écoule aujourd'hui aux Etats-Unis près de la moitié de sa production grâce au réseau — plus de 30 millions de francs de ventes par jour. Les robots des lignes de montage d'Austin (Texas) attendent les ordres des consommateurs en ligne pour s'activer. « Résultat: on a trois fois moins de stocks que les concurrents », se réjouit Julien Dupuy, responsable Internet de Dell.

Pour le client aussi, la commande sur le réseau est avantageuse. Le jeu à la mode pour les internautes est de fixer eux-mêmes le prix d'achat de leur dernière folie en attendant qu'un vendeur leur donne satisfaction. Le grand bazar onsale.com voit se battre chaque jour plusieurs dizaines de milliers de ces vendeurs à la criée[1] nouvelle génération.

Pour les plus calmes, il reste Amazon.com, devenue, avec ses 2,5 millions d'ouvrages, la plus grande librairie du monde. Chouette! Pour 130 F, on me promet, pour le lendemain, *L'Orchidée*, le troisième livre de Jane Castle et de Jayne Ann Krentz, plein « de passion, de danger et de tension psychologique », en échange de mon numéro de carte bancaire. Pour UPS (United Parcel Service), la chaîne de transport aux 499 avions, ce n'est qu'un colis de plus — elle en livre chaque année 12 millions, dont 600 000 commandés sur Internet. Juste avant son envoi, *L'Orchidée* est estampillé d'un code-barre. Ce signal permettra au client de suivre son dû à travers la planète. Une escale à l'aéroport de New York? Sur l'écran, le client en est averti. Il ne lui reste plus que dix heures à attendre. A la livraison, on lui tendra l'écran d'un ordinateur à griffonner avec un crayon optique. Plus de 2,5 millions d'utilisateurs de 160 pays ont déjà validé l'accusé de réception électronique.

L'Express du 11.06.1998.
©1998 *L'Express*.

131

Et la France? Il y a quelques jours, les deux opérateurs de télécommunication France Télécom et Cegetel annonçaient leurs offres respectives de commerce électronique. Mais si la France peut se targuer de quelques réussites exemplaires — avec, souvent, comme pour La Redoute ou Dégriftour, des transfuges de la vente par Minitel[2] — elle commercialise sur le réseau à peine un dixième des biens vendus de cette manière en Europe. Pourquoi? Avec plus d'un foyer sur cinq maintenant équipé d'ordinateurs multimédias, l'explication tant avancée du sous-équipement des ménages français ne tient plus.

Les raisons sont ailleurs. D'abord, il y a cette vraie peur bleue: la sécurisation des paiements. Prêts à acheter la Terre entière sur Minitel, les Français sont paralysés devant un ordinateur. Actuellement, la plupart des sites qui vendent par carte bancaire en ligne le font avec le protocole SSL (Secure Sockets Layer). Avantage: le paiement est crypté[3]. Inconvénient: pas assez. En France, la loi limite le cryptage à 40 bits[4]. « Ce qui rend la clef beaucoup plus vulnérable que des protections à plus de 60 bits, comme aux Etats-Unis », avertit, sévère, Thierry Hamelin, auteur d'un rapport sur le commerce électronique en France pour le cabinet IDC. « En janvier 1997, un étudiant de l'université de Berkeley a mobilisé 250 machines pour venir à bout d'une clef de 40 bits. En trois heures seulement », rappelle Jacques Stern, directeur du laboratoire informatique de l'Ecole normale supérieure.

Pourtant pionnier sur la vente en ligne — voilà deux ans qu'il a créé son site — Alexis de La Palme, directeur commercial du Crazy Horse[5], se montre très prudent. Chaque mois, 75 convives réservent leur place sur crazyhorse.com. Mais pas question pour les amateurs de gambettes de payer leur place en ligne. Ils régleront au guichet, comme tout le monde. « Plus sûr », tranche le responsable de la boîte à cancan. Comme lui, beaucoup de vendeurs français préfèrent attendre le développement des protections C-SET et E-COM, les solutions mises en avant par les groupes bancaires français à vocation internationale.

Autre explication du retard pris par les Français: la structure industrielle, trop peu orientée vers les services. « En France, on subit l'informatisation des entreprises comme une nécessaire mesure de productivité, jamais comme un investissement rémunérateur. Résultat, on a plus de stocks, moins d'emplois, mais pas plus de clients pour autant », analyse Philippe Lemoine, vice-président du groupe Galeries Lafayette.

Pourtant, la véritable bombe à retardement du système français est ailleurs, du côté des taxes appliquées aux produits. Si l'Organisation mondiale du commerce (OMC) vient de décréter, pour un an au moins, le Net zone commerciale exempte de droits de douane — premier pas vers un duty-free mondial? — le problème reste entier du côté de la TVA[6].

Malgré la prudence officielle: « Ne dramatisons pas, aucun problème ne devrait survenir avant trois ou quatre ans », rassure Francis Lorentz, ancien patron de Bull et conseiller spécial du gouvernement en matière de commerce électronique. N'empêche, entre un petit pyjama imposé 20,6% en France et libre de taxes outre-Manche — les vêtements pour enfants ne sont pas taxés en Grande-Bretagne — le consommateur mondial aura vite fait son choix. Et, si les marques françaises de luxe, de gastronomie ou de haute couture jouissent d'une bonne image à l'international, il leur faudra batailler ferme pour garder leurs parts de marché.

GUILLAUME GRALLET

A vous...

1. Quel est le thème de l'article? Expliquez à ce propos le titre.
2. Indiquez *d'après le contexte* ce que signifient les mots et expressions suivants: *écouler, s'activer, internaute, se targuer, sécurisation, venir à bout.*
3. Décrivez quelques exemples du commerce en ligne aux Etats-Unis.
4. Pourquoi les livres commandés en ligne sont-ils estampillés d'un code-barre?
5. Qu'est qu'un *accusé de réception*? Décrivez l'*accusé de réception électronique.*
6. Qu'est-ce qui explique, selon l'auteur, le retard français en matière de commerce électronique? (Indiquez trois raisons.)
7. Qu'est-ce qui constitue, selon l'auteur, la « véritable bombe à retardement du système français »? Justifiez l'emploi de cette expression.

Notes

1. Une *vente à la criée* est une vente publique aux enchères (au plus offrant).
2. Terminal composé d'un écran et d'un clavier et relié par la ligne téléphonique à un ordinateur central. Voir à ce sujet le Module 12.
3. Codé.
4. Unité de mesure d'information (acronyme emprunté à l'anglais *binary digit*). Voir à ce sujet le Module 12.
5. Cabaret parisien connu pour ses danseuses (d'où, plus loin, « amateurs de gambettes » [jambes]).
6. Taxe à la valeur ajoutée, qui frappe la consommation (voir l'Appendice A). Le chiffre mentionné au paragraphe suivant (20,6%) représente le taux applicable de la TVA.

TROISIÈME PARTIE

Les Communications

BanniBug III

Le samedi 7 juin, au lendemain de son entretien d'embauche, Céline survint vers six heures du soir à l'atelier de BanniBug, rue des Tanneurs, au moment où Jason et Thierry achevaient l'installation de la douche. Ils craignirent, en la voyant entrer, qu'elle ne fût peut-être revenue sur sa décision d'accepter leur offre.

— Bonjour ! dit Jason en posant son marteau. On ne croyait pas te revoir avant lundi. Tu ne prépares pas tes examens ?

— Si. Enfin, ce sera pour demain. J'ai fait un petit plan d'action mercatique, et je voulais vous en parler. Allons manger quelque part ; j'ai une faim de loup.

Ils étaient à peine assis au Mastroquet quinze minutes plus tard qu'elle entama son discours.

Choix d'un logo : « Lequel
est le meilleur ? ».

— Il faudra évidemment nous faire connaître, et ce, au plus vite, dès la semaine prochaine, histoire d'occuper un peu Marc et Gilles en attendant qu'affluent les commandes. D'où le premier volet du plan : la presse gratuite.

Elle sortit de sa serviette une feuille qu'elle tendit à ses employeurs.

— C'est pas fameux, dit-elle, mais c'est ce que j'ai pu faire de mieux en quelques minutes.

On y remarquait d'abord l'image d'un gros moustique, l'air méchant, soulignée des mots « Il vous veut du mal ! ». Céline expliqua qu'il y avait eu dans la région l'été précédent une vingtaine de cas d'encéphalite. Il s'agissait de rappeler, sans le mentionner, le rôle soupçonné du moustique dans la transmission de la maladie. Sous l'accroche, un message bref annonçait le produit. Jason et Thierry étaient sur le point d'exprimer leur approbation quand Céline reprit :

— Il faudra apporter ça au bihebdomadaire gratuit dès l'ouverture lundi matin. Une pleine page dans trois éditions, à compter de celle qui sort mardi. Bon. Deuxième volet : le journal. Ce sera plus cher, et j'aurai besoin de quelques jours pour mettre au point quelque chose de bien. Ce sera fait d'ici à jeudi, car il faut absolument que cela paraisse dans l'édition du week-end prochain. Un quart de page ; sept jours, dont deux samedis.

Jason et Thierry allaient réagir lorsqu'arriva le serveur. Les commandes prises, Céline poursuivit :

— Voilà pour les annonces-presse. Viennent ensuite les envois. Troisième volet : une diffusion d'ISA (*imprimés sans adresse*, pour les profanes). Cela ne reviendra qu'à environ trente centimes le contact, et on pourra cibler les destinataires selon leur quartier. Après quoi — quatrième volet — un mailing... pardon ! un *publipostage* adressé. Pour les ISA un simple carton de présentation suffira, et c'est là que vont débuter le logo et le slogan de BanniBug. Pour le publipostage il faudra un dépliant promotionnel comportant dessins et photos. Le carton sera prêt lundi le 23, et le dépliant, une semaine plus tard. Heureusement, je pourrai faire moi-même toute la conception et « l'avant-presse », ce qui réduira de moitié le coût, mais pour l'impression et le reste nous devrons recourir évidemment à un reprographe. Le publipostage reviendra beaucoup plus cher, à cause notamment des frais de reprographie et de poste, et afin d'en cibler l'envoi il faudra constituer d'abord un fichier à partir des réponses aux annonces et aux ISA. Voici une estimation des coûts ; le total dépasse d'un petit millier de francs le budget dont on a parlé hier.

Elle donna à chacun une feuille, puis se tut, comme pour attendre la réaction. Momentanément interloqués, Jason et Thierry faisaient semblant d'étudier les chiffres. Jason finit par poser une question dont il comprit tout de suite le ridicule :

— Est-ce tout ?

— Non. Je pensais au premier mois, dont on a dit hier qu'il sera critique. Ce qui nous manque le plus pour l'instant, c'est évidemment une « force de vente ». Recrutons donc nos premiers clients, en leur accordant une remise de 10 % pour chaque nouveau client qu'ils nous amèneront avant la mi-juillet. Ça éliminera notre marge, je le sais, mais ce sera au départ le cadet de nos soucis. Pendant les premières se-maines nous aurons besoin, par-dessus tout, de fonds de roulement.

— Excellente idée ! dit l'un.

— Géniale ! renchérit l'autre.

Alors Céline, à qui le moment semblait opportun :

— Euh… une dernière chose. Dès lundi j'apporterai tout mon matériel : ordina-teur, imprimante, modem… enfin, tout. De quoi faire la pub, tenir les comptes, gérer la facturation. Je mets tout ça à la disposition de l'entreprise, *laquelle n'aura donc pas à en faire l'achat.* En contrepartie, j'aurai besoin d'un endroit où le loger décem-ment, et m'en servir tranquillement. Autrement dit, j'aurai besoin d'un bureau. Et comme il n'y en a malheureusement que deux, l'autre…

C'est ainsi que « l'autre », mesurant à peine seize mètres carrés, devint bureau et chambre à coucher pour deux personnes. Elles ne s'en plaignirent pas.

Tous les problèmes ne pouvaient pas être si vite résolus. Celui des commandes était de loin le plus préoccupant, car elles se faisaient attendre. Il y en avait certes quelques-unes, assez pour permettre à Marc et à Gilles de mettre leurs techniques au point, mais guère plus. L'action mercatique était en place ; les annonces parurent et les envois partirent aux dates prévues. En attendant les effets, Thierry craignait le pire. C'est lui qui tenait les livres, et son anxiété s'accroissait à mesure précisément que s'allongeait la colonne des débits. Céline seule ne semblait pas s'inquiéter outre mesure, passant ses matinées au téléphone ou au clavier, et ses après-midi en de mystérieuses allées et venues.

Le vendredi 27 juin, premier jour de paie à BanniBug, ne fut pas célébré dans la joie. Marc et Gilles acceptèrent leurs chèques d'un air coupable, prenant soin d'en remercier leurs patrons. Quant à Céline, elle avait dit aux gérants la veille qu'elle avait « quelques économies », et qu'elle « pouvait attendre ». (Ce fut à l'insu de Marc et Gilles, qui en auraient sans doute fait autant.)

Céline arrivait d'habitude vers sept heures, avant tout le monde, mais ce jour-là elle ne s'était pas encore montrée à midi.

A une heure elle arrive en coup de vent :

— Mais où sont donc Marc et Gilles ?

— Ils n'avaient rien à faire, répond Thierry, alors je leur ai dit qu'ils pouvaient partir.

— Eh bien, il faut les rappeler, dit-elle en brandissant une liasse de papiers. Nous avons une commande à remplir… pour deux mille moustiquaires.

— Deux… commence Jason.

— Mille ? achève Thierry.

— Environ, oui. Vous avez entendu parler du promoteur immobilier Luc Marty ? Il a déjà à son compte plusieurs lotissements à Tours et aux environs. Son dernier, à Vouvray, s'appelle « Galaxie » : *deux cents* pavillons, qu'il va munir *tous* de nos mous-tiquaires. Il a fini par comprendre, moi aidant, que ça lui servira dans ses promotions — ce qui sera pour nous, soit dit en passant, un coup de pub gratuit. Six tailles seule-ment, donc main-d'œuvre réduite et marges élevées, grâce auxquelles j'ai pu lui accorder une remise de 5 %. BanniBug s'engage d'ailleurs à ne rien signer avec ses concurrents.

Et voilà comment BanniBug sortit du rouge en quatre semaines, sans même s'attarder au « point d'équilibre » que la plupart des nouvelles entreprises n'atteignent qu'au bout d'un an. L'excédent devait s'accroître encore lorsqu'au mois suivant Céline arracha au gérant d'une grande maisonnerie l'autorisation d'y établir un *corner°* BanniBug.

En octobre Jason et Thierry furent invités par la Chambre des Métiers à soumettre un dossier de candidature au « Trophée de l'Innovation », catégorie TPE.° Ils durent refuser poliment… faute de temps ! Les trois salariés, débordés, eux aussi, et contents de l'être, travaillaient souvent le samedi et parfois même le soir. Toute l'équipe plaisantait, non sans inquiétude, sur les fameuses « trente-cinq heures » hebdomadaires, bientôt obligatoires.

Un jour Thierry, d'habitude si ronchonneur, dut convenir, après avoir revu le plan comptable, que « ça marchait plutôt bien ». Effectivement.

TPE   très petite entreprise
corner   espace réservé à une marque, dans un magasin multimarque (anglicisme ne figurant pas
     encore dans les dictionnaires)

La Correspondance

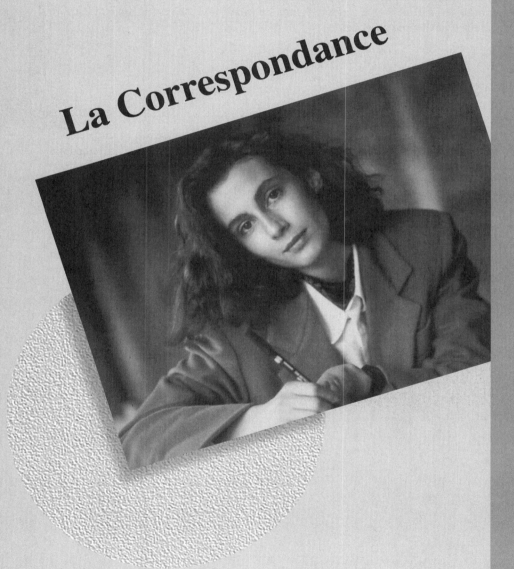

Tout étudiant du français, après être tombé deux ou trois fois dans les pièges tendus par les *faux amis*, apprend vite à s'en méfier. Si, voulant dire qu' « economically speaking, Clinton is of course much more liberal than was Reagan », vous traduisez : « Dans le domaine économique, il va de soi que Clinton est bien plus libéral que ne l'était Reagan », vous aurez supposé que le mot *libéral* traduise fidèlement le mot américain auquel il ressemble — *alors qu'il signifie à peu près le contraire.*

Les conséquences d'une telle erreur seraient sans doute moins graves que si vous envoyiez une lettre commerciale à *Cher Monsieur Machin*, terminée par la formule *Sincèrement vôtre*. Il y a de nombreux « faux amis épistoliers » de ce genre, tant dans le domaine des formules que dans celui de la présentation. En prendre conscience, c'est non seulement apprendre un autre vocabulaire, mais aussi et surtout s'initier à d'autres pratiques culturelles.

La correspondance commerciale française revêt en général un caractère plus formel — certains diraient : plus *rigide* — que celle du monde anglophone. A partir de 1971 l'AFNOR (Association française de normalisation) a essayé d'imposer un modèle pour toute la correspondance commerciale, et elle y a réussi en grande partie. Si les nouveaux logiciels de traitement de texte, en facilitant l'expérimentation, ont contrarié récemment les efforts de l'AFNOR, il subsiste néanmoins une assez grande uniformité dans les lettres d'affaires françaises. La « norme maison » de telle entreprise peut différer à certains égards du modèle de l'AFNOR, mais il est rare qu'elle s'en éloigne de beaucoup.

❶ LES PARTIES DE LA LETTRE

Les parties d'une lettre d'affaires sont les suivantes : l'en-tête ; la suscription ; l'indication du lieu et de la date ; les références ; l'indication de l'objet ; l'indication des pièces jointes ; la formule d'appel ; le corps ; la formule de politesse ; la signature. La Figure 11.1 illustre leur disposition sur la page.

1.1.   L'en-tête°

Si vous rédigez une lettre au nom d'une entreprise, plusieurs renseignements seront déjà imprimés sur la feuille. On appelle *en-tête* l'ensemble de ces renseignements (malgré le fait qu'une partie en soit souvent portée au bas de la page). Si l'on rédige une lettre d'affaires en tant que particulier, il est traditionnel de placer son nom et son adresse en haut de la feuille, alignés sur la marge de gauche (bien qu'à présent il soit facile, grâce aux logiciels de traitement de texte, de centrer une « en-tête » personnalisée, tout comme celle d'une entreprise).

Pour aller plus loin :
l'en-tête d'une société.

Certaines mentions sont obligatoires : la raison ou la dénomination sociales ; la forme juridique ; le montant du capital ; le numéro d'immatriculation au registre du commerce. Ce dernier se présente ainsi, par exemple, qu'il suit : « RCS Nice B 123 456 789 ». Déchiffrement : *RCS* est le sigle du Registre du Commerce et des Sociétés ; Nice est la ville où la société a été enregistrée ; la lettre suivante indique le type d'entreprise (B pour les sociétés, A pour les entreprises individuelles, etc.). D'autres mentions obligatoires, à l'usage de l'INSEE (Institut national de la statistique et des etudes économiques) sont les codes SIREN (Service Informatique pour le Répertoire des Entreprises) et APE (activité principale exercée). Bien d'autres mentions, sans être obligatoires, figurent normalement dans une en-tête : ce sont les nombreuses « coordonnées » de la société (adresse du siège social, numéros de téléphone, de télécopie, de télex, de compte courant postal, etc.).

en-tête

suscription

références

objet

lieu et adresse

pièces jointes

formule d'appel

formule d'entrée en matière

corps

formule de politesse

signature

nom dactylographié du signataire

1.2.   La suscription°

Elle se compose du nom et de l'adresse du destinataire. Plusieurs cas peuvent se présenter.

Si le nom est celui d'une personne privée, il est précédé de *Mademoiselle*, de *Madame* ou de *Monsieur*, sans abréviation. L'usage veut que le nom patronymique soit dactylographié en majuscules. Ainsi :

Monsieur Alain BARBUSSE
56, rue Deslouches
37000 TOURS

Lorsqu'on ne sait pas si la femme à qui l'on s'adresse est mariée ou célibataire, c'est *Madame* qu'il faut employer[1]. Une virgule sépare le numéro et le nom de la rue. Le code postal *précède* la ville, dont le nom devrait être dactylographié en majuscules.

Si le destinataire est un responsable dont on sait seulement la fonction au sein d'une entreprise, on indique généralement la fonction avant le nom de l'entreprise. Ainsi :

Monsieur le Directeur
Consommaction Parisienne
98, rue des Plombiers
75010 PARIS

Si le destinataire est une personne dont on sait le nom et la fonction au sein d'une entreprise, on emploie la formule *A l'attention de...*, placée généralement après la suscription et séparée de celle-ci par un double *interligne.°* Ainsi :

Crédit Industrielle de Lorraine
13, rue des Lys
57102 ROMBAS
A l'attention de Madame A.-L. MOREAU, Chef Comptable

Parfois on trouve cette formule avant le nom de l'entreprise, au début de la suscription, ou bien après l'indication des *pièces jointes* (voir ci-dessous), alignée sur la marge de gauche.

On reproduit exactement sur l'enveloppe les indications de la suscription.

1.3.   Le lieu et la date

Ils se mettent soit au-dessus de la suscription, soit — plus souvent aujourd'hui — en dessous, séparés de celle-ci par un double interligne. Ils se présentent de la façon suivante :

Villeneuve-Loubet, le 3 novembre 1998

Le mois, *dont l'initiale est une minuscule*, n'est pas suivi d'une virgule.

1.4.   Les références

Elles permettent de classer et de retrouver plus facilement la lettre, d'identifier le dossier dont il s'agit, etc. Les formules les plus courantes sont : *V/réf* et *N/réf,* formes abrégées de *vos références* et de *nos références*. (On voit aussi : *Vos réf* et *V/r.*) Après la formule figurent : d'abord les initiales, en majuscules, de la personne qui a dicté et signé la lettre ; ensuite les initiales, en minuscules, de la personne qui l'a dactylographiée ; enfin un chiffre identifiant le dossier traité ou le numéro d'enregistrement de la lettre.

Une lettre traitant du dossier 242, par exemple, dictée par Florence Anquetil à son secrétaire Jean-Michel Leconte, sera référencée ainsi : *N/réf : FA/jml/242*. Le destinataire de cette lettre (qui s'appelle André Delorme) commencera dans sa réponse par rappeler les références de la lettre à laquelle il répond. Il emploiera pour ce faire la formule *V/réf*, puisqu'il s'adresse à Florence Anquetil. Puis, s'il en est besoin, il indiquera ses propres références en employant la formule *N/réf*. Dans la lettre dactylographiée par sa secrétaire Marie Dutilleul, les références seront donc les suivantes :

V/réf : FA/jml/242
N/réf : AD/md/37

L'indication des références n'est pas toujours indispensable, et elles sont souvent omises dans la correspondance échangée entre particuliers et petites entreprises.

1.5. L'objet

Indiquez brièvement après le deux-points la raison qui motive la lettre. Par exemple :

Objet : demande de documentation

Objet : proposition de candidature

Pour indiquer l'objet, l'usage préfère les substantifs aux verbes. On n'écrira donc pas : « Objet : pour confirmer notre commande », mais plutôt : « Objet : confirmation de commande ».

1.6. Les pièces jointes°

Il s'agit des documents que vous *joignez* à la lettre, c'est-à-dire que vous envoyez dans la même enveloppe. Abrégez les mots (P majuscule, j minuscule), chaque lettre étant suivie d'un point ; puis, après le deux-points, indiquez le nombre et la nature des documents, ainsi, par exemple, qu'il suit :

P.j. :	1 curriculum vitæ
ou bien P.j. :	1 facture
	2 catalogues

On voit parfois *Annexes* à la place de *P.j.*

1.7. La formule d'appel

C'est la suscription qui dicte le choix de la formule d'appel.

Si, dans la suscription, on a écrit, par exemple, *Madame Pauline Doubinski* ou *Monsieur G. Albert* (sans indication de fonction), l'appel sera tout simplement *Madame* ou *Monsieur*. Ici comme pour la suscription, si l'on s'adresse à une femme dont on ignore la situation conjugale, c'est *Madame* qu'il faut employer.

Si, dans la suscription, on a indiqué la fonction de son correspondant, on se contentera d'indiquer son *titre* dans l'appel. Ainsi, « (A l'attention de) *Madame Pauline Doubinski*, Directrice des Ressources humaines » deviendra dans l'appel : *Madame la Directrice* (sans abréviation).

Si, enfin, dans la suscription, on s'adresse à une entreprise, sans indiquer le nom d'une personne y travaillant, l'appel sera généralement *Messieurs*, quoi qu'on voie de temps en temps — et de plus en plus — *Messieurs, Mesdames* et *Monsieur ou Madame*.

Il est fortement conseillé de ne pas employer *Cher(s)/Chère(s)* dans la formule d'appel. Evitez également d'y mettre le nom de votre correspondant. Le « Dear Mr. Corelli » de la correspondance anglo-américaine se traduit donc par : *Monsieur*. On peut, il est vrai, employer *Cher* ou *Chère* si l'on connaît bien et depuis longtemps son ou sa correspondant(e). Paradoxalement, le cas de la lettre publicitaire — et donc *impersonnelle* — présente une autre exception : « Chère Cliente... Cher Abonné... Chère Madame, Cher Monsieur ». Ce sont pourtant des exceptions qui tendent à confirmer une règle qu'il vaudrait mieux tenir — ne serait-ce que provisoirement — pour absolue.

La formule d'appel est toujours suivie d'une *virgule*.

1.8.   Le corps

Deux présentations du corps de la lettre sont couramment employées. Dans la présentation traditionnelle, la première ligne de chaque paragraphe commence en retrait par rapport aux lignes suivantes ; l'appel commence avec le même retrait (voir la Figure 11.2). Dans la présentation dite « américaine » — à laquelle les Français donnent de plus en plus leur préférence —, il n'y a pas de retrait au début des paragraphes ; toutes les lignes, ainsi que l'appel, sont alignés sur la marge de gauche (voir la Figure 11.4). Quelle que soit la présentation adoptée, il faut séparer les paragraphes d'un double interligne.

1.9.   La formule de politesse

Elle forme, souvent à elle seule, le dernier paragraphe de la lettre. Il existe des dizaines de formules, dont les manuels de correspondance donnent la liste complète. On y apprend la formule qui s'impose lorsqu'on écrit au pape, au président de la République ou à la princesse de Monaco. Pour les circonstances plus quotidiennes, on peut se contenter d'employer — quitte à la modifier légèrement — l'une des deux formules suivantes. N.B. : A la place du tiret dans ces exemples, on reproduira la formule d'appel, *exactement comme elle paraît au début de la lettre*.

▲ Je vous prie (Nous vous prions) d'agréer, — , l'expression de mes (nos) sentiments distingués.
▲ Je vous prie (Nous vous prions) de croire, — , à mes (nos) sentiments distingués.

A *prier de*, certains préfèrent *veuillez* : *Veuillez agréer..., Veuillez croire...* Il n'y a pas de différence protocolaire entre les deux constructions.

Voilà donc les deux thèmes principaux — *agréer* et *croire* —, sur lesquels la plupart des formules courantes sont autant de variations. Selon la nuance que l'on veut marquer, on modifiera telle partie de la formule. En voici quelques exemples.

Distingués est le qualificatif le plus neutre et le plus passe-partout. On y substituera *respectueux* lorsqu'on s'adresse à un supérieur hiérarchique ; *dévoués*, en écrivant à un client ; et *les meilleurs* pour un correspondant avec qui l'on entretient des relations plus amicales (*mes sentiments les meilleurs*, ou bien, plus familièrement, *mes meilleurs sentiments*).

On peut marquer une nuance plus cordiale en remplaçant, dans la première formule-type, *agréer* par *recevoir*, ou *l'expression de mes sentiments...* par *salutations...* (*Veuillez recevoir, — , mes salutations...*, et non pas *... l'expression de mes salutations...*). Dans les deux formules-types, on peut, pour se rapprocher encore plus de son correspondant, mettre *agréer* et *croire* directement à l'impératif : *Agréez, — , mes cordiales salutations ; Croyez, — , à mes meilleurs sentiments.*

Une dernière nuance : dans la première formule-type, *l'assurance* peut souvent remplacer *l'expression*, mais jamais quand on écrit à un supérieur hiérarchique (qui, en principe, n'a pas besoin d'être assuré...).

La formule la plus froide, à la limite de la politesse, est la suivante : *Recevez, — , mes salutations.*

Mise en garde sémantique : *agréer* et *croire.*	Les différentes parties de ces formules ne sont pas toutes interchangeables. *Agréer*, par exemple (formule-type n°1), c'est accueillir avec faveur. Ce ne sont pas les sentiments que l'on agrée, mais leur *expression*. Ce à quoi l'on *croit*, par contre (formule-type n°2), ce sont les sentiments eux-mêmes. Il ne faudrait donc pas imiter ceux qui écrivent : *Veuillez croire à l'expression de mes sentiments...*, ou *Veuillez agréer mes sentiments...* Priez votre correspondant de *croire à vos sentiments*, ou bien d'*agréer leur expression.*

1.10. La signature

Alignée sur la date et la suscription, la signature est toujours suivie du nom dactylographié du signataire. On indique, s'il y a lieu, la fonction du signataire, soit avant la signature, soit après le nom dactylographié.

❷ LE CORPS DE LA LETTRE

La lettre s'ouvre par une *formule d'entrée en matière* dont le choix dépendra évidemment de l'objet de la lettre.

Si, par exemple, vous faites suite à un document que vous avez reçu ou à un entretien téléphonique, vous y ferez référence dès le début. Voici quelques possibilités. (Les mots qui suivent la barre oblique peuvent remplacer ceux qui la précède.)

▲ En réponse à votre lettre du 3 courant[2],
▲ Nous accusons réception de / Nous avons bien reçu votre lettre du 3 courant par laquelle...
▲ Nous vous remercions de votre lettre du 3 courant relative à...

▲ Nous nous référons à votre lettre du 3 courant nous demandant…
▲ Nous avons pris bonne note de votre lettre du 3 courant au sujet de…
▲ Comme suite / Pour faire suite à notre conversation téléphonique du 3 courant, nous…
▲ Conformément aux termes de notre entretien téléphonique du 3 courant, nous…

S'il s'agit, par contre, d'un premier contact, abordez directement l'objet de votre lettre. Voulez-vous, par exemple, demander un renseignement ? commander une marchandise ? Remarquez, dans les formules suivantes, les tournures équivalant à *please*. (Les mots facultatifs entre parenthèses ajoutent une nuance de politesse.)

▲ Nous vous serions reconnaissants / obligés de (bien vouloir) nous faire parvenir…
▲ Veuillez (avoir l'obligeance de) nous expédier…
▲ Nous vous saurions gré de (bien vouloir) nous envoyer…
▲ Vous nous obligeriez en nous faisant savoir…

L'emploi de *s'il vous plaît* avec l'impératif (*Expédiez-moi, s'il vous plaît…*) est à éviter dans la correspondance.
Etes-vous pressé de recevoir l'article que vous commandez ? Priez votre correspondant de vous le faire parvenir…

▲ dès que possible.
▲ le plus tôt possible.
▲ le plus rapidement possible.
▲ dans les meilleurs délais.
▲ dans les plus brefs délais.

S'agit-il de régler une facture au moyen d'un chèque inclus dans l'enveloppe ?

▲ Vous trouverez ci-joint° / ci-inclus° / ci-annexé° un chèque s'élevant à 4 230 F en règlement de votre facture du 3 courant.
▲ Veuillez trouver en annexe° / sous ce pli° notre chèque du montant de 4 230 F…

Les documents que vous ne joignez pas à la lettre seront expédiés *sous pli séparé.* N.B. : *Ci-joint, ci-inclus* et *ci-annexé* restent invariables lorsqu'ils sont placés avant le nom (« Veuillez trouver *ci-joint* la facture… »), mais s'accordent s'ils le suivent (« la facture *ci-jointe* »).
S'agit-il de refuser ? d'exprimer un regret ? de présenter des excuses ?

▲ Nous avons le regret de vous informer que nous ne pouvons pas donner suite à votre proposition…
▲ Nous regrettons de ne pas pouvoir vous donner satisfaction…
▲ Nous vous prions de bien vouloir nous excuser du désagrément que nous vous avons causé…

Remarquez bien l'emploi de la dernière formule ci-dessus. Il est fortement déconseillé d'écrire : *Nous nous excusons du* [et surtout : *pour le*) *désagrément…* (C'est à l'autre de vous excuser, n'est-ce pas ?)

Souhaitez-vous remercier votre correspondant ? C'est souvent en fin de lettre, dans le paragraphe où figure la formule de politesse, que s'expriment les remerciements. Voici quelques formules équivalant à *thank you*.

▲ En vous remerciant (vivement) d'avance de votre compréhension [par exemple], nous vous prions…

▲ Nous vous remercions vivement d'avance de votre compréhension et vous prions…

▲ Avec nos remerciements anticipés, nous vous prions…

Remerciez votre correspondant *de* — et non pas *pour* — sa compréhension, d'avoir bien voulu comprendre, etc. La tournure *Merci beaucoup de…* (et surtout : *pour…*) est à éviter dans la correspondance commerciale.

Il existe bien d'autres formules qui permettent de lier ainsi la formule de politesse au corps de la lettre. Selon les circonstances évoquées dans les paragraphes précédents, on écrira, par exemple :

▲ Dans l'attente d'une prompte réponse / de recevoir une réponse de votre part, nous vous prions…

▲ Dans l'espoir d'une réponse favorable / que votre réponse sera favorable, nous vous prions…

▲ En souhaitant avoir répondu à votre attente, nous vous prions…

▲ En regrettant de ne pas pouvoir vous donner une réponse favorable, nous vous prions…

▲ Avec tous nos regrets, nous vous prions…

▲ Veuillez nous excuser de ce retard et agréer…

147

Pour aller plus loin :

la communication interne.

Il a été question jusqu'ici de la communication *externe*, et de la *lettre commerciale* qui la matérialise. C'est au moyen de *notes* que se réalise au sein de l'entreprise la communication écrite. L'usage varie d'une entreprise à l'autre, mais on appelle généralement *note d'information*° celle qui a pour fonction d'informer, et *note de service*° celle qui transmet un ordre. Affichées sur un panneau réservé à cet effet, elles s'adressent à plusieurs personnes. Il s'agit grosso modo du type d'écrit qu'on désigne en anglais sous le nom de *notice*. On appelle *note interne* un écrit adressé par une personne *à une autre* ; l'expression traduit assez bien l'américain *memorandum* (ou *memo*)[3]. La note, quel qu'en soit le genre, comporte plusieurs mentions obligatoires figurant sur un imprimé :

1. le nom de l'entreprise et du service émetteur ;

2. la date d'émission ;

3. un numéro de référence ;

4. le(s) destinataire(s) ;

5. l'objet ;

6. le nom, la fonction et la signature de l'émetteur.

Les différentes parties de la note interne (mentions obligatoires et texte du message) se disposent typiquement sur l'imprimé de l'entreprise ainsi que le montre schématiquement la Figure 11.6.

figure 11.2

Lettre de réclamation
(présentation
traditionnelle).

BanniBug

« La paix chez soi »

275, avenue Béranger
37000 Tours
47.38.38.00
fax: 47.38.38.01

Monsieur Jacques Bartoli
Service des ventes
Bellefonds et Cie
41, rue Henri-Barbusse
37100 Tours

Tours, le 24 mai 1998

V/réf: JB/sp/2598
Objet: annulation de commande

Monsieur:

Nous avons reçu ce matin les 12 rouleaux de toile en
fibre de verre que nous vous avions commandés le 29
avril.

Malheureusement, nous avions précisé dans notre commande que la livraison devait nous être faite, sous peine
d'annulation, avant le 15 mai (date notée et acceptée
dans votre confirmation du 2 courant).

Nous étant approvisionnés d'urgence ailleurs, nous nous
voyons obligés de vous renvoyer les rouleaux en port dû
et d'annuler votre facture.

Veuillez agréer, Monsieur, nos salutations distinguées.

Jason O'Riley

Jason O'Riley

Télécopie°

Expéditeur: M. R.-J. Berg
Fax: 00 1 419 372 0002

Destinataire: Mme Sylvie Dupuy
Etablissement: CCIP
Fax: 33 1 49 54 90 90

Date: 3.04.98

Nombre de pages: 2

figure 11.4

Présentation

« américaine ».

A l'attention de Madame Sylvie DUPUY
Chambre de Commerce et d'Industrie de Paris
Direction de l'Enseignement, Relations Internationales
Service Examens
28, rue de l'Abbé-Grégoire
75279 PARIS Cedex 06

Bowling Green, le 3 avril 1998

Objet: règlement des droits d'inscription
Pj.: 1 bordereau récapitulatif; 9 fiches d'inscription

Madame,

Je vous remercie d'avoir répondu favorablement à notre demande
d'ouverture de session.
· Examen: Certificat pratique de français commercial
· Session: 5 mai 1998
· Nombre exact des candidats: 9
· Langue: anglais

En règlement global des droits d'inscription, la somme de 630 $US (70 $
x 9 candidats) sera virée prochainement de notre compte au Crédit
Lyonnais (Tours) sur votre compte à la Société Générale.

Vous trouverez ci-joint:
· 9 fiches d'inscription;
· le bordereau récapitulatif des droits.

Je vous prie d'agréer, Madame, mes salutations respectueuses.

R.-J. Berg

R.-J. Berg
Responsable de Centre
d'examens

Jason O'Riley
275, avenue Béranger
37000 Tours
☎ 47.38.38.00
fax: 47.38.38.01

Monsieur Yves DUVIGNIER, Directeur
Hôtel Le Globe
51, boulevard Napoléon-III
06000 NICE

Tours, le 1er novembre 1998

Objet: réservation d'une chambre
P.j.: un chèque postal

Monsieur le Directeur,

J'ai bien reçu votre documentation, et je vous en remercie.

Je souhaite réserver une chambre pour une personne, avec douche et wc, pour la période du 27 décembre au 4 janvier (départ le 4, donc huit nuitées).

Vous trouverez ci-joint un chèque de 2 000 francs d'arrhes°.

En attendant votre confirmation par écrit, je vous prie d'agréer, Monsieur le Directeur, mes salutations distinguées.

Jason O'Riley
Jason O'Riley

igure 11.6

Disposition typique
des parties d'une
note interne.

Entreprise
Service émetteur

Destinataire(s)

Note interne n°

Objet:

(texte du message)

Date:

Fonction:

Nom:

Signature

Ces expressions doivent former avec la formule de politesse une seule et même phrase. Rien d'autre ne doit figurer au dernier paragraphe, lequel sera donc toujours composé d'une seule phrase. Si vous employez une de ces formules de liaison, n'oubliez pas que c'est vous qui êtes « dans l'attente » ou « dans l'espoir », qui souhaitez ou regrettez, etc. Il faut donc que le sujet de la proposition principale qui suit — celle qui contient la formule de politesse — soit *je* ou *nous*. *Dans l'espoir d'un accord rapide, veuillez agréer...* serait donc incorrect.

Voici trois modèles de lettres commerciales. (Pour la lettre de candidature, voir le Module 11.)

V O C A B U L A I R E

Lexique français–anglais

arrhes (*f. pl.*) deposit
ci-annexé(e) (*adv.* ou *adj.*) enclosed
ci-inclus(e) (*adv.* ou *adj.*) enclosed
ci-joint(e) (*adv.* ou *adj.*) enclosed
en annexe (*adv.*) enclosed
en-tête (*f.*) letterhead
interligne (*m.*) space between lines

note de service (*f.*) notice
note d'information (*f.*) notice
note interne (*f.*) memorandum (memo)
pièce(s) jointe(s) (*f.*) enclosure(s)
sous ce pli (*adv.*) enclosed
suscription (*f.*) inside address
télécopie (*f.*) fax
télécopier to fax

Mise en pratique

1. *Histoire d'eau.* — Vous faites partie d'un groupe de quatre personnes qui souhaitent passer deux mois dans les environs de Villeneuve-Loubet (à quelques kilomètres de Nice). Elu(e) « correspondancier (-ière) » du groupe — « Mais toi, t'as suivi ce cours de français commercial... » —, vous écrivez au syndicat d'initiative[4] de la ville pour demander des renseignements sur les locations saisonnières de villas situées dans la ville et aux environs.

2. *Histoire d'eau (suite).* — Dans la documentation fournie par le syndicat d'initiative il y a une brochure sur une villa qui vous intéresse tout particulièrement : « Les Echardes unies ». Vous écrivez au propriétaire pour demander de plus amples renseignements. A quelle distance de la plage et du centre ville la villa est-elle située ? Y a-t-il de la place au garage pour deux voitures ? Quelles sont les dimensions des chambres à coucher ? Le « bureau » pourrait-il servir de chambre ? Pourquoi n'y a-t-il pas de photo de la piscine dans la brochure ? Etc.

3. *Histoire d'eau (suite et fin).* — Les réponses du propriétaire vous ayant satisfait(e), vous lui écrivez pour confirmer la location. Vous rappelez à cette occasion tous les détails du contrat : dates, prix, termes et conditions. Vous joignez à la lettre un chèque de 7 000 francs, somme à valoir[5] sur le montant total.

4. *Infiltrations d'eau.* — Vous louez une « chambre de bonne » au sixième étage d'un immeuble situé dans le cinquième arrondissement à Paris. Le site et le loyer vous conviennent, mais avant de reconduire (renouveler) le bail, qui arrive à terme, vous voulez que le propriétaire s'occupe de certaines réparations urgentes. Vous lui en informez par écrit.

5. *De l'eau dans le gaz.* — Il y a un mois votre employeur vous a chargé(e) de commander des articles dont il avait un besoin *urgent*. Or les marchandises viennent d'arriver... deux semaines après la date-limite convenue. Qui pis est, la livraison n'est pas tout à fait conforme à la commande, et une partie en a été endommagée en cours de route. Rédigez la lettre de réclamation qui sera adressée au fournisseur.

Notes

1. Il n'existe pas en français d'équivalent du *Ms.* américain. Pour suppléer à cette lacune, les Québécois ont proposé *Madelle*. Le mot est inconnu en France et très peu employé au Québec.
2. C'est-à-dire : du 3 *de ce mois-ci*.
3. Certaines entreprises n'ont qu'un seul imprimé intitulé « Note interne », utilisé indifféremment pour toutes les notes.
4. Organisme ayant pour fonction de développer le tourisme dans une localité.
5. Qui constitue un paiement partiel (un *à-valoir*).

Bureautique, télématique, micro-informatique

'est vers le milieu des années 70 que le terme de *bureautique* commence à s'employer pour désigner l'application de *l'informatique*° au travail du bureau. La « révolution bureautique » — ainsi parlaient les médias de l'époque — date du jour où la machine à écrire *électrique*, en se dotant d'un peu de mémoire, est devenue *électronique*. L'automatisation du bureau ne pouvait qu'accélérer lorsqu'est arrivée peu après la machine de *traitement de texte,*° suivie de près des innovations de la *télématique*, née du mariage de l'informatique et des télécommunications. Avec le lancement du Minitel en 1983, la France a été le premier pays à mettre en place sur une grande échelle un réseau télématique.

Le Minitel est un terminal composé d'un écran et d'un clavier et relié par la ligne téléphonique à un ordinateur central. Conçu au départ comme un annuaire électronique en ligne, le Minitel s'est considérablement développé au fil des ans, et les services auxquels il donne accès se chiffrent actuellement à plus de 25 000. En voici les principales catégories (avec quelques rubriques cueillies au hasard dans les *Pages Minitel*) :

▲ S'informer : « Actualités de la presse… Annonces immobilières… Automobiles (neuf, occasion)… Cinéma, sorties, spectacles… Hôtels, restaurants… Informations touristiques… Météorologie… Offres d'emplois… Transports, voyages, routes… » ;

▲ Effectuer des transactions commerciales : « Commande sur catalogue… Commerces, livraison à domicile… Jemabonne… Télépaiement… » ;

▲ Communiquer : « Clubs de rencontre… Courrier électronique… Messagerie vocale… Télécopie… » ;

▲ S'amuser : « Courses hippiques… Echecs, bridge, scrabble… Jeux divers… Tests… Voyance, arts divinatoires… ».

Dans cet embarras de richesses, le service le plus utilisé est toujours — et de loin — l'annuaire électronique[1].

Le Minitel devait contribuer grandement à *l'informatisation*° du bureau au cours des années 80, mais la grande étape ne devait être franchie, la « révolution » ne pouvait vraiment s'accomplir, qu'après l'introduction dans l'entreprise du *micro-ordinateur*[2]. Jusqu'alors le système informatique, fortement centralisé, reposait sur l'omniprésence, sous forme de terminaux, d'un gros ordinateur dont dépendaient tous les services de l'entreprise. On recourait alors à l'image d'une étoile pour décrire cette structure, ainsi qu'au néologisme *connectique* pour désigner les technologies de liaison entre « cerveau » et « extrémités ». Le micro-ordinateur, en remplaçant le macro-ordinateur et ses terminaux, permet au système de se décentraliser et confère aux postes de travail une autonomie importante. L'étoile fait place à une *toile*, et à la connectique succède la *réseautique*[3]. La micro-informatisation des entreprises aura été ainsi la grande innovation bureautique des années 90.

❶ LA MICRO-INFORMATIQUE

Dans le domaine de la micro-informatique, deux camps se partagent le terrain : d'une part les utilisateurs de PC — c'est-à-dire les IBM et les compatibles IBM[4] — ; d'autre part les fidèles du Macintosh. Les uns répètent que leur machine coûte moins cher ; les autres assurent que la leur est plus conviviale[5]. A présent que le prix des Macintosh baisse, et que la convivialité des PC s'améliore, les deux camps restent néanmoins sur leurs positions, se parlant, s'il le faut, par disquettes interposées.

Pour aller plus loin :

avertissement termi-nologique.

Parler d'informatique en français, c'est pénétrer au cœur même de la franglophonie. Dans aucun autre domaine il n'y a autant de termes américains, employés tels quels ou à peine francisés. Cela se comprend, certes. N'est-il pas « naturel », étant donné le rythme vertigineux du progrès technologique, que les mots soient importés en même temps que les choses qu'ils désignent ? Les conséquences peuvent en être tout de même saugrenues — « Pour rebooter, pressez la touche…»[6] —, et quand les commissions de terminologie s'avisent de trouver des équivalents français, il est souvent trop tard. « Tant pis, » nous dira-t-on, « car il faut, en la matière, *suivre l'usage.* » C'est, de toute façon, ce que nous faisons dans la discussion qui suit. Et quand l'usage hésite, nous indiquons les différents termes en concurrence.

Qu'il soit Mac ou PC, un micro-ordinateur est composé d'un ensemble d'éléments physiques, désignés collectivement sous le nom de *matériel,*° et animés par des programmes appelés *logiciels.*°

Les éléments matériels d'une configuration typique sont les suivants. Dans le boîtier de l'*unité centrale* se trouvent les circuits (dont la *carte mère*°), les *puces*° (dont le microprocesseur), ainsi que les *lecteurs*° de *disquettes*° et de CD-ROM (*compact disk: read only memory*). C'est là aussi que se trouve le siège de la RAM (*random acces memory*), appelée aussi *mémoire vive*, ou tout simplement *mémoire*. La mémoire est qualifiée de *vive* parce que son contenu disparaît chaque fois que l'ordinateur s'éteint. C'est donc sur le *disque dur,*° situé lui aussi dans le boîtier de l'unité centrale, que sont enregistrés de façon permanente tous les fichiers et logiciels. *Sauvegarder*° ou *enregistrer*° un document, c'est le transférer de la RAM au disque dur. La mémoire et la capacité du disque dur se mesurent en *octets.*° La plupart des ordinateurs sont dotés en standard d'au moins huit *mégaoctets*° (abréviation : Mo) de mémoire, et certains disques durs peuvent stocker jusqu'à plusieurs *gigaoctets*° (Go) d'informations. N.B. : Ne pas confondre *mémoire (vive)* et *capacité de stockage*.

Pour que l'ordinateur et son utilisateur puissent se communiquer, il faut : un *moniteur*° (ou *écran*°), lequel fait souvent corps avec l'unité centrale ; un *clavier,*° classique ou étendu (comprenant des touches supplémentaires) ; et une *souris,*° laquelle se déplace sur un tapis de souris[7]. N.B. : Ce sont évidemment les *ordinateurs de bureau,*° y compris (à présent) les PC, qui sont équipés d'une souris. Les ordinateurs *portables* (ou *portatifs*) remplacent la souris par une boule de commande ou une surface tactile (appelées le plus souvent *trackball* et *trackpad*) incorporées au boîtier.

En plus des composants mentionnés ci-dessus (moniteur, clavier et souris), d'autres éléments matériels — appelés *périphériques*° parce qu'ils sont considérés comme auxiliaires — peuvent être connectés à l'unité centrale. Parmi les périphériques les plus fréquemment utilisés figurent le *disque dur supplémentaire*, le *scanner*, l'*imprimante*° et le *modem*. La moyenâgeuse imprimante *matricielle*° (ou *à aiguilles*) a été largement supplantée aujourd'hui par les imprimantes *laser* et *à jet d'encre.*° Quelle que soit la technologie utilisée, l'imprimante a pour fonction de fournir des *sorties papier*° (ou *tirages*°) des documents mis au point sur l'écran. Le modem (« *modulator-demodulator* ») permet à l'utilisateur d'un ordinateur de se mettre en relation avec d'autres ordinateurs par la voie du réseau téléphonique.

Tout ce matériel, essentiellement inerte, a besoin pour s'animer de deux sortes de logiciels : un logiciel d'exploitation, et des logiciels d'application.

Le logiciel d'exploitation, appelé couramment *système d'exploitation*° ou *système*, est le logiciel de base qui commande l'ensemble des opérations matérielles et logicielles de l'ordinateur. Un exemple particulièrement bien connu est Windows 95. Le système est assisté par des mini-logiciels — les *utilitaires*° — affectés à des tâches strictement délimitées, telles que la gestion de fichiers, le diagnostic ou la réparation.

Les logiciels d'application — les *applications*, comme on dit couramment — se divisent en plusieurs grandes familles selon la tâche qu'ils permettent d'effectuer :

▲ Logiciels de *traitement de texte* ;
▲ Logiciels de *gestion*° de *bases de données*° ;
▲ Logiciels de *mise en page,*° ou de PAO (publication assistée par ordinateur, appelée aussi *éditique*), qui permettent à l'utilisateur disposant d'un matériel suffisant de se lancer dans la *micro-édition*° ;
▲ *Tableurs,*° qui permettent la manipulation et l'organisation de données sous forme de tableaux appelés *feuilles de calcul*° ;
▲ Logiciels graphiques, utilisés pour l'illustration (le DAO : dessin assisté par ordinateur) et le dessin technique (la CAO : conception assistée par ordinateur) ;

▲ Logiciels de communication, grâce auxquels l'utilisateur peut se mettre en contact avec d'autres ordinateurs.

Il existe aussi des logiciels polyvalents, appelés *progiciels intégrés,°* qui réunissent deux ou plusieurs de ces fonctions.

Ce sont sans conteste les logiciels de communication qui sont appelés au plus grand développement dans un proche avenir. Cela, bien entendu, grâce au Net...

② INTERNET

Qu'est-ce donc qu'Internet[8] ? Il s'agit d'un *réseau°* international d'ordinateurs ayant un système d'adresses commun. « Comment ? C'est tout ? » Ajoutons qu'aux yeux de plus d'un expert, ce réseau représente le développement technologique le plus important du XXe siècle, et qu'au XXIe il promet de devenir le principal moyen de communication des pays industrialisés.

Comment se connecter au réseau ? Pour devenir internaute[9] il faut d'abord s'équiper en matériel : un ordinateur muni d'assez de RAM, ainsi qu'un modem suffisamment rapide (branché, évidemment, sur une ligne téléphonique). Il faut ensuite un *fournisseur d'accès Internet,°* qui peut être local, régional ou national. Tous fournissent les logiciels nécessaires. Certains n'offrent en plus qu'une simple connexion au réseau ; d'autres — comme CompuServe, America Online et, en France, Infonie —, proposent un accès à leurs réseaux privés en même temps qu'à Internet.

Le Net comprend plusieurs domaines ou secteurs d'activité, parmi lesquels les trois suivants sont à présent les plus connus :

2.1. Le courrier électronique (ou e-mail[10])

C'est le plus utilisé des services en ligne, et pour cause. Le courrier électronique fait déja une concurrence sérieuse à la télécopie et au téléphone, en attendant d'en faire autant au courrier postal (« *e-mail vs. snail mail* »). Pour envoyer et recevoir des e-mails, il faut un *logiciel de traitement du courrier électronique*, appelé plus couramment *mailer* (tel que Eudora). Une adresse e-mail, telle que

jgalt@galts-gulch.edu

par exemple, comprend normalement : le nom de l'utilisateur (ou de sa boîte aux lettres), suivi du caractère @[11] ; ensuite le nom de l'*hôte°* (ou du *serveur*), c'est-à-dire de l'ordinateur auquel l'utilisateur est directement raccordé et qui lui donne accès au réseau ; enfin, après un point, le code de la catégorie d'organisme (*com* pour commercial, *edu* pour éducatif, etc.) ou, en dehors des Etats-Unis, du pays (fr, uk, etc.).

2.2. Le World Wide Web (WWW ; le Web ; la toile)

En attendant d'atteindre le volume d'utilisation du courrier électronique, le World Wide Web est à coup sûr, de toutes les régions du cyberespace, celle dont on *parle* le plus. Lorsqu'il est question dans les médias des « autoroutes de l'information », c'est le plus souvent au Web que l'on pense, au point qu'aujourd'hui, pour certains, *Web* et *Net* sont devenus synonymes.

La notoriété du Web tient non seulement à la richesse des informations et des images qu'il présente, mais à leur facilité d'accès. C'est en effet le logiciel de navigation, appelé *navigateur,*° qui fait le gros du travail. Il suffit de taper l'adresse du site que l'on veut visiter pour s'en faire *télécharger*° le fichier. L'adresse commence par le sigle *http* (HyperText Transfer Protocol), et c'est là que réside la clé du succès du Web.

Forgé dans les années 60, le mot *hypertext* signifiait à l'origine un système d'informations dont les éléments sont disposés de façon non-linéaire (*hyper* : « au-delà »). Cette définition décrit assez bien le Web actuel. Chaque page[12] contient des *liens*° hypertexte — des « hyperliens » : mots ou images mis en relief — sur lesquels on peut cliquer pour que s'affiche aussitôt la page qui lui est reliée, *où qu'elle se trouve dans le réseau*. Cette nouvelle page contient à son tour des liens à d'autres pages, et ainsi de suite. Le système hypertextuel permet ainsi de *feuilleter* indéfiniment les pages du Web, de *papillonner* de site en site, de *fureter* dans tous les coins du réseau afin d'en *butiner* les informations. On le voit : les images prolifèrent, ainsi les termes correspondants que l'on a proposés pour désigner les logiciels de navigation : *feuilleteur*, *papillonneur*, *fureteur* (au Québec), *butineur*, etc., conçus tous pour traduire l'anglais *browser* — qui reste inexplicablement le terme le plus employé en français.

2.3.   Les « news »

Contrairement à ce que l'on pourrait penser, il ne s'agit pas d'actualités en ligne, mais de forums de discussion organisés thématiquement en *newsgroups*, et dont l'ensemble constitue le réseau UseNet (Users' Network). Pour participer à un forum, il faut un *logiciel de lecture de news*, appelé plus couramment *newsreader* (tel que Trumpet). UseNet est un des secteurs d'Internet qui connaissent depuis deux ans la

Pour aller plus loin :

petite récréation néologique.

La *Commission ministérielle de terminologie informatique* (CMTI), qui travaille depuis quelques années à l'enrichissement du français informatique, a proposé, dans le domaine du logiciel : *texteur* (pour *logiciel de traitement de texte*) ; *grapheur* (pour *logiciel graphique*), et *dessineur* (pour *logiciel de dessin*). La commission nous invite à appeler désormais *didacticiel* le logiciel d'enseignement, *ludiciel* le logiciel de jeu, et *synergiciel* le logiciel de groupe. Au Québec, où se poursuit avec acharnement la chasse au franglais, *partagiciel*, *gratuiciel* et même « fumiciel » remplacent respectivement *shareware*, *freeware*, et « vaporware » (ces nombreux logiciels qui sont annoncés, promis, mais qui ne paraissent jamais). La première version d'un logiciel a souvent quelques défauts de conception ou de réalisation que la Commission propose d'appeler *bogues*° (« bugs »). Ce néologisme a plutôt réussi, grâce, sans doute, à la ressemblance phonétique, et a engendré toute une famille (*déboguer*, *débogueur*, *débogage*…). On ne peut pas en dire autant de *DOC* (disque optique compact), terme officiel mais très peu employé à la place de *CD-ROM*.

plus forte croissance : au début de 1998 il y avait environ 30 000 « infogroupes », dont les abonnés postaient chaque jour plus de 50 000 messages. C'est sans doute ici plus qu'ailleurs que les nouveaux venus au Net ont l'impression d'entrer dans un monde d'initiés dont l'argot et les acronymes, la « nétiquette »[13] et les « binettes »[14] semblent conçus tout exprès pour éloigner le profane.

Le Minitel et Internet : une coexistence difficile.

Malgré son succès (environ 6,3 millions de terminaux en service dans l'hexagone), le Minitel se trouve depuis quelques années en très mauvaise posture. On se demande régulièrement dans les médias « si l'on peut encore sauver le Minitel », et les commentateurs se divisent sur la politique à suivre : acharnement thérapeutique ? non-intervention ? euthanasie ? L'avenir douteux du Minitel tient évidemment aux avantages du Net :

▲ Un abonnement mensuel auprès d'un fournisseur d'accès Internet coûte 150 francs en moyenne, alors qu'un minitéliste doit payer de 150 à 550 francs *l'heure*.

▲ Les capacités *multimédias* (son, images couleur, vidéo, animation) du Net se développent à vue d'œil, alors que les limitations matérielles du Minitel risquent de le reléguer au placard des curiosités historiques.

▲ Sur le Net on peut envoyer du courrier électronique dans le monde entier pour le prix d'une communication locale.

▲ Internet est le média international par excellence, alors que Télétel, le réseau des services Minitel, est limité pour la plupart à l'hexagone.

▲ La gamme de sites et de services dont disposent les internautes est infiniment plus riche que celle de Télétel.

Pour rester dans la course, le Minitel a fait des efforts pour s'« internétiser » en offrant, par exemple, un service payant de courrier électronique via Internet (Minitelnet). Il existe quelques autres *passerelles*[15] vers le Net, mais l'accès qu'elles donnent coûte cher et reste fort limité.

Le Minitel représente donc, à bien des égards, une télématique dépassée, et c'est là justement le paradoxe. En avance sur le reste du monde dans les années 80, la France a pris aujourd'hui un retard considérable. C'est au Minitel que tenait son avance ; au Minitel que tient son retard. S'étant habitués à leur réseau hexagonal, les Français n'ont pas éprouvé le besoin de se précipiter massivement sur un autre. La France ne compte aujourd'hui qu'environ 500 000 internautes, et elle demeure, parmi les pays industrialisés, l'un des plus sous-équipés en micro-ordinateurs et en modems. Loin de remédier à ce problème, les pouvoirs publics y ont contribué. Ayant investi des sommes énormes dans le développement et la production du Minitel, ils ne tiennent pas à hâter sa mort. Un exemple récent (parmi beaucoup d'autres) : France Télécom a boudé la NetBox, un décodeur capable d'afficher les pages d'Internet sur l'écran d'un téléviseur. Pourquoi ? Parce que cette nouvelle technologie aurait concurrencé l'ancienne. En 1997 la NetBox a été lancée avec succès sur le marché français par une société privée…

161

V O C A B U L A I R E

Sigles

CAO   conception assistée par ordinateur
DAO   dessin assisté par ordinateur
PAO   publication assistée par ordinateur

Lexique français-anglais

base de données (*f.*)   database
bogue (*f.*)   bug
carte mère (*f.*)   motherboard
clavier (*m.*)   keyboard
disque dur (*m.*)   hard disk
disquette (*f.*)   floppy disk
écran (*m.*)   screen
enregistrer   to save
feuille de calcul (*f.*)   spreadsheet
fournisseur d'accès Internet (*m.*)   Internet
   access provider (IAP)
gestion (*f.*)   management
gigaoctet (Go) (*m.*)   gigabyte (GB), i.e., one
   billion bytes
hôte (*m.*)   host; server
imprimante (*f.*)   printer
   imprimante à jet d'encre   ink-jet printer
   imprimante matricielle   dot-matrix printer
informatique (*f.*)   computer science and
   technology
informatisation (*f.*)   computerization
jet d'encre (imprimante à ~) (*m.*)   ink-jet (printer)
lecteur de CD-ROM (*m.*)   CD-ROM drive
lecteur de disquette (*m.*)   floppy disk drive

lien (hypertexte) (*m.*)   link
logiciel (*n.m.* et *adj.*)   software (le ~); program
   (un ~); pertaining to software
matériel (*n.m.* et *adj.*)   hardware
matricielle (imprimante ~) (*adj.*)   dot-matrix
   (printer)
mégaoctet (Mo) (*m.*)   megabyte (MB), i.e., one
   million bytes
micro-édition (*f.*)   desktop publishing
mise en page (*f.*)   page layout
moniteur (*m.*)   screen
navigateur (*m.*)   browser
octet (*m.*)   byte (= *8 bits, enough memory for one
   character*)
ordinateur de bureau (*m.*)   desktop computer
   (as opposed to *laptop*)
page d'accueil (*f.*)   home page
périphérique (*n.m.* et *adj.*)   peripheral
progiciel intégré (*m.*)   integrated software
   package
puce (*f.*)   microchip
réseau (*m.*)   network
sauvegarder   to save
sortie papier (*f.*)   hard copy
souris (*f.*)   mouse
système (d'exploitation) (*m.*)   operating system
tableur (*m.*)   spreadsheet program
télécharger   to download (*a file*)
tirage (*m.*)   hard copy
traitement de texte (*m.*)   word processing
utilitaire (*m.*)   utility

A C T I V I T É S

I.   Traduction

A.   *Français → anglais (version)*

1.   Sans être lui-même un ordinateur, le Minitel vous raccorde à des macro-ordinateurs par le réseau téléphonique.

2.   Il y aura de plus en plus d'internautes français à mesure que la France s'équipera en micro-ordinateurs et en modems.

3.   Les ➡ grapheurs ont besoin d'énormément de mémoire vive.

4.   Au macro-ordinateur a succédé le mini, et au mini le micro. Maintenant il y a des ordinateurs de poche et même des « ardoises électroniques » !

➡ **5.**   Les capacités *multimédias* (son, images couleur, vidéo, animation) du Net se développent à vue d'œil, alors que les limitations matérielles du Minitel risquent de le reléguer au placard des curiosités historiques.

6. L'« interface graphique » du Mac a toujours été l'un de ses principaux atouts, mais à présent les PC se rattrapent en matière de convivialité.

7. On ne pourra jamais se passer de la « sortie papier » ; aussi l'imprimante ne devrait-elle pas être considérée comme un périphérique, mais plutôt comme une partie intégrante de la configuration.

8. « Le Minitel 2 dispose de plusieurs jeux de caractères dont un téléchargeable […] par les serveurs et qui permet des présentations graphiques précises. » (*Minitel 2 : Mode d'emploi Alcatel*)

9. « Faxez aussi par Minitel : 36.15 FAX (2.23F/mn). […] En accès libre par Minitel, il suffit de taper votre texte et d'indiquer le numéro du fax du destinataire. Votre message est immédiatement transmis. » (*Les Pages Minitel 1997*)

10. « Minitelnet : le moyen le plus simple de communiquer sur Internet ! Internet séduit de plus en plus d'utilisateurs dans le monde entier et en France. Si vous ou l'un de vos correspondants ne disposait [*sic*] pas de micro-ordinateur, Minitelnet vous offre la possibilité d'ouvrir une boîte aux lettres (E-mail) sur le réseau Internet, tout simplement avec votre Minitel. » (*36.15 Minitelnet*)

B. *Anglais → français (thème)*

1. Their graduate program's Web site has a home page with several links to other pages.

2. My new Power Mac came with an integrated CD-ROM drive, a 14" screen, an extended keyboard, 1 GB of hard disk space and 16 MB of RAM. Now all I need is a color ink-jet printer.

3. ClarisWorks is an integrated software package with word processing, drawing, painting, speadsheet, and database capabilities. Now all I need is a page layout program.

4. I don't care about "surfing the Net." I want a modem so I can send and receive e-mail.

5. Save this document on a floppy disk. Then give me a hard copy.

6. Install this utility. It'll help you get rid of the bugs.

7. I'm going to buy a computer. Do you recommend a desktop or a laptop?

8. For desktop publishing and graphics, Mac's operating system is definitely superior.

9. Why does it take so long to download these files? Is it my browser, or do I need more memory?

10. Software seems to be evolving faster than hardware these days.

II. Entraînement

1. Qu'est-ce que la bureautique ? la télématique ?

2. Qu'est-ce que le Minitel ? A quels genres de services donne-t-il accès ?

3. Commentez et justifiez l'affirmation suivante : « La micro-informatisation des entreprises aura été […] la grande innovation bureautique des années 90. »

4. Qu'est-ce qu'Internet ? Que faut-il pour s'y connecter ? Quels sont à présent les secteurs d'activités les plus connus et/ou les plus utilisés du Net ?

5. Nous avons affirmé que la clé du succès du World Wide Web réside dans le sigle *http*. Expliquez. Comment marchent les « hyperliens » ? En quoi facilitent-ils la navigation sur le Web ?

III.   Matière à réflexion

 1. Nous avons indiqué plusieurs équivalents proposés par la *Commission ministérielle de terminologie informatique* pour remplacer le franglais qui pullule dans ce domaine. Que pensez-vous de ces efforts en général, et des mots proposés en particulier ? Devrait-on, à votre avis, s'incliner devant l'usage ? Y a-t-il des cas où l'on ait raison d'essayer de changer l'usage, de l'améliorer ? « Améliorer l'usage ? Mais c'est l'usage qui définit la correction linguistique ? Si telle chose se dit, elle peut se dire. — Mais non, mais non. Il y a évidemment un bon et un mauvais usage, et c'est pour les distinguer que l'on enseigne et étudie la langue… » Continuez le dialogue. Puis, pour vous faire une idée de l'étendue du problème — si problème il y a —, offrez-vous un petit voyage en cyberespace « francophone ». Aidez-vous, pour bien démarrer, d'un moteur de recherche, tel que Yahoo! ou Infoseek (qui ont tous les deux un lien pour la France). Pour Yahoo!, essayez :

• http://www.yahoo.fr/Informatique_et_multimedia

Pour Infoseek, commencez à :

• http://www.nomade.fr/infoseek/informatique_telecom

Le *Nouveau Guide Internet*, destiné aux internautes francophones débutants et domicilié à

• http://imaginet.fr/ime

est un bon ouvrage d'initiation au Net, et surtout au français du Net.

 2. Nous avons qualifié de « douteux » l'avenir du Minitel, menacé par Internet. Quels sont les avantages du Net ? Quelle a été l'attitude des pouvoirs publics en France ?

Notes

1. Sur la situation actuelle du Minitel, par rapport notamment à Internet, voir plus loin *Le Minitel et Internet.*
2. Ordinateur individuel, par opposition au *macro-ordinateur* (néologisme récent conçu pour traduire *mainframe*) et au *mini-ordinateur*, de taille et de capacité intermédiaires entre le macro et le micro. (L'ordinateur central d'une entreprise ou établissement était normalement ce qu'on appelle aujourd'hui un mini-ordinateur).
3. Néologisme récent proposé par la *Commission ministérielle de terminologie informatique* pour désigner l'ensemble des techniques servant à constituer des réseaux informatiques.
4. PC est le sigle, employé également en français, de Personal Computer. A l'origine le terme désignait uniquement les micro-ordinateurs d'IBM. Il s'est appliqué par la suite aux « clones » (qu'aujourd'hui on appelle « compatibles »), c'est-à-dire aux ordinateurs dont le *matériel* (voir plus loin) ressemblait suffisamment à celui des PC IBM pour permettre l'utilisation des mêmes *logiciels* (voir plus loin). Aujourd'hui, tout ce qui n'est pas Mac est PC.
5. C'est le terme qui a été élu pour traduire, et qui traduit bien, l'anglais *user-friendly*.
6. Traduction française : *Pour redémarrer, appuyez sur la touche.*
7. Vu de nos yeux : « tapis *souriciel* ».
8. Le mot s'écrit le plus souvent *sans article* dans la presse informatique française (*Science et Vie Micro*, entre autres), et l'omission de l'article est systématique dans les publications de France

Télécom. Cet usage semble se généraliser en France. C'est sous l'influence de l'anglais que l'article apparaît souvent dans les textes rédigés par des Français résidant aux Etats-Unis ou par des internautes français imbus de cyberculture américaine (comme en témoignent de très nombreux sites du Web). L'article se maintient fâcheusement dans les traductions en français de textes rédigés en anglais. Michel Dreyfus, le traducteur de *The Internet for Dummies* (… *pour les Nuls*) essaie (p. 2) de justifier la présence de l'article, mais la plupart de ses compatriotes ne le suivent pas.

9. Un(e) *internaute* est un(e) citoyen(ne) du *cybermonde* (ou bien : du *cyberespace*). Quant à l'étymologie du mot, il réunit sans doute <u>Internet</u> et *cosmo<u>naute</u>* (à moins qu'il ne s'agisse d'une francisation de *inter<u>nut</u>*…).

10. *E-mail* s'écrit et se dit (avec une dizaine de prononciations différentes) presque aussi souvent que *courrier électronique*. Dans certains cas il s'impose comme adjectif — *adresse e-mail*, par exemple —, bien qu'on ait proposé, et qu'on voie de temps en temps : ACE (pour *adresse de courrier électronique*) et *blé* (pour *boîte aux lettres électronique*). La Commission générale de terminologie et de néologie a retenu *mél* (pour *messagerie électronique*) comme abréviation à mettre devant l'adresse électronique (sur le papier à en-tête des administrations, etc.). Cette recommandation a été approuvée par l'Académie française et publiée dans le *Journal officiel* (2.12.1997). Voir à ce propos le site de la Délégation générale à la langue française, à http://www.culture.fr/dglf/garde/htm, rubrique : « Actualités ».

11. Le signe @ s'appelle le plus souvent *arrobas* (ou *arobas*) (*m.*) en français (pas encore accueilli par les dictionnaires généraux) ; parfois *arrobe* (ou *arobe*) (*f.*). L'étymologie est disputée (*arrobe*, mesure espagnole ? déformation d'*à rond bas* ?) L'expression *a commercial* s'entend aussi.

12. Ne pas confondre *page* et *site*. Un site peut être constitué d'une seule page ou de plusieurs pages reliées. Dans le deuxième cas, le visiteur du site trouve d'abord une *page d'accueil*° contenant des hyperliens aux autres pages du site.

13. L'étiquette du Net. Plusieurs sites en expliquent les règles ; l'exposé le plus complet se trouve à : http://www.labri.u-bordeaux.fr/Equipe/ALiENor/membre/chaumett/interkit/netiquette-fr/

14. Petits visages symboliques formés de caractères ; *smileys* ou *emoticons* (« <u>emotional</u> <u>icons</u> ») en anglais. On les appelle aussi *souriards*, mais ce terme ne devrait s'appliquer qu'aux binettes qui… sourient ;-)

15. Terme couramment employé pour traduire *gateway* (logiciel ou matériel servant à convertir des informations d'un format en informations d'un autre format).

165

Compréhension de texte

Internet

Des cyber-ruraux très cultivés

> La Maison du savoir pyrénéenne a fait ses preuves.
> D'autres vont voir le jour.

Lundi, ballade virtuelle parmi les séquoias géants du parc national de Yellowstone, aux Etats-Unis. Mardi, transmission en direct et sur grand écran du *Lac des cygnes*, dirigé par Daniel Barenboïm à l'Opéra de Berlin. Mercredi, cours d'anglais interactif. Jeudi soir, *Titanic*. Vendredi, rencontre sur le Net avec des passionnés du langage des signes… Jolie semaine culturelle!

Grâce à la Maison du savoir, implantée depuis dix-huit mois à Saint-Laurent-de-Neste (Hautes-Pyrénées), au pied du pic du Midi, Micheline, retraitée des impôts, Sylvain, écolier de 10 ans, Annie, chômeuse, ou Michel, fromager, peuvent se former, se distraire, se connecter au monde entier depuis leur village de 950 habitants. Micheline apprend à surfer sur le réseau au sein du club Internet. Sylvain, élève d'une minuscule école de sept enfants, découvre l'Egypte ancienne sur CD-ROM. Annie suit des cours de bureautique pour abandonner la fabrication de foie gras et se reconvertir au secrétariat à distance. Quant à Michel, il a décidé d'informatiser son exploitation et veut figurer sur le site Web de la vallée pour attirer les touristes à sa ferme.

« Mi-salles des fêtes, mi-club informatique, et lieu de formation pour tous, c'est un outil de développement extraordinaire pour un village », explique Josette Durrieu, sénateur PS des Hautes-Pyrénées, qui a bâti cette maison avec le Centre national d'enseignement à distance (Cned) et le soutien de la Commission européenne. Un projet séduisant: trois entreprises de services à distance vont s'implanter à Saint-Laurent-de-Neste dans les mois à venir. « Grâce à la Maison du savoir, elles pourront trouver des salariés au fait des dernières techniques à des tarifs beaucoup plus intéressants que dans les grandes villes », explique Michel Perriault, directeur du laboratoire Industrie de la connaissance du Cned. A Parthenay, à Vienne et à Angoulême, des maisons semblables ouvriront leurs portes à la rentrée prochaine et six autres communes sont intéressées.

AGNÈS BAUMIER

A vous…

1. Qu'est-ce qu'un « cyber-rural »?
2. Comment les habitants de Saint-Laurent-de-Neste se cultivent-ils grâce à Internet?
3. Qu'est-ce qu'une « entreprise de services à distance »? Donnez-en quelques exemples.
4. En quoi Internet sera-t-il utile aux trois entreprises qui vont s'implanter au village?
5. Indiquez *d'après le contexte* ce que signifient les mots et expressions suivants: *faire ses preuves, informatiser, au fait de.*

L'Express du 21.05.1998.
©1998 *L'Express*.

A chacun son site Web

Il suffit pour cela de connecter une « Web-box » sur votre micro et sur le réseau téléphonique… et de suivre les instructions.

« Lancez votre affaire sur Internet en trente minutes… ou moins »: c'est le slogan radical de la société californienne Encanto (www.encanto.com), qui commercialise « e.go », ce que les spécialistes appellent une « Web-box ». La Web-box? Une simple boîte, semblable aux unités centrales des micro-ordinateurs, qui rassemble tout le nécessaire pour ouvrir un site Internet et le lancer sur le Web: serveur, logiciels, protection électronique, adresses e-mail…

La création d'un site Web était jusqu'ici réservée à des professionnels ou, à tout le moins, à des amateurs très éclairés. Avec la Web-box, elle va être accessible aux non-initiés: il suffit de connecter la « boîte à Web » à son micro-ordinateur et au réseau téléphonique. Et ensuite de suivre les instructions.

La procédure s'effectue simplement à travers le logiciel de navigation sur Internet. L'utilisateur ouvre un compte chez un fournisseur d'accès, choisit son nom de domaine, l'adresse de son site et de ses boîtes aux lettres. Il peut également piocher parmi la trentaine de modèles proposés ou importer lui-même ses propres images et personnaliser son service.

Le tout pour… 995 dollars (environ 6 000 francs) aux Etats-Unis. Et pour 300 dollars de plus Encanto propose une solution pour faire du commerce sur le Web avec paiement en ligne sécurisé. Premières visées: les PME, bien sûr, qui vont trouver là un outil pour être présentes et faire du commerce sur Internet pour un investissement raisonnable, mais aussi les associations, les collectivités locales, voire des particuliers passionnés… Déjà des cycles et des séjours sportifs sont commercialisés en ligne grâce à ce système.

La Web-box e.go sera disponible en France à partir du mois de juillet. D'autres sociétés high-tech, comme FreeGate et surtout Whistle, avec son Interjet (1 995 dollars), se sont lancées sur cet alléchant créneau, mais elles n'ont pour l'instant pas annoncé de date de lancement en Europe. ————

PIERRE-YVES LAUTROU

A vous…

1. Qu'est-ce qu'une « Web-box »?
2. En quoi va-t-elle faciliter la création de sites Web?
3. Comment fonctionne-t-elle?
4. En quoi la Web-box va-t-elle contribuer au développement du commerce en ligne ?
5. Indiquez *d'après le contexte* ce que signifient les mots et expressions suivants: *non-initié, piocher, voire, visée, créneau.*

L'Express du 28.05.1998.
©1998 *L'Express.*

Epilogue

**Dimanche, le 17 mai 1998, vers six heures du soir,
dans l'atelier de BanniBug, avenue Béranger.**

Jason, Thierry et Céline avaient passé la journée à *faire le bilan*, dans tous les sens du terme. Il s'agissait maintenant de célébrer. En grande pompe, ils sortirent du placard un Château Margaux 1978, acheté la veille pour l'occasion. Ils pouvaient bien s'offrir le meilleur millésime, car le succès de BanniBug allait loin au-delà des prévisions les plus optimistes : un carnet de commandes bien rempli, avec, en perspective pour le prochain exercice, un chiffre d'affaires d'environ 1 100 000 francs, dont au moins 23 % de résultat net.

Ils ouvrirent la bouteille, se firent livrer une pizza, et, tout en mangeant, parlèrent de l'avenir. Marc et Gilles étaient débordés : il fallait embaucher bientôt. D'ailleurs, selon les supputations de Céline, le marché à Tours serait saturé à 70 % avant la fin de l'été. Le moment

Naissance d'un nouveau projet : Céline expose son idée d'un « gîte haut de gamme ».

était venu d'envisager une expansion sur Blois, et peut-être même de monter une succursale à Orléans…

Vers huit heures, le repas terminé et la bouteille presque vidée, la conversation commençait à languir. Jason semblait avoir l'esprit ailleurs.

— Alors, qu'est-ce qu'on fait maintenant ? demanda Céline.

A ces mots Jason et Thierry se regardèrent, unis dans le souvenir d'une après-midi lointaine, à Bowling Green. Et cette fois, comme un an auparavant, Jason préféra donner aux mots un sens existentiel.

— Bonne question, dit-il, l'air pensif.

— Alors, tu accouches ? demanda Thierry. Pourquoi cette mine lugubre ?

Jason saisit le prétexte pour passer aux aveux. Ils avaient relevé, certes, un défi formidable. Il s'en réjouissait ; il en était fier. Et cependant, depuis quelques semaines, il se sentait l'obscur besoin de *faire autre chose, quelque chose de tout à fait différent.*

— « On aime mieux la chasse que la prise, » conclut-il. Qui a dit ça ? Il parlait pour moi.

Céline se rappelait, en écoutant Jason, les « études de cas » qu'elle avait réalisés à Sup de Co, dans l'option « entrepreneuriat ».

— Le cas qui m'a le plus frappée, expliqua-t-elle, a été celui d'un milliardaire américain. C'était le type même du *self-made man*, parti de rien, et qui finit l'un des hommes les plus riches du monde. Vers la fin de sa vie il a confié à un journaliste que l'envie lui venait, par moments, de renoncer entièrement à sa fortune, de tout recommencer, de repartir à zéro, « pour éprouver à nouveau la joie de créer des richesses ». Ça m'a fait une espèce de déclic. C'est alors, et alors seulement, que j'ai compris ce que c'est vraiment que l'*esprit d'entreprise*, ce vouloir-faire qu'on essaie de nous inculquer dans nos écoles de commerce, et qui semble si naturel outre-Atlantique.

— Oui, mais… à *zéro* ? s'inquiéta Thierry. D'ailleurs… qu'est-ce qu'on pourrait faire ?

Là-dessus, Jason énuméra plusieurs idées dont aucune n'enthousiasma les deux autres.

Thierry eût souhaité ouvrir au centre-ville une « micro-brasserie ».

— La formule marche très fort aux Etats-Unis, assura-t-il.

Puis, se souvenant de ses fringales inassouvies de pain frais à Bowling Green, il proposa d'y retourner pour ouvrir, à deux portes de Grounds for Thought™, une boulangerie « à la française ».

— Nous pourrions l'appeler The Daily Bread, suggéra-t-il. Je suis sûr que ça ferait un tabac.

— Sans doute, dit Céline, mais moi, j'ai une autre idée. J'y pense depuis quelque temps, et le moment est peut-être venu de vous en parler.

Son grand-père possédait un domaine au fin fond de l'Auvergne : un vieux manoir et plusieurs dépendances, entourés d'une cinquantaine d'hectares.

— J'y passais l'été quand j'étais gosse, et j'en garde un souvenir parfaitement enchanté. Y avait des bois, des puys, des gorges caillouteuses, toutes sortes de bêtes (mon grand-père jure même d'y avoir vu des loups) — c'était complètement sauvage, quoi. Et les bâtiments ! La cheminée du logis était si grande qu'on pouvait s'y asseoir. Seulement, ça tombe en ruine. Grand-Père lui-même n'y va plus depuis quelques années, tellement c'est délabré. Il me céderait volontiers le tout — il me l'a proposé plusieurs fois —, mais à condition que je m'en occupe. Eh bien, mon idée, c'est d'accepter son offre, et de faire du domaine une espèce de gîte haut de gamme pour estivants à la recherche d'une formule inédite. Ce serait le mariage de l'*outdoor* et du *New Age*, du corps et de l'esprit. Varappe et vélo tout terrain, randonnées équestres et pédestres, mais repos aussi, et détente, et séances de méditation. Ateliers d'initiation aux arts décoratifs, cours de tapisserie et de calligraphie, de mosaïque et de céramique, d'horticulture et de peinture sur faïence. Cuisine régionale, produits du terroir, dégustations, rôtissages en plein air... bref, tout ce qu'on n'aurait pas eu le temps de faire jusqu'alors, dans l'année ou *dans sa vie*. Il faudrait tout remettre en état, manoir et dépendances. Cela ferait, je crois, une dizaine de studios ou d'apparts. Puis il faudrait installer une piscine, aménager une salle de gym, stocker la cave et la garenne, trouver des chevaux, débroussailler un peu les sentiers, embaucher des tas de gens : un chef, des moniteurs, des...

— Cela coûterait..., coupa Jason.

— Une petite fortune, acheva Céline. Je le sais. Mais si Marc et Gilles vous rachetaient la boîte ? Ils sauteraient sur l'occasion, et après les bénéfices des derniers mois, ils obtiendraient sans problème le crédit nécessaire. Augmentée de vos économies, cette somme suffirait. Votre argent, investi dans mon domaine, en ferait une mine d'or. Qu'en dites-vous ?

— Il faudrait tarifer cela au prix fort, observa Thierry, pour amortir l'investissement.

— Assurément, confirma Céline. Une clientèle triée sur le volet, aisée mais un peu blasée, qui en ait marre des destinations classiques.

Jason et Thierry se regardèrent, sans mot dire. Céline, les croyant réticents, s'empressa d'ajouter :

— Je saurais vendre ça, croyez-moi.

Ni Jason ni Thierry n'avait le moindre doute là-dessus, leur décision étant déjà prise. Thierry prit alors un air dubitatif, et sur un ton faussement sérieux :

— Eh bien, mon vieux, qu'en dis-tu ? Est-ce que la vie d'un hobereau te plairait ?

— On verra bien.

— Chouette alors ! s'exclama Céline.

Ils trinquèrent solonnellement, en signe d'accord et en gage d'amitié.

Une heure plus tard la question du statut juridique était réglée. Ce serait une SARL dont Céline, vu l'importance de son apport en nature, détiendrait 50 % des parts ; l'autre moitié serait partagée également entre les deux compères.

C'est alors qu'ils abordèrent la question du nom. « Voyons... Faudrait souligner le côté "écarté, loin de tout"... Mais avec tous les conforts... "Luxe, calme et volupté"!... C'est ça... De quoi attirer le client évolué... Mais stressé... Ayant besoin de se détendre... De se ressourcer... De "retourner à la nature"... Ou du moins au naturel… Mais sans les inconvénients… Comme Marie-Antoinette jouant à la bergère au Hameau… Tout à fait… C'est Rousseau qu'elle suivait, non ?… Rousseau… Oui… »

Un moment de silence. Puis, tous ensemble :

— L'Ermitage !

Le nom s'imposa tout de suite comme le seul possible.

Le reste devait s'avérer moins facile. Ils avaient sous-estimé les coûts de rénovation, et il faudrait, d'après les devis préliminaires, étaler sur trois ans les travaux.

Mais en octobre survint ce que Céline appelle son « coup de pot ». Un bruit curieux circula — elle jure de n'y être pour rien —, selon lequel une bande de loups vivait sur la propriété. Un porte-parole du Ministère de l'Aménagement du Territoire et de l'Environnement dut se précipiter sur place pour rassurer les éleveurs locaux : « Nous pouvons donc nier, catégoriquement, la présence de *canis lupus* dans la région. Il n'y en a plus d'ailleurs depuis un bon siècle. » Seulement, de cette présence officiellement niée, Céline prétendait avoir la « preuve photographique » (obtenue avec l'aimable concours du grand-père). En novembre la photo fit la une de *La Voix de l'Auvergne*, avant de paraître, quelques jours plus tard, dans les pages du *Figaro*. Ainsi naissent les légendes.

Depuis lors « les loups de l'Ermitage » font beaucoup parler d'eux. Le domaine accueillera en juin 1999 ses premiers hôtes. Les travaux ne seront terminés alors que dans cinq appartements — tous réservés, avec une liste d'attente. L'affaire est à suivre.

Eléments de vocabulaire économique

Les termes économiques définis dans les modules relèvent, pour la plupart, de ce qu'on appelle depuis quelques années « l'économie d'entreprise ». Cet appendice regroupe une vingtaine de notions d'*économie générale* dont une connaissance nous a semblé importante. Les termes retenus sont de ceux qui, pour des raisons conjoncturelles ayant trait notamment à la construction européenne, reviennent le plus souvent dans les rubriques économiques de la presse générale. Les voici, présentés dans l'ordre alphabétique. Les chiffres entre crochets renvoient aux questions-réponses ci-dessous.

Consommation intermédiaire [11] — **contrôle (fiscal) [9]** — **déficit public [12]** — **déflation [10]** — **désinflation [10]** — **dette publique [12]** — **Etat (-gendarme, -providence) [1]** — **impôt (direct et indirect) [2-9]** — **inflation [10]** — **libéralisme [1]** — **monnaie (fiduciaire et scripturale) [13]** — **produit intérieur brut (PIB) [11-12]** — **prélèvement à la source [4]** — **produit national brut (PNB) [11]** — **progressivité (de l'impôt) [5]** — **récession [12]** — **redressement (fiscal) [9]** — **stagflation [10]** — **taxe [2-3, 6-8]** — **TVA [7]** — **valeur ajoutée [11].**

De nombreux termes se rapportant aux notions clés sont définis dans les notes. En voici la liste alphabétique. Les chiffres entre crochets renvoient aux notes en fin d'appendice.

Abattement [6] — **agent économique [19]** — **agrégat [21]** — **assiette [7]** — **chômage (taux de) [17]** — **chômeur [17]** — **contribuable [5]** — **cotisation sociale [2]** — **dégrèvement [6]** — **exonération [6]** — **fisc (fiscal, fiscalité) [8]** — **foncier [12]** — **imposer (imposable, imposition) [3]** — **monétique [22]** — **perception (percepteur, percevoir) [4]** — **population active [17]** — **recouvrer (recouvrement) [4]** — **revenu disponible [16]** — **tranche d'imposition [10]** — **valeur locative [13].**

1. Vous avez écrit (p. 119) qu'en économie politique, *libéralisme* et *liberalism* sont « les plus perfides de tous les faux amis ». Veuillez vous expliquer.

Généralement, les couples franco-américains en *ism(e)* sont bien assortis, mais il y a entre *libéralisme* et *liberalism* une mésentente presque totale.

Selon le *Robert*, la doctrine du libéralisme préconise « la libre entreprise, la libre concurrence et le libre jeu des initiatives individuelles ». Il ajoute que « le libéralisme s'oppose à l'intervention de l'Etat » dans l'économie. Or le *liberalism* américain se caractérise, et se caractérise *essentiellement*, par une telle intervention. De là, malentendus et contresens de côté et d'autre de l'Atlantique. (L'envoyé spécial à Washington d'un journal parisien s'étonne que les sénateurs « conservateurs » accueillent froidement les idées « libérales » d'un Ted Kennedy… Un observateur américain, perplexe devant le « paradoxical patchwork of French politics », ne s'explique pas qu'Alain Madelin, une grande figure de la droite française, soit qualifié par toute la presse d'« ultra-liberal »…)

Le libéralisme contemporain provient des courants classique et néoclassique des XVIIIe et XIXe siècles. Pour Smith, Ricardo, Menger et d'autres, l'Etat doit se limiter à ses fonctions primordiales: défense du pays, protection des individus, maintien d'une infrastructure. En dehors de ce minimum il doit strictement *laisser faire*. On parle à ce propos de « l'Etat-gendarme[1] ».

A l'Etat-gendarme s'oppose et se substitue au cours du XXe siècle « l'Etat-providence ». L'expression se fonde sur un parallèle entre l'intervention étatique dans l'économie et l'intervention divine dans les affaires humaines. Si la notion d'un Etat interventionniste et *redistributeur* remonte aux penseurs socialistes du XIXe siècle (Saint-Simon, Blanc, Marx…), ce sont surtout les idées de J. M. Keynes, élaborées pendant la crise économique des années 30, qui ont inspiré à partir de 1946 les architectes de l'Etat-providence.

L'opposition de ces deux conceptions de l'Etat domine aujourd'hui la discussion politico-économique en France. « Faut-il plus ou moins d'Etat ? » — voilà certainement une des interrogations centrales de l'époque. Nombre de questions en apparence éloignées s'y rapportent en réalité, directement ou indirectement, de près ou de loin. Citons en exemple le débat sur la nouvelle monnaie européenne : le sentiment anti-euro traduisait en partie une opposition aux mesures libérales rendues nécessaires par les critères d'adhésion (voir l'Appendice B).

Depuis les années 80 on assiste à une remise en cause de la conception de l'Etat-providence, non pas en faveur de l'Etat-gendarme — auquel il ne peut pas être question de revenir —, mais à un Etat… disons… moins « providentiel ». Les thèses libérales ont aujourd'hui le vent en poupe, comme en témoigne, parmi bien d'autres choses, le programme de privatisations qui se poursuit *sous un gouvernement socialiste*. Face aux nécessités de la concurrence mondiale, l'Etat continue à se désengager : moins de régulation, moins de réglementation, moins… d'Etat. Il est même question de baisser impôts et taxes.

2. Vous venez d'évoquer les « impôts et taxes ». Qu'est-ce précisément qui distingue ces deux catégories ?

Rien ne permet de les distinguer *précisément*. Le terme d'*impôt* étant le plus général des deux, commençons par le définir. Un impôt est un versement obligatoire effectué sans contrepartie déterminée[2] au profit de l'Etat ou d'une collectivité locale. L'usage et la tradition veulent qu'on appelle *taxes* certains impôts, mais il n'existe aucune définition officielle d'une catégorie d'impôts qui serait celle des taxes.

3. Mais j'avais lu quelque part qu'une *taxe* est un impôt « indirect ». Ce n'est pas vrai ?

Pas toujours, comme on verra tout à l'heure. Si de nombreux impôts indirects sont qualifiés de *taxes*, on appelle également ainsi certains impôts directs. Mais avant d'expliquer ces mots *direct* et *indirect*, il convient d'établir une autre classification des impôts, basée sur la ressource qu'ils frappent. Distinguons donc, selon la nature de la « matière » imposée[3], 1° les impôts sur le revenu, 2° les impôts sur la consommation, et 3° les impôts sur le capital.

Parlons d'abord des impôts sur le revenu, qui se divisent à leur tour en deux catégories : l'impôt sur le revenu des personnes physiques (IRPP), et l'impôt sur les sociétés (IS). Ces impôts sont *directs* (pour revenir à votre distinction), ce qui veut dire qu'ils sont recouvrés[4] au moyen d'une liste, appelée *rôle d'impôts,* où figurent les noms des contribuables[5] avec mention du montant de leur impôt. Ainsi, la personne (physique ou morale) soumise à l'impôt est aussi celle qui en effectue le versement.

4. Je sais que l'IS frappe les bénéfices annuels réalisés par une société, tout comme aux Etats-Unis. Mais comment l'IRPP fonctionne-t-il en France ?

Il y a des ressemblances et des différences entre le *personal income tax* américain et l'IRPP français. Comme aux Etats-Unis, l'IRPP frappe le revenu *net* et *global*. Le revenu *net* est celui qui reste quand on a déduit du revenu brut les frais professionnels, les abattements[6] spéciaux et les autres charges prévues par la loi. Le revenu *global* est la somme des revenus provenant des différentes catégories dont voici les principales : les salaires ; les bénéfices industriels et commerciaux (réalisés par les entrepreneurs individuels et les associés de sociétés de personnes) ; les bénéfices agricoles ; les bénéfices non-commerciaux (pour les professions libérales) ; les revenus mobiliers (intérêts et dividendes provenant de valeurs mobilières) ; les revenus fonciers (provenant de la location de biens immeubles) ; les plus-values (*capital gains*). Le revenu imposable, appelé *assiette*[7], est donc la somme des revenus « catégoriels » nets.

Le contribuable reçoit au mois de janvier un formulaire appelé *déclaration de revenus* qu'il doit remplir et renvoyer au fisc[8] avant le 1er mars. Sur la base des renseignements fournis dans la déclaration, le fisc calcule le montant de l'impôt dû et le notifie au contribuable par l'envoi d'un *avis d'imposition*.

Quant aux modalités de paiement, la France fait exception parmi les pays industrialisés. Aux Etats-Unis et dans tous les autres pays de l'Union européenne, on pratique la méthode du *prélèvement à la source*. Cela veut dire que le paiement y est le fait d'un tiers, la « partie versante » étant, non pas le contribuable (s'il est salarié), mais son employeur. Celui-ci se charge de prélever l'impôt sur le revenu du salarié et de le transmettre ensuite au fisc. En France, par contre, c'est le contribuable lui-même qui paie ses impôts, généralement en trois versements. Les deux premiers, effectués en février et en mars, s'appellent *tiers provisionnels* parce que chacun est égal au tiers de l'impôt de l'année précédente. Le troisième versement règle le solde à la fin de l'année[9].

Autre point commun aux systèmes fiscaux français et américain: la *progressivité* de l'impôt sur le revenu…

5. Je crois comprendre cette notion, sur laquelle je peux citer le *Petit Robert* : « *Progressivité de l'impôt sur le revenu*, dont le montant s'élève en même temps que celui de la matière imposable [revenu] ». Ce qui revient à dire, si je ne me trompe, que *plus on gagne, plus on paie d'impôts*. C'est bien cela ?

Non, ce n'est pas cela. Le *Robert* se trompe ici, et son erreur est instructive. Ce n'est pas seulement le montant mais aussi et surtout le *taux* d'un impôt progressif qui s'élève en même temps que le revenu. (On appelle *taux* le pourcentage appliqué au revenu imposable afin d'obtenir le montant de l'impôt dû.)

Imaginons d'abord le cas d'un impôt *à taux constant*, comme celui que Steve Forbes aimerait voir instaurer aux Etats-Unis (son fameux *flat-rate income tax*). Si le taux était fixé à, mettons, 17 %, Jules, qui gagne 100 000 dollars imposables, paierait 17 000 dollars d'impôts, alors que Jim, qui gagne exactement deux fois plus, paierait 34 000 dollars. Il s'agirait d'un impôt *proportionnel* (qui varie proportionnellement au revenu).

Imaginons maintenant que Jules et Jim quittent leur paradis fiscal pour s'installer en France. Jim y paiera non seulement plus d'impôts que Jules — cela va sans dire —, mais plus que le double, puisque son revenu sera imposé au taux supérieur de sa *tranche d'imposition*[10].

Les taux d'imposition les plus élevés aux Etats-Unis et en France sont respectivement de 28 % et de 56 %. La progressivité de l'impôt vise à redistribuer les richesses de la nation et à réduire les écarts de revenus.

6. Les impôts sur le revenu sont *directs*, dites-vous, parce que « la personne soumise à l'impôt est aussi celle qui en effectue le versement ». Qu'en est-il donc des impôts de votre deuxième catégorie : ceux qui frappent la dépense ?

Ils sont *indirects*, c'est-à-dire *payés indirectement* par un tiers. C'est l'entreprise qui sert d'intermédiaire entre le consommateur et le fisc : elle collecte les impôts en les ajoutant à ses prix, pour les verser ensuite au fisc. En tant que « partie versante », l'entreprise est directement redevable du montant des impôts, mais c'est le consommateur qui en supporte tout le poids en payant les prix majorés.

Les Français ont une forte préférence pour les impôts indirects, lesquels procurent les deux tiers des recettes fiscales de l'Etat. (A titre de comparaison, l'IRPP procure 22 %.) Un exemple bien connu — et qui explique que l'essence soit environ *quatre fois* plus chère en France qu'aux Etats-Unis — est la *taxe intérieure sur les produits pétroliers* (TIPP). Mais l'impôt indirect de loin le plus important, celui qui représente, à lui seul, près de la moitié des recettes fiscales, est la TVA.

7. Qu'est-ce que la TVA?

La taxe sur la valeur ajoutée est un impôt sur la consommation. Ce qu'il y a de plus approchant aux Etats-Unis est la *taxe sur les ventes au détail* (*retail sales tax*), mais les différences sont importantes. La taxe américaine est perçue *une seule fois*, lors de la vente au détail, et son montant est calculé sur la valeur *globale* du produit à ce moment-là. La TVA est perçue à *chaque étape* de la vie économique du produit ; par contre, elle s'applique, non pas à la valeur globale du produit, mais à l'*augmentation* de sa valeur — la « valeur ajoutée » — aux différentes étapes de sa fabrication et de sa commercialisation. La plupart des biens et des services sont imposés au taux normal de 20,6 % (l'un des taux les plus élevés d'Europe). Un taux réduit de 5,5 % s'applique aux « produits de première nécessité » (alimentaires, pour la plupart) et aux livres.

Contrairement à l'IRPP, dont la progressivité défavorise les riches, la TVA tendrait plutôt à les favoriser. « La TVA est considérée comme socialement injuste », écrit Laurence Ville, « car cet impôt proportionnel sur la dépense frappe tous les ménages, quel que soit leur revenu. Elle pénalise relativement plus les foyers modestes que les riches, qui épargnent davantage et échappent ainsi à une taxe sur la consommation[11].» On ne peut pas en dire autant des impôts sur le capital…

8. J'allais justement vous demander d'expliquer votre troisième catégorie. Quels sont les différents « impôts sur le capital » ?

Il s'agit, en général, de tous les impôts qui frappent ce que l'on possède (le patrimoine), par opposition à ce que l'on gagne (le revenu).

Un patrimoine peut être imposé soit à l'occasion de sa *transmission* (par succession ou donation), soit du simple fait de sa *détention*. Citons en exemple du second cas l'*impôt de solidarité sur la fortune* (ISF), créé en 1989, qui taxe les patrimoines dont la valeur dépasse 4,5 millions de francs. Le taux de l'ISF est progressif et plafonne à 1,5 %.

Il a été question jusqu'ici d'impôts de l'Etat. D'autres impôts sont perçus au bénéfice des collectivités locales (communes, départements et régions). Ce sont les *impôts locaux*, dont la plupart se rangent parmi les impôts sur le capital. En voici les principaux : 1° la *taxe foncière*[12], payée par tout propriétaire d'un terrain nu ou bâti ; 2° la *taxe d'habitation*, payée par tout occupant (propriétaire ou locataire) d'un logement ; et 3° la *taxe professionnelle*, payée par toute personne dont l'activité professionnelle n'est pas salariée (exception faite des agriculteurs). Il s'agit dans les trois cas d'*impôts directs* dont le montant est calculé sur la valeur locative[13] de la propriété imposée.

9. Une dernière question sur les impôts. J'ai lu dernièrement que l'évasion fiscale est proportionnellement plus répandue en France qu'aux Etats-Unis. Quelles procédures sont déclenchées à l'endroit du contribuable soupçonné ?

Attention à ce terme d'*évasion* — encore un faux ami —, qui désigne tout acte ayant pour but ou résultat de payer moins d'impôts, *sans que (la lettre de) la loi soit violée.* Il s'agit effectivement d'une activité répandue… et légitime. Ce qui l'est moins, c'est la *fraude fiscale*, définie comme « une infraction à la loi commise dans le but d'échapper à l'imposition ou d'en réduire le montant »[14].

Si la Direction générale des impôts (DGI), l'équivalent de l'IRS américain, soupçonne un contribuable d'avoir franchi la ligne entre l'évasion et la fraude, elle procédera à un *contrôle*, d'abord interne (à partir des documents dont elle dispose déjà), ensuite externe (sur place), s'il en est besoin.

A ce stade de l'enquête (contrôle externe), il s'agit soit d'une *vérification de comptabilité* (pour les entreprises), soit d'un *examen contradictoire d'ensemble de la situation fiscale personnelle* (pour les particuliers). Ce dernier a remplacé récemment la *vérification approfondie de situation fiscale d'ensemble.* S'il y a une nuance entre l'ancienne procédure et la nouvelle, elle échappera sans doute au contribuable ciblé qui risque de se voir infliger un *redressement fiscal*, c'est-à-dire une « rectification » dans le sens d'un rehaussement de son impôt, assorti d'intérêts de retard et de pénalités fiscales.

Pour ce qui est de la chasse aux fraudeurs, on voit que les choses se passent en France à peu près comme aux Etats-Unis[15].

177

10. Pour réduire la fraude fiscale, un moyen infaillible serait de réduire la *pression* fiscale. Ce qui me ramène à l'idée qui a ouvert cette longue parenthèse : si *moins d'Etat* se traduisait par *moins d'impôts*, quels en seraient les effets ?

Ils seraient globalement stimulateurs. Une réduction de l'impôt sur les sociétés, par exemple, favoriserait l'investissement, la production et l'embauche. Si l'impôt sur le revenu baissait, le revenu disponible[16] des ménages augmenterait, ce qui stimulerait la demande et la consommation. (En général, plus on a d'argent, plus on dépense.) Idem pour une baisse de la TVA. Mais la demande accrue pourrait être inflationniste…

J'ouvre ici une petite parenthèse sur l'*inflation*, définie comme *une hausse générale et prolongée des prix.* Les économistes ajoutent parfois, pour distinguer l'inflation réelle d'une série de hausses ponctuelles et isolées, que le processus doit suivre une logique de propagation « auto-entretenue » (une hausse particulière entraîne d'autres hausses, selon la fameuse « spirale inflationniste »).

L'inflation se mesure d'après *l'indice des prix à la consommation* (*consumer price index*) de l'INSEE ; elle peut être rampante (très modérée), galopante (très forte), à deux chiffres, etc. Lorsqu'elle s'accompagne d'un taux élevé de chômage[17], on parle de *stagflation* (stagnation plus inflation).

Le contraire de l'inflation est la *déflation* (baisse générale et prolongée des prix), à ne pas confondre avec la *désinflation* (baisse du taux d'inflation).

Pour revenir au rapport de l'impôt au taux d'inflation, on considère généralement qu'ils varient inversement : une baisse de l'un entraîne une hausse de l'autre. Mais une baisse de la TVA serait en elle-même anti-inflationniste ! On le voit : rien n'est simple en économie.

Quoi qu'il en soit, tout le monde, ou presque, convient qu'il serait souhaitable d'alléger le poids des prélèvements obligatoires (comprenant impôts et cotisations sociales), lesquels s'élèvent actuellement à *44 % du PIB*[18].

11. Qu'est-ce que le PIB ?

Le *produit intérieur brut* (PIB) est un des indicateurs les plus importants de la richesse d'une économie. Il représente la valeur des biens et des services produits par les agents économiques[19] résidents (c'est-à-dire résidant sur le territoire national) au cours d'une année.

Ces agents, notons-le bien, peuvent être français ou étrangers, et c'est en cela que le PIB diffère du PNB (*produit national brut*). Ce dernier comptabilise la valeur des biens et des services produits soit sur le territoire national *soit à l'étranger* pendant une année, mais uniquement par les agents économiques *français*[20].

Ici une précision s'impose. Nous venons de parler vaguement de « la valeur des biens et des services produits ». Pour obtenir cette valeur au niveau de la nation, il faut additionner les contributions individuelles de chaque agent. La contribution d'un agent se mesure-t-elle alors à son chiffre d'affaires ? Certainement pas, car l'agent est loin d'avoir créé toute la valeur de sa production.

Considérons l'exemple d'un fabriquant de moustiquaires dont la production annuelle vaut 1 000 000 de francs. Ce chiffre est très supérieur à l'apport réel de l'entreprise, dont la production totale incorpore la valeur des matières premières et des produits semi-finis (bois, toile, PVC, etc.) utilisés dans la fabrication du produit fini. Afin d'éviter les doubles comptabilisations, le PIB tient compte donc, non pas de la production totale de l'agent, mais de sa *contribution propre* — sa « valeur ajoutée ». On appelle ainsi la différence entre la valeur d'une production et la valeur des *consommations intermédiaires* (biens consommés au cours de la production). Le PIB est donc la somme des valeurs ajoutées par tous les agents économiques résidents pendant une année.

12. A quoi sert le PIB ?

Le PIB est le plus important des agrégats[21] économiques, car il permet de concrétiser et de chiffrer les notions vagues de *croissance*, *reprise* et *récession*. Cette dernière, par exemple, existe « officiellement » si le PIB baisse, en francs (dollars, etc.) *constants*, pendant trois trimestres consécutifs. La notion de *PIB par habitant* permet d'apprécier — de façon inexacte, il est vrai — le degré de développement d'un pays, ainsi que le niveau de vie, le revenu moyen et le bien-être général de ses habitants.

C'est également au PIB que font référence certains des critères d'admission au « club de l'euro » définis dans le traité de Maastricht (voir l'Appendice B). L'un d'entre eux limite le déficit public à 3 %, et un autre, la dette publique à 60 % du PIB. Il y a un *déficit public* quand les dépenses de l'Etat sont supérieures à ses recettes. La *dette publique* comprend notamment les emprunts d'Etat sous forme d'obligations. La France, avec un déficit légèrement supérieur à 3 % et un ratio dette/PIB d'environ 57,3 % au moment de la sélection finale (mai 1998), s'est qualifiée de justesse, en bénéficiant de l'indulgence du jury.

13. En plus du PIB et du PNB, j'ai entendu parler d'« agrégats monétaires ». De quoi s'agit-il ?

Il y a en effet plusieurs agrégats monétaires, dont le plus important est la « masse monétaire » au sens strict, c'est-à-dire *la monnaie*. On sait évidemment « ce que c'est », mais l'INSEE nous en fournit la définition officielle: *la monnaie est consti-tuée par l'ensemble des moyens de paiement immédiatement utilisables.*

En France et aux Etats-Unis, comme dans l'ensemble des pays industrialisés, la monnaie se présente sous deux formes :

▲ Les billets et les pièces, appelés *monnaie fiduciaire* (du latin *fiducia*, « con-fiance ») parce qu'à l'origine leur valeur se fondait sur la confiance accordée à l'organe émetteur (la banque centrale).

▲ Les comptes de dépôt *à vue* (ainsi appelés parce que le titulaire peut retirer son argent quand il le souhaite et sans coût). Cette forme de monnaie n'a aucune existence matérielle : elle ne passe pas « de la main à la main » mais d'un compte à l'autre, et ce, par simple « écriture » (manuelle ou électronique). Aussi parle-t-on dans ce cas de *monnaie scripturale.*

On confond souvent la monnaie scripturale et les différentes techniques qui en permettent la circulation : le chèque, le virement et la carte de paiement. Ces derniers *donnent accès* à la monnaie scripturale, mais ils ne constituent pas eux-mêmes de la monnaie.

La monnaie scripturale occupe une place prépondérante dans les économies développées, grâce en grande partie à la monétique[22]. A titre d'exemple, la monnaie scripturale constituait 85 % de la masse monétaire en France avant l'adoption de l'euro.

« Avant l'adoption de l'euro… », car la situation a quelque peu changé depuis le 1er janvier 1999. La nouvelle monnaie officielle et unique doit se contenter pour l'instant d'une existence purement scripturale, alors que le « bon vieux franc » restera jusqu'en 2002 la seule monnaie fiduciaire ! Un tel déphasage entre monnaies scripturale et fiduciaire est sans précédent, et c'est sans doute avec soulagement qu'en sera accueillie la fin.

En attendant, le moment est peut-être venu de faire connaissance avec la nou-velle monnaie européenne…

Notes

1. Encore un faux ami, puisque l'anglais *police state* signifie *Etat totalitaire.*
2. Sans recevoir en retour une prestation sociale déterminée (ou le droit à une telle prestation). Cette condition permet de distinguer les impôts des prélèvements obligatoires de la Sécurité sociale (les *cotisations sociales*).
3. *Imposer* : soumettre à un impôt. Mots apparentés : *imposition, imposable.*
4. *Recouvrer* (à ne pas confondre avec *recouvrir*) : recevoir le paiement d'une somme due (anglais : *to collect*). Substantif : *recouvrement.* On dit aussi dans ce sens : *percevoir* (le *percepteur* étant celui qui s'occupe de la *perception* des impôts).
5. *Contribuable* : personne soumise au paiement d'un impôt. Dans ce sens le mot date de la Révolution. Les révolutionnaires, qui ne voulaient *imposer* personne (cela sentait l'Ancien Régime), ont remplacé les vieux impôts par des « contributions ». (Elles n'en étaient pas moins obligatoires.)
6. *Abattement* : partie du revenu exemptée de l'impôt. *Abattement général* ou *forfaitaire* (anglais : *standard deduction*). Dans le même ordre d'idées : *déduction* ; *exonération* (anglais : *exemption*) ; *dégrèvement* (anglais : *tax cut or relief*).
7. Le terme d'*assiette* désigne proprement le *calcul* du revenu imposable, et par extension ce revenu lui-même.
8. Le *fisc* est l'ensemble des administrations chargées du calcul et du recouvrement des impôts. Mots apparentés : *fiscal ; fiscalité* (ensemble des lois et mesures relatives au fisc).
9. Le contribuable français peut opter pour une mensualisation de ses versements, auquel cas le paiement se fait par prélèvement automatique sur son compte bancaire pendant dix mois

(janvier-octobre). Chaque versement est égal au dixième de l'impôt payé l'année précédente ; le solde, s'il y en a un, est réglé en fin d'année. Il ne s'agit pas d'un *prélèvement à la source*, car la partie versante n'est pas un tiers.

10. Une *tranche d'imposition* regroupe tous les revenus qui sont imposés au même taux (anglais : *tax bracket*).

11. « Monsieur le Président, voici deux manières de baisser les impôts », *L'Expansion* du 5 février 1997.

12. *Foncier* : relatif à un bien-fonds, c'est-à-dire à un bien immeuble (terrain ou bâtiment).

13. *Valeur locative* : loyer théorique que pourrait rapporter une propriété donnée en location.

14. Pierre Beltrame, *La Fiscalité en France* (Paris : Hachette, 1995), p. 185.

15. Une différence intéressante, et qui fait réfléchir : le fisc français rémunère les indicateurs (*informers*) qui dénoncent les fraudeurs. La pratique est depuis longtemps, paraît-il, « courante et bien acceptée ». Et comme la rémunération se fait en liquide, elle n'est pas imposable… Voir à ce sujet « Les nouvelles méthodes du fisc pour vous coincer », *L'Entreprise* n°151 (avril 1998).

16. Le revenu *disponible* est celui dont on dispose, c'est-à-dire qu'on peut *dépenser* ou *épargner*.

17. Le *taux de chômage* est le rapport, exprimé en pourcentage, du nombre des chômeurs à la population active. Ainsi : taux de chômage = (nombre des chômeurs $\times$ 100) $\div$ (population active. La *population active* (*workforce*) comprend (a) tous ceux qui ont un emploi, et (b) les chômeurs. Est *chômeur* toute personne (a) sans emploi (b) qui cherche un emploi. En 1998, le taux de chômage en France s'est maintenu autour de 12 %. Taux moyen dans les quinze pays de l'Union européenne : 10,2 %. Aux Etats-Unis: 4,4 %.

18. Jacques Chirac, dans son entretien télévisé du 14 juillet 1998, a estimé qu'« il faut diminuer, ce qui est tout à fait impératif, la pression fiscale qui est tout à fait excessive et la plus élevée de l'Union européenne, […] sinon c'est un handicap sérieux pour notre compétitivité dans un monde où la compétitivité est de plus en plus importante ».

19. Nous employons *agent économique* pour désigner toute personne, physique ou morale, qui agit dans une économie par l'échange. L'expression a été officiellement remplacée dans la comptabilité nationale par *unité institutionnelle*. Quel que soit le vocabulaire, il s'agit des mêmes acteurs de la vie économique : entreprises, administrations et ménages.

20. En anglais le PIB et le PNB s'appellent respectivement *gross domestic product* (*GDP*) and *gross national product* (*GNP*).

21. *Agrégat* : indicateur chiffré caractéristique d'une économie nationale et qui permet d'en apprécier l'état et l'évolution.

22. On désigne ainsi « l'ensemble des techniques électroniques, informatiques et télématiques permettant d'effectuer des transactions, des transferts de fonds » (*Dict. Robert*). Il s'agit essentiellement des *cartes de paiement*. Voir à ce sujet le Module 5.

L'Euro en neuf questions

1. Qu'est-ce que l'euro ?

L'euro est, depuis le 1er janvier 1999, la monnaie officielle de la France et de dix autres pays de l'Union européenne.

2. L'Union européenne compte actuellement quinze pays membres. Pourquoi n'ont-ils pas tous adopté la nouvelle monnaie ?

Les onze pays de la zone euro sont les suivants : l'Allemagne, l'Autriche, la Belgique, l'Espagne, la Finlande, la France, l'Irlande, l'Italie, le Luxembourg, les Pays-Bas et le Portugal. Ces pays ont en commun 1° d'avoir voulu adhérer à l'euro dès son lancement, et 2° d'avoir rempli les critères d'adhésion. Le Royaume-Uni, la Suède et le Danemark ont choisi, pour des raisons politiques, de ne pas adopter tout de suite la nouvelle monnaie. (Le Royaume-Uni a annoncé son intention de participer en 2002.) Quant à la Grèce, elle aurait voulu être admise au « club de l'euro », mais elle ne remplissait pas les critères d'admission. (Elle espère y parvenir en 2001.)

3. Quels sont ces critères ?

Il y en a cinq. On les appelle « critères de convergence » parce qu'ils ont pour fonction de faire converger les économies et les politiques budgétaires des pays membres. Les voici :

▲ Le déficit public ne doit pas dépasser 3 % du PIB[1].
▲ La dette publique ne doit pas dépasser 60 % du PIB.
▲ Le taux d'inflation ne doit pas dépasser de plus de 1,5 % le taux moyen des trois pays ayant l'inflation la plus faible.
▲ Les taux d'intérêt à long terme ne doivent pas dépasser de plus de 2 % le taux moyen des trois pays ayant l'inflation la plus faible.
▲ La monnaie nationale doit avoir respecté depuis deux ans « les marges normales de fluctuation » (définies par le Système monétaire européen).

Les deux premiers critères sont les plus connus parce qu'il ont été les plus difficiles à remplir pour nombre d'Etats candidats.

4. Pourquoi la France a-t-elle adopté l'euro ?

Pour bien répondre à cette question il faut démêler, dans une certaine mesure, le réel de l'officiel, chercher le non-dit dans le discours des sources gouvernementales. Non pas que celles-ci soient mensongères, mais elles tendent à parler moins, et moins clairement, de certains facteurs importants.

L'euro est l'aboutissement programmé de l'Union économique et monétaire (UEM) votée par le Conseil européen en 1989. Une étape importante a été franchie en 1993 avec la mise en place du « marché unique » (libre circulation des marchandises, des services et des capitaux entre les pays de l'Union européenne). La monnaie unique doit permettre au marché unique de se réaliser pleinement, tout en préparant, au terme, l'union *politique* (« fédération » des Etats membres, politique étrangère et de sécurité commune, etc.).

Plus concrètement, et à plus court terme, on attend de la monnaie commune les avantages suivants :

▲ L'élimination des opérations de change intracommunautaire (conversion de monnaies) permettra aux particuliers comme aux entreprises de réaliser d'importantes économies, stimulant ainsi consommation et investissement.

▲ La suppression des fluctuations entre monnaies nationales mettra fin aux dévaluations compétitives[2], lesquelles ont coûté environ 130 milliards de francs à la France entre 1992 et 1995.

▲ Le respect des critères *astreindrant* les gouvernements à plus de rigueur budgétaire (quitte à toucher aux fameux « acquis sociaux »), créant ainsi un climat favorable aux entreprises qui pourront en conséquence investir *et embaucher*.

▲ Sa monnaie commune donnera à l'Union européenne plus de « poids économique » que ne pourrait en avoir chaque pays, pris isolément. L'Europe pourra rivaliser avec les Etats-Unis comme superpuissance économique, et concurrencer le dollar comme instrument des échanges internationaux. Ainsi s'explique, du moins en partie, le slogan de la campagne officielle lancée en 1997 pour préparer le passage à la nouvelle monnaie : « L'euro fait la force », astucieux jeu de mots sur le proverbe *L'union fait la force* et *Union européenne*. Dans la brochure *L'Euro et moi*, publiée par le Ministère de l'Economie et des Finances, on apprend que « l'euro, c'est le retour de l'Europe comme acteur majeur de la scène internationale ». Ça et là dans la presse, on peut relever des formulations moins subtiles : « Alternative crédible au billet vert… Rideau sur le dollar roi !… On n'aura plus l'air de faux Américains… »

5. Les avantages de l'euro, certains ou escomptés, sont nombreux et importants. Les Français étaient-ils donc en faveur de son adoption ?

Globalement, oui. Tous les sondages attestaient une opinion publique majoritairement favorable à l'euro — moins qu'en Italie, il est vrai, mais bien plus qu'en Allemagne.

Les opposants appartenaient, pour l'essentiel, à l'un ou à l'autre de deux groupes (exceptionnellement, aux deux en même temps). Pour les uns, l'abandon du franc constituait une atteinte à la souveraineté nationale ; pour les autres, le respect des critères de convergence constituait une atteinte à l'Etat-providence.

Les défenseurs de l'euro donnaient partiellement raison aux uns et aux autres. Ils le devaient bien, car il serait inutile de nier tout lien, d'une part entre l'indépendance d'un Etat et la monnaie qu'il émet, d'autre part entre le déficit public et la Sécurité sociale. Mais on expliquait, au premier groupe, que la perte de la monnaie nationale serait compensée par les avantages d'une monnaie commune ; et au second, qu'il fallait de toute façon, et depuis longtemps, changer les habitudes dépensières de l'Etat.

6. Combien vaut l'euro ?

Un euro vaut environ 6,6 francs[3], soit un peu plus qu'un dollar. Ici pourtant une distinction s'impose. La valeur de l'euro par rapport au franc, fixée définitivement le 31 décembre 1998, restera constante jusqu'à la disparition du franc. Il s'agit donc d'un *taux de conversion*, définitif et irrévocable, et non d'un taux de change. La valeur de l'euro par rapport au dollar et aux autres monnaies nationales continuera de fluctuer au gré des marchés.

L'euro se divise en centièmes, appelés *cents*. Un cent vaut environ 6,6 (anciens) centimes. (Les habitudes ont la vie dure, et beaucoup de Français continuent d'appeler *centimes* les nouveaux *cents*.)

7. Vous venez d'évoquer la « disparition du franc » en faveur de l'euro, nouvelle monnaie officielle de la France. On n'y voit pourtant que des francs. Pas un seul euro, pas un cent dans les porte-monnaie, dans les tiroirs-caisses, aux guichets des banques... Comment cela se fait-il ?

La situation, j'en conviens, peut prêter à la confusion. L'euro est bien la monnaie officielle, et la seule, depuis le 1er janvier 1999. Le franc n'est plus, juridiquement, qu'une expression temporaire, une « subdivision non décimale » de l'euro. Mais, paradoxalement, la nouvelle monnaie n'existe pas encore sous forme de pièces ou de billets. Tous les paiements en espèces doivent donc s'effectuer en francs.

Cette situation durera tout au long de la période dite « transitoire » qui a commencé au 1er janvier avec le lancement de l'euro. Pendant trois ans, jusqu'au 31 décembre 2001, les Français pourront se familiariser « en douceur » avec leur nouvelle monnaie, *avant la mise en circulation des pièces et des billets*. Certains prix sont déjà affichés en euros ainsi qu'en francs, et ce « double affichage » devrait se généraliser rapidement. Ainsi les Français s'habitueront-ils progressivement à compter, à calculer, à *penser* en euros.

Il est déjà possible d'ouvrir un compte bancaire en euros et de disposer d'un chéquier euro. On peut payer en euros, mais uniquement par chèque, carte ou virement bancaires — et *à condition que le bénéficiaire soit d'accord*. Car pendant toute la période transitoire la règle du « ni-ni » s'appliquera : pour les particuliers et les entreprises, *ni interdiction ni obligation d'utiliser l'euro*. Jusqu'au 31 décembre 2001, on pourra donc refuser un paiement en euros. Les textes officiels l'expriment ainsi : « Les opérateurs économiques privés auront la faculté d'utiliser l'euro ; ils ne devraient pas pour autant y être contraints »[4].

8. Quand donc les pièces et les billets en euros seront-ils mis en circulation?

Au 1er janvier 2002 — et c'est alors que la situation se compliquera encore davantage ! Pendant une période dite « de double circulation » les euros circuleront concurremment avec les francs. La durée de cette période n'a pas encore été déterminée. Les textes officiels prévoient une durée maximale de six mois, mais elle sera presque certainement raccourcie, peut-être de moitié, et ce pour des raisons évidentes.

Quelle que soit la durée de la double circulation, son début sera marqué par de nombreux changements. Voici, parmi bien d'autres, quelques-uns des plus importants :

▲ Tous les comptes bancaires seront convertis en euros.
▲ Les euros remplaceront les francs dans les distributeurs.
▲ Tous les prix seront obligatoirement affichés en euros.
▲ Tous les revenus, les loyers et les impôts seront payés en euros.
▲ La règle du « ni-ni » sera abrogée. (On ne pourra plus refuser les paiements en euros.)

Au long de cette période les francs seront peu à peu retirés de la circulation. Le 1er juillet 2002 au plus tard, le « bon vieux franc », crée en 1360, n'aura plus cours légal.

9. Comment se présenteront les pièces et les billets en euros ?

Il y aura 8 pièces (de 1, 2, 5, 10, 20 et 50 cents, et de 1 et 2 euros) et 7 billets (de 5, 10, 20, 50, 100, 200 et 500 euros).

Les billets seront identiques dans tous les pays ayant adopté l'euro. Les pièces auront une face nationale et une face commune aux onze pays. Malgré les différentes faces nationales, les pièces auront évidemment cours légal dans toute la zone euro.

Pour la conception esthétique des billets, l'Institut monétaire européen (IME) a choisi le thème des « époques et styles en Europe ». A chacune des sept coupures correspondra un style architectural caractéristique d'une époque de la culture européenne, allant du classique au moderne. Trois motifs architecturaux ont été retenus: la fenêtre et le portail (ou la porte), symboles de l'esprit d'ouverture régnant au sein de l'Union, qui figureront au recto de chaque billet ; et le pont, symbole du lien entre les peuples, qui figurera au verso. La représentation d'édifices ou de monuments reconnaissables n'est pas autorisée, car l'IME souhaite éviter tout facteur d'identification nationale.

Ce même principe s'applique aux faces communes des pièces, sur chacune desquelles sera représenté le symbole de l'Europe (les douze étoiles). Quant aux faces françaises, leurs dessins ont fait l'objet d'un grand concours lancé en 1996 par le Ministère de l'Economie et des Finances. Sur les pièces de 1, 2 et 5 cents figurera une nouvelle Marianne, symbole des valeurs républicaines. Sa créatrice a voulu lui donner, « sous une douceur certaine, des traits volontaires pour que l'Europe soit solide et durable »[5]. Pour les pièces de 10, 20 et 50 cents le jury a retenu une nouvelle Semeuse, « femme en marche [...] riche de messages positifs tels que l'espoir, la liberté et la générosité ». L'arbre stylisé des pièces de 1 et 2 euros représente « une France dont les racines et les branches, tournées vers les étoiles de l'Europe, raconteraient l'Histoire et témoigneraient [...] de son essor ».

Notes

1. Produit intérieur brut. Voir à ce sujet l'Appendice A.
2. Un pays pouvait stimuler ses exportations, au détriment d'autres pays membres, en dévaluant sa monnaie (ce qui lui permettait de vendre moins cher ses produits).
3. Nous mettons sous presse en septembre 1998. Il s'agit donc d'un pronostic de notre part.
4. Une exception : la Bourse et les marchés financiers ont déjà basculé à l'euro. Toutes les transactions s'y effectuent dans la nouvelle monnaie depuis le 1er janvier 1999.
5. Ici et dans la suite du paragraphe nous citons le site Web du Ministère de l'Economie et des Finances (à http://www.finances.gouv.fr/euro).

Les Services postaux

Nous nous bornons dans cet appendice à une quinzaine de notions clés dont voici la liste alphabétique. Les chiffres entre crochets renvoient aux questions-réponses.

Adresse (règles de présentation) [2] — affranchissement [8] — avis de réception [5] — boîte postale [4] — Chronopost [7] — compte courant postal (CCP) [10] — garde (du courrier) [3] — mandat postal [9] — oblitération [8] — Poste (entreprise publique) [1] — poste restante [4] — recommandation [5] — réexpédition (du courrier) [3] — services financiers [9-10] — valeur déclarée [6].

1. Quel organisme assure la distribution du courrier en France ?

Voilà déjà longtemps que cette question doit se poser au pluriel, car le temps est loin où l'administration publique des Postes et Télécommunications (les P. et T.) jouissait d'un monopole. En 1991 les P. et T. se sont divisées en deux entreprises publiques : La Poste et France-Télécom. Depuis le 1er janvier 1998 les télécommunications sont complètement ouvertes à la concurrence: France-Télécom, elle-même partiellement privatisée, n'est plus désormais qu'un opérateur parmi d'autres sur un marché hautement concurrentiel.

Il en va de même des services postaux, dont une directive de l'Union européenne[1] prévoit une libéralisation graduelle dans tous les pays membres. Déjà près de la moitié du chiffre d'affaires de La Poste se réalise sur des marchés concurrentiels. La distribution des colis, des périodiques et des imprimés publicitaires étant ouverte à la concurrence, le seul secteur encore « réservé » à La Poste — autrement dit, dont elle garde le monopole — est celui des correspondances. (Mais la « lettre » classique est elle-même fortement concurrencée par la télécopie et le courrier électronique…) Les conséquences de la libéralisation étaient prévisibles et prévues : les services de La Poste se sont considérablement améliorés et *diversifiés*. Le but était « de faire de La Poste un service public de référence[2] » : aujourd'hui elle peut se féliciter d'une mission largement accomplie.

2. Comment La Poste veut-elle que l'adresse soit présentée sur l'enveloppe ?

Comme La Poste aime rappeler à ses clients, « adresse bien présentée, courrier plus vite distribué ». L'adresse « bien présentée » respecte, en particulier, les règles suivantes :

▲ La présentation ne doit pas dépasser 6 lignes, toutes alignées à gauche et dont aucune ne dépasse 32 caractères, espaces compris.

▲ Si le destinataire est un particulier, la première ligne indique son identité, y compris la/le « civilité, titre ou qualité » qui convient (*Madame, Mademoiselle, Monsieur, Maître*, etc.). Si la lettre s'adresse à une entreprise, on peut en indiquer le nom en première ligne, suivi en deuxième ligne de l'identité du destinataire.

▲ A la ligne suivante figurent les compléments d'identification ou de lieu, s'il en faut : *Chez…* (anglais : *c/o*) ; numéro d'appartement, d'escalier, de couloir ou d'étage ; nom de bâtiment, de résidence ou d'immeuble.

▲ La ligne suivante indique le numéro, le type (rue, avenue, boulevard, etc.) et le nom de la voie. La tradition place une virgule après le numéro, mais à partir de cette ligne La Poste bannit toute ponctuation.

▲ La dernière ligne, entièrement en majuscules, indique *d'abord* le code postal, *ensuite* la localité de destination.

Un exemple :

```
                                                              ┌────────┐
                                                              │ timbre │
                                                              └────────┘



                        Mademoiselle Céline HAUTVIANNE
                        Chez Marie-José PIRON, app. n° 45
                        Entrée B, Résidence Les Erables
                        55, rue des Vieux Chênes
                        37000 TOURS
```

3. « Adresse bien présentée », soit. Mais que faire si l'on change d'adresse ?

Vous n'avez qu'à vous rendre dans un bureau de poste et à dire au guichetier que vous souhaitez *faire suivre* (anglais : *to forward; to have forwarded*) votre courrier à la nouvelle adresse. On vous fera remplir un formulaire et payer une taxe de 110 francs. Le service de changement d'adresse de La Poste assurera pendant un an la *ré-expédition* de tout courrier envoyé à l'ancienne adresse. En cas de changement d'adresse temporaire, le même service peut vous faire parvenir votre courrier à la nouvelle adresse pour une période allant de deux semaines à un an.

Si pourtant vous partez en vacances, vous ne voulez sans doute pas que votre courrier vous suive, ni d'ailleurs qu'il s'accumule dans votre boîte aux lettres. La Poste peut dans ce cas assurer la *garde* de votre courrier pendant un mois au maximum. A votre retour vous vous rendez au bureau de poste distributeur chercher toutes les factures qui vous attendent.

4. Parfois on n'est pas sûr de sa future adresse, ou bien, pour une raison ou une autre, on préfère ne pas recevoir son courrier à son domicile. Que peut-on faire dans ces cas ?

Si vous savez que vous serez dans telle ville à telle date, vos correspondants pourront vous y écrire « Poste restante ». Ces mots suivront votre nom sur l'enveloppe, et seront suivis du code postal du bureau distributeur et du nom de la localité de destination. Vous paierez une taxe au guichet quand vous irez retirer votre courrier. On peut d'ailleurs prendre un abonnement annuel à la Poste restante, mais dans ce cas on ferait peut-être mieux de louer une *boîte postale* (abréviation : BP) au bureau de poste qui dessert votre domicile.

5. En cas de perte d'un envoi ordinaire (lettre ou colis), la responsabilité de La Poste n'est pas engagée : aucun recours, aucune réclamation de la part de l'expéditeur n'est donc possible. Que peut-on faire pour s'assurer du bon acheminement d'un envoi ? Aux Etats-Unis il y a le *certified mail*. Quel en est l'équivalent en France ?

La *recommandation*. Pour expédier *en recommandé* une lettre ou un colis, demandez au guichetier le formulaire d'« Envoi d'un objet recommandé ». Vous paierez un tarif dont le montant dépendra du taux de recommandation que vous aurez choisi. On vous remettra alors une « preuve de dépôt » que vous devrez conserver : vous en aurez besoin pour toute réclamation éventuelle. En cas de perte ou de détérioration de la lettre ou du colis, vous serez indemnisé forfaitairement suivant le taux de recommandation choisi, le montant de l'indemnisation allant de 50 à 3 000 francs.

A la livraison le destinataire signe un document intitulé *preuve de distribution*. La recommandation constitue donc non seulement une preuve de dépôt mais une preuve de réception. Si pourtant l'expéditeur veut disposer d'une preuve supplémentaire que l'envoi est bien arrivé à destination, il peut demander, moyennant paiement, un *avis de réception*, signé par le destinataire en même temps que la preuve de distribution. A la différence de cette dernière, conservée par La Poste, l'avis de réception est renvoyé à l'expéditeur.

6. Vous dites qu'avec la recommandation l'indemnité maximale est de 3 000 francs. Cette somme ne suffirait évidemment pas pour dédommager la perte d'objets de grande valeur : billets de banque, chèques, bijoux, métaux précieux, etc. Y a-t-il moyen de s'assurer dans ces cas contre les risques de perte et de vol ?

Oui, la recommandation *avec valeur déclarée*. La prime d'assurance payée par l'expéditeur est proportionnelle à la valeur qu'il a déclarée au moment du dépôt, et en cas de perte ou de vol il reçoit une indemnité égale à cette valeur. Les envois avec valeur déclarée — lettres ou colis — doivent être cachetés de sorte que toute tentative d'ouverture soit apparente.

7. Si j'ai besoin de faire livrer au plus vite — le jour même, par exemple, ou le lendemain —, quelles sont mes options pour le transport express ?

Les nombreux services de livraison prioritaire proposés par La Poste subissent depuis quelques années la concurrence du secteur privé (FedEx, UPS, Jet Services…). Chronopost, une société anonyme française, propose ses services dans la plupart des bureaux de poste ainsi qu'à travers son propre réseau d'agences et de « boutiques ». Son service standard en France métropolitaine, « Chrono livré 12h », garantit la livraison à domicile des lettres et des colis (jusqu'à 30 kg) le lendemain avant midi. Si l'on est encore plus pressé, les envois « Chrono h+ » seront livrés en moins de six heures. A l'international, « Chrono Union européenne » propose une livraison le lendemain dans les principales grandes villes de l'Union. Ailleurs dans le monde, « Chrono International » livre normalement en trois jours dans les grandes villes occidentales.

8. Une question terminologique: qu'est-ce que l'*affranchissement* ?

C'est le paiement préalable des frais d'envoi. (*Préalable* signifie ici : avant l'acheminement de la lettre ou du colis.) On *affranchit* généralement une lettre en y apposant un ou des timbre(s). L'*oblitération* (anglais : *cancellation*) se fait au bureau de dépôt. Les lettres insuffisamment *affranchies* ne sont pas renvoyées à l'expéditeur, mais le destinataire, à moins de refuser la lettre, doit payer les frais d'envois ainsi qu'une *surtaxe pour affranchissement insuffisant.* Pour les envois en nombre de plis non-urgents (les *écoplis,* l'équivalent de l'américain *bulk mail*), le cachet « P.P. » (port payé) est utilisé à la place de timbres.

Il existe aujourd'hui de nombreuses formules de « pré-affranchissement », c'est-à-dire des emballages — enveloppes « pré-timbrées », pochettes cartonnées, coffrets à bouteille, boîtes de toute taille — dont le prix comprend les frais d'envoi. Citons en exemple la nouvelle gamme des « Prêt-à-Poster » dont le prix forfaitaire, explique une brochure de La Poste, « comprend l'emballage (enveloppe ou boîte) ainsi que l'affranchissement. C'est tellement plus simple. Avec eux, finies les attentes au guichet : il suffit de les glisser dans la première boîte aux lettres ou boîte à colis… et c'est parti ! ». Pour la livraison en express, Chronopost propose sa gamme des « Prêts-à-Expédier ».

9. Passons maintenant aux *services financiers* de La Poste. Y a-t-il un équivalent français du *postal money order* que l'on peut obtenir dans les bureaux de poste aux Etats-Unis ?

Oui, le *mandat postal* (ou *mandat-poste*), ainsi appelé parce que l'expéditeur donne mandat[3] à La Poste de verser pour lui et en son nom une somme d'argent au destinataire. On peut effectuer ainsi des versements sans être titulaire d'un compte courant. La procédure pour obtenir un mandat est simple : après avoir rempli le bon formulaire, on le donne au guichetier avec la somme d'argent à verser majorée d'une taxe ; un récépissé (anglais : *receipt*) sert de preuve de l'opération.

Il y a plusieurs sortes de mandats postaux :

▲ Avec le *mandat-carte*, le paiement s'effectue en espèces au domicile du bénéficiaire.

▲ Le *mandat-lettre* est utilisé lorsqu'on souhaite joindre une lettre au paiement. L'expéditeur envoie lui-même le mandat au destinataire, qui doit l'encaisser dans un bureau de poste.

▲ Le *mandat compte* permet à l'expéditeur de faire déposer directement une somme d'argent sur le compte courant postal du destinataire.

▲ Pour les envois de fonds vers l'étranger, on utilise le *mandat international*. L'argent est versé au bénéficiare en espèces ou à son compte.

10. Je sais que La Poste, à la différence de son homologue américain, propose de très nombreux services financiers. Quels en sont les plus importants ?

Ils sont, pour l'essentiel, les mêmes que ceux des banques :

▲ Le *compte courant postal* (CCP). — Le titulaire d'un CCP peut effectuer les mêmes opérations que le titulaire d'un compte bancaire : émission de chèques, dépôts et retraits d'espèces, découverts autorisés, prélèvements automatiques, virements, gestion à distance du compte, accès à toute la gamme des cartes de paiement, etc.[4]

▲ Les *comptes d'épargne*. — Pour faire face à la concurrence des banques, La Poste a dû élargir la gamme de ses produits. Ceux-ci comprennent actuellement, en plus du classique Livret A de la Caisse Nationale d'Epargne (capital plafonné à 100 000 francs ; intérêts de 3 % exonérés d'impôts), de nombreux autres comptes à vue et à terme[5].

Le CCP et les comptes d'épargne sont loin d'épuiser les services financiers proposés par La Poste. S'y ajoutent, par exemple : le placement boursier appelé Plan d'Epargne en Actions (PEA), qui investit l'argent déposé dans des actions françaises (de sociétés privatisées, notamment) et dans des OPCVM[6] ; des opérations sur titres (ordres de Bourse) et de change (achat et vente de billets étrangers) ; prêts immobiliers ; assurance-vie...

Notes

1. Adoptée le 1er décembre 1997 par le Conseil des ministres chargés des télécommunications et du secteur postal.
2. Site Web de La Poste (à http://www.laposte.fr), que l'on visitera avec profit.
3. Sur ce mot voir p. 116.
4. Voir sur ces termes le Module 5.
5. Sur la distinction entre *comptes à vue* et *à terme*, voir le Module 5. Parmi les comptes à vue proposés par La Poste figurent le *compte pour le développement industriel* (CODEVI), le *compte épargne logement* (CEL) et le *livret d'épargne populaire* (LEP), présentés également au Module 5.
6. Organisme de placement collectif en valeurs mobilières. Voir à ce sujet le Module 8.

par
Guilhène MARATIER-DECLÉTY
Directeur des Relations Internationales,
Adjoint au Directeur de l'Enseignement

La Chambre de Commerce et d'Industrie de Paris

Couvrant quatre départements (Paris, Hauts-de-Seine, Seine-Saint-Denis, Val-de-Marne), la Chambre de Commerce et d'Industrie de Paris (CCIP) est un établissement public régi par la loi du 9 avril 1898. Elle représente les 280 000 entreprises de commerce, d'industrie et de service de sa circonscription, soit le sixième de la population active de la France et le quart de son activité économique.

La CCIP remplit quatre missions :

▲ Représenter et défendre auprès des pouvoirs publics l'ensemble des entreprises et à travers elles, les intérêts du commerce, de l'industrie et des services de sa circonscription.

▲ Informer et conseiller les entreprises dans les domaines juridique, social, fiscal, commercial, international. Elle guide les chefs d'entreprise dans tous les secteurs et à toutes les étapes de la vie de leurs affaires.

▲ Participer à l'aménagement et à l'équipement économique et touristique de Paris et de sa région grâce à des infrastructures spécifiques qu'elle crée et gère.

▲ Former des ingénieurs, cadres, techniciens et salariés en formation initiale et continue pour répondre aux besoins des entreprises.

Les examens

Avec sept examens de français des affaires et des professions, la CCIP fournit un instrument d'évaluation utilisé dans près de 90 pays et attirant plus de 8 000 candidats par an.

En s'inscrivant à l'un de ces examens qui constituent une certification internationale délivrée au nom des entreprises françaises, les candidats de tous les pays se soumettent à une évaluation effectuée selon les mêmes critères internationaux et en fonction des exigences du monde des affaires français et francophone.

Les examens testent à part égale le français écrit et le français oral. Les épreuves écrites sont élaborées et corrigées par la CCIP, tandis que les épreuves orales sont organisées dans les centres d'examens du monde entier sous le contrôle de la CCIP.

Toute personne dont le français n'est pas la langue maternelle peut être candidate aux examens de la CCIP : personnel d'entreprise utilisant le français (secrétaires, employés, cadres, techniciens, ingénieurs, etc.), étudiants qui veulent utiliser le français dans la vie professionnelle, ou simples particuliers non-francophones intéressés par la langue, la culture et la civilisation socio-économique françaises. En France, pour le recrutement de personnel étranger, comme à l'étranger pour son affectation à des emplois nécessitant l'utilisation du français, beaucoup d'entreprises recherchent les titulaires des certificats et diplômes de la CCIP.

La certification des connaissances en français des affaires et des professions au travers des examens de la CCIP représente un atout de plus en plus reconnu dans l'univers francophone.

Le Certificat pratique

Le *Certificat pratique de français commercial et économique* atteste que les candidats ont atteint un niveau de compétence en langue française leur permettant d'être à l'aise dans toutes les situations de la vie courante et d'être opérationnels dans les fonctions administratives et commerciales de l'entreprise. Ils doivent pour cela être capables d'utiliser la langue courante et évoluer avec une certaine aisance dans les différentes fonctions de l'entreprise.

L'examen se compose de quatre épreuves écrites et de deux épreuves orales. Les épreuves écrites sont les suivantes :

▲ **Test** (1 heure ; 40 points) : Répondre à une série de questions courtes qui évaluent le maniement de la langue économique et commerciale : questions à choix multiples, texte à compléter, petits documents commerciaux à rédiger ou à remplir…
▲ **Compréhension de texte** (1 heure ; 20 points) : A partir d'un texte à caractère commercial ou économique (généralement 70 à 80 lignes), remplir une fiche de synthèse et répondre en une douzaine de lignes à une question sur le thème du texte.
▲ **Correspondance** (45 minutes ; 20 points) : Rédiger une lettre usuelle à partir de consignes (2 sujets au choix).
▲ **Traduction** (1 heure ; 20 points) : Traduire une série de phrases sur des sujets socio-économiques ou commerciaux. L'épreuve comporte 6 à 10 phrases de version et 6 à 10 phrases de thème.

Les épreuves orales sont les suivantes :

▲ **Entretien** (préparation 10 à 15 minutes ; durée 15 minutes ; 50 points) : Se présenter ; dialoguer au sujet de sa profession, de ses études. Commenter un texte authentique rédigé en français sur un sujet économique ou commercial.
▲ **Traduction** (préparation 10 à 15 minutes ; durée 15 minutes ; 50 points) : Traduire en français un texte authentique rédigé en langue maternelle, généralement extrait de la presse.

Le *Certificat pratique* est avant tout un examen de langue se situant après un apprentissage du français équivalent à 480 heures d'enseignement. Le candidat à ce niveau est capable de :

▲ s'entretenir sur des sujets courants le concernant (identité, études, vie professionnelle, voyages, expériences, objectifs…) ;
▲ lire et utiliser des articles de la presse non spécialisée sur des sujets socio-économiques ou professionnels (même s'il n'en saisit pas tous les détails) ; donner par écrit son point de vue ;
▲ communiquer oralement en français sur un sujet économique ou commercial d'après un document authentique (petite annonce, publicité, article de presse, document commercial…) ;

▲ traduire de sa langue en français un document de ce type ;
▲ rédiger une correspondance pratique simple et remplir les formulaires et documents courants.

Les candidats doivent pouvoir appliquer leur savoir-faire linguistique à tout document et à toute situation relevant du domaine courant des affaires et de la civilisation socio-économique. En ce qui concerne le français économique et commercial, les candidats sont familiarisés avec la terminologie usuelle utilisée par exemple dans des documents d'entreprise les plus courants, et dans les articles de presse de grande diffusion. Aucun document ni dictionnaire n'est autorisé.

La Figure D.1 situe, par rapport aux autres examens, celui du *Certificat pratique de français commercial et économique*. L'Appendice E présente, à titre d'exemple, un examen complet du *Certificat pratique*.

g. Norotier de la ly

193

LE TEST D'EVALUATION DE FRANÇAIS

En 1998, la Chambre de Commerce et d'Industrie de Paris a créé un test destiné à mesurer le niveau en français général de personnes dont la langue maternelle n'est pas le français. Il comporte trois épreuves obligatoires (« Compréhension écrite », « Compréhension orale », « Lexique et structure ») et deux épreuves facultatives (« Expression orale », « Expression écrite »). Des centres agréés sont mis en place actuellement dans le monde entier, en Amérique du Nord en particulier. S'adresser à esoyer@ccip.fr pour tout renseignement par courrier électronique.

figure D.1

*Les examens
de la CCIP.*

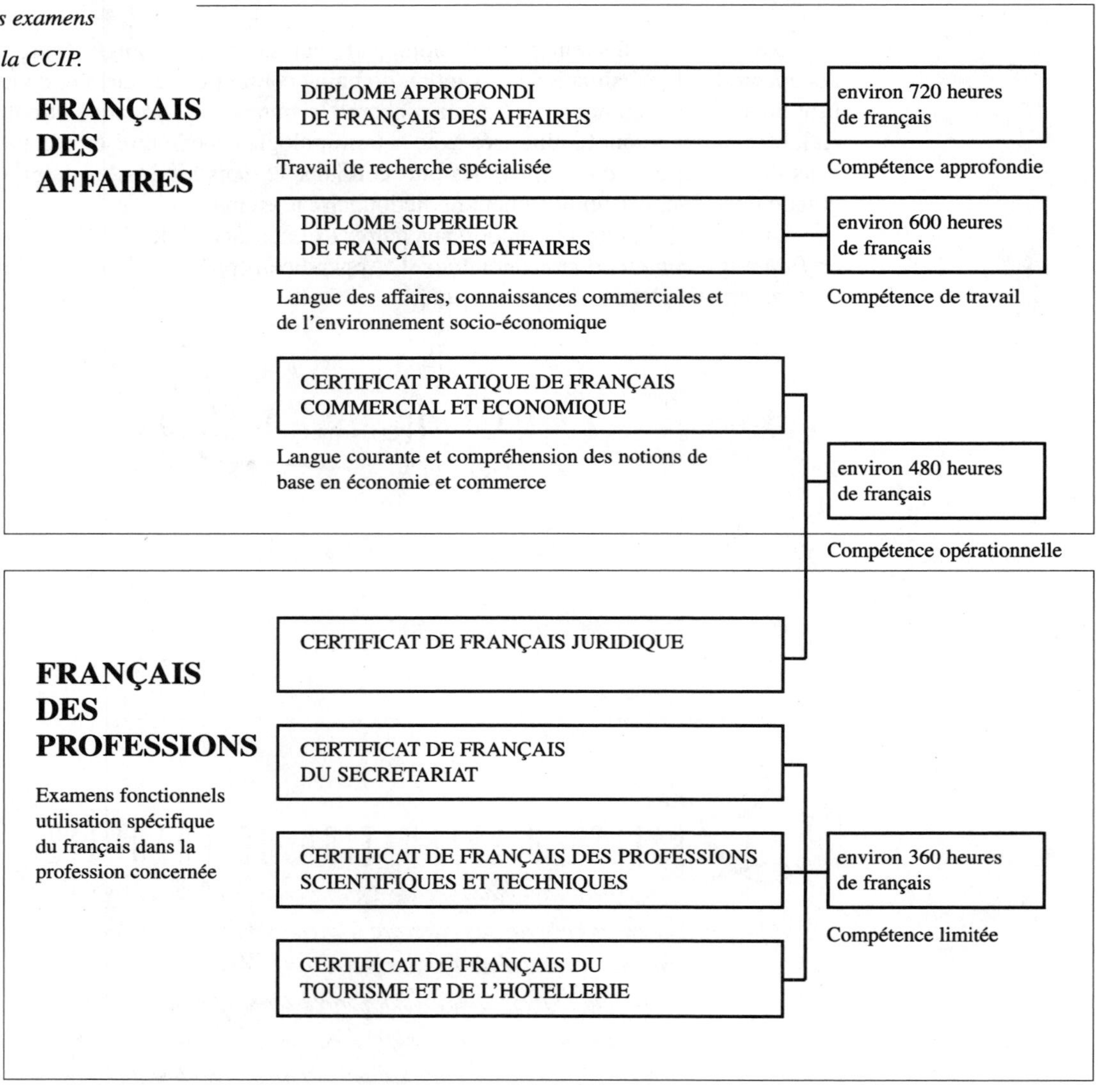

**FRANÇAIS
DES
AFFAIRES**

| DIPLOME APPROFONDI DE FRANÇAIS DES AFFAIRES | environ 720 heures de français |

Travail de recherche spécialisée

Compétence approfondie

| DIPLOME SUPERIEUR DE FRANÇAIS DES AFFAIRES | environ 600 heures de français |

Langue des affaires, connaissances commerciales et de l'environnement socio-économique

Compétence de travail

| CERTIFICAT PRATIQUE DE FRANÇAIS COMMERCIAL ET ECONOMIQUE |

Langue courante et compréhension des notions de base en économie et commerce

environ 480 heures de français

Compétence opérationnelle

194

**FRANÇAIS
DES
PROFESSIONS**

Examens fonctionnels
utilisation spécifique
du français dans la
profession concernée

| CERTIFICAT DE FRANÇAIS JURIDIQUE |

| CERTIFICAT DE FRANÇAIS DU SECRETARIAT |

| CERTIFICAT DE FRANÇAIS DES PROFESSIONS SCIENTIFIQUES ET TECHNIQUES |

environ 360 heures de français

Compétence limitée

| CERTIFICAT DE FRANÇAIS DU TOURISME ET DE L'HOTELLERIE |

Les examens de la Chambre de Commerce et d'Industrie de Paris testent l'aptitude à utiliser le français dans la vie professionnelle à des niveaux différents : ils impliquent une connaissance de la langue, une compréhension de l'environnement et de la culture socio-économique.

Jeu témoin du *Certificat pratique de français commercial et économique*

CERTIFICAT PRATIQUE DE FRANÇAIS   CP 091
    COMMERCIAL ET ÉCONOMIQUE
        DE LA CCIP
    _____

Durée de l'épreuve : 1 heure   NOM   : . . . .

Coefficient : 2   PRENOM : . . . .

                                        CENTRE : . . . .

                        T E S T
                        =======

(1 à 10) A) <u>**Complétez avec le mot qui vous paraît convenir**</u> :

1. Pour réaliser votre premier _____ , 25 000 francs
   suffisent ; cette somme peut être répartie sur un ou
   plusieurs placements.

        intéressement   investissement
        prélèvement   amortissement

2. Toute commande doit être obligatoirement _____
   de son paiement par chèque bancaire, chèque postal ou
   mandat-lettre à l'ordre de l'UICF.

        justifiée   mentionnée
        accompagnée   adjointe

3. En matière de _____ des salariés aux résultats
   de leur entreprise, les groupes industriels privés sont de
   loin les plus prodigues.

        participation   profit
        dividende   bénéfice

4. La grande majorité des agents commerciaux sont payés à la
   _____ sur le chiffre d'affaires.

        patente   prime
        commission   gratification

5. Un quart des personnes _____ travaillent
   régulièrement ou occasionnellement le dimanche, estime
   l'INSEE.

        valides   vacantes
        morales   actives

                                              . . ./. . .

CP 091

6. Après onze jours de grève, le gouvernement _____ aux salariés du secteur public une hausse des salaires de 5,4 %.

    verse   accorde
    accepte   majore

7. L'_____ des vacances progresse, même si plus de 40 % des entreprises françaises ferment encore pendant l'été.

    extension   étalement
    étalage   indice

8. En réparation du _____ causé, nous vous demandons de nous verser, à titre de dommages, la somme de 15 000 francs.

    préavis   sinistre
    préjudice   risque

9. Les quelque mille sociétés d'intérim _____ en France ont réalisé l'année dernière 30 milliards de francs de chiffre d'affaires.

    répercutées   indexées
    recrutées   recensées

10. Un contrat de vente implique des _____ pour le vendeur et pour l'acheteur.

    obligations   actions
    ordres   consignes

(11 à 16) B) **Ecrivez le terme qui s'oppose à chaque mot ou expression :**

    11. La perte .... _____

    12. L'offre .... _____

    13. La nationalisation .... _____

    14. A temps partiel .... _____

    15. Emprunter .... _____

    16. La créance .... _____

                                          .../...

197

Corrigés du Certificat pratique de français commercial et économique - CP 091

CP 091

(17 à 24) C)   <u>**Complétez le texte avec les mots suivants :**</u>

  . **adapter**   . **avantages**   . **besoins**
  . **bougez**   . **choisissez**   . **contact**
  . **déplacez**   . **disposez**   . **gamme**
  . **gérez**   . **joindre**   . **raisons**
  . **réseau**   . **soyez**   . **transfert**
  . **zones**

<u>**APPELEZ RADIOCOM 2000 AU NUMÉRO VERT 05 108 108**</u>

Avec Radiocom 2000, vous _____ et le monde vous suit.

Grâce à Radiocom 2000, le téléphone de voiture de France Télécom, vous pouvez _____ le monde entier où que vous _____ .

Tout comme les 300 000 clients qui bénéficient de ce service, vous avez au moins 4 bonnes _____ de le choisir :

. Vous vous _____ en toute tranquillité.

. Vous _____ avec souplesse votre vie professionnelle en ayant une possibilité de _____ permanent avec vos clients ou votre entreprise.

. Vous _____ parmi les abonnements celui qui correspond le mieux à vos _____ , en fonction de vos _____ de déplacement.

. Vous _____ d'une _____ étendue de téléphones de voiture (fixes, portables ou portatifs) à votre choix.

. A ces _____ , s'ajoutent tous ceux du _____ téléphonique : _____ d'appel ou inscription à l'annuaire et vous pouvez même _____ un fax, un répondeur ou un minitel.

Appelez le 05 108 108 et recevez une invitation personnelle pour bénéficier d'une démonstration dans les meilleures conditions et d'une offre commerciale avantageuse.

.../...

CP 091

(25 à 32) D) <u>**Construisez des phrases avec les mots suivants :**</u>

25.26. négociation / obtenir / marché

_____

_____

27.28. magasin / inventaire / en raison de

_____

_____

29.30. sauf si / satisfaction / grève

_____

_____

31.32. banques / inciter / épargner

_____

_____

(33 à 40) E) Monsieur Alain RENOUF - né le 11 septembre 1963, célibataire - habite 25, rue Béranger, 38000 GRENOBLE (Tél. : 04 74 63 35 21). Il a obtenu son permis de conduire en 1985 et est salarié d'une grande banque (Tél. : 04 76 43 19 28) en tant que chargé de clientèle.

Depuis 1990, il possède une RENAULT 25 (type GTS 89, 7 CV) immatriculée 1395 ZX 38, achetée neuve et payée à crédit ; il l'utilise pour ses trajets domicile-travail et dispose d'un garage en sous-sol.

Mécontent de son assurance actuelle, il décide d'en changer dans les six mois et de demander un devis à une autre compagnie.

.../...

199

(33 à 36) a)   <u>Remplissez la demande de devis ci-dessous</u> :

LE CONDUCTEUR HABITUEL

NOM et prénom du conducteur habituel : ☐ M.   ☐ Mme   ☐ Mlle

....

Date de naissance (jour, mois, année) : |_|_| |_|_| |1|9|_|

Situation de famille :   Célibataire   Oui   Non

Année du permis de conduire (catégorie B) : |_|_|

Profession :

Etes-vous salarié ?   ☐ Oui   ☐ Non

Utilisez-vous votre véhicule pour des tournées
de clientèle ou avez-vous des lieux de
travail multiples ?   ☐ Oui   ☐ Non

VOTRE VEHICULE

Marque :   Puissance fiscale : |_|_| CV

Modèle commercial/version   *Exemples :* 205 GR,
                              R21 Nevada
                              AX 10E   ....

Type (aidez-vous de votre carte grise) :

Numéro d'immatriculation du véhicule :

Année d'acquisition (ou année d'achat prévue) : |_|_|

Année de 1ère mise en circulation : |_|_|

Couche-t-il dans un garage couvert :   ☐ Oui   ☐ Non

A-t-il été acquis en crédit-bail ?   ☐ Oui   ☐ Non

LE DEVIS EST A RETOURNER A :

NOM :

Prénom :

Adresse :

Code postal |_|_|_|_|_|

Ville :

Tél. professionnel :   Tél. personnel :

.../...

CP 091

(37 à 40) b)   <u>Rédigez dans l'encadrement ci-dessous, la demande de résiliation du contrat d'assurance</u> :

CERTIFICAT PRATIQUE DE FRANÇAIS   CP 091
    COMMERCIAL ET ECONOMIQUE
        DE LA CCIP
_____

Durée de l'épreuve : 1 heure

Coefficient : 1

C O M P R E H E N S I O N   D E   T E X T E
==

LA GUERRE DU PAIN N'AURA PAS LIEU
_____

Quatre cent mille tonnes de pain dans nos poubelles chaque année. Ce chiffre communiqué par le CREDOC (Centre de recherche pour l'étude et l'observation des conditions de vie) conforte l'impression de nombreux consommateurs : «Le pain n'est plus vraiment aussi bon qu'avant...»

Et pourtant, selon la Sofres, 60 % de Français considèrent que la baguette reste indissociable des bons moments de la vie. Alors, pourquoi le pain, aliment mythique et même sacré s'il en est, a-t-il perdu le respect qu'on lui portait depuis toujours ?

Lors du Salon du pain, en février dernier : les professionnels sont soulagés. Les derniers chiffres de l'INSEE prouvent que la profession se stabilise depuis deux ans. Jusqu'en 1989, près de mille boulangeries artisanales disparaissaient chaque année. Pourtant, contrairement à d'autres commerces de proximité, comme la boucherie par exemple, la boulangerie n'a pas trop souffert de la concurrence des grandes surfaces.

La consommation, en revanche, n'arrête pas de chuter : en 1910, chaque Français mangeait en moyenne 600 grammes de pain par jour. Alors qu'aujourd'hui, nous ne consommerions plus que 175 grammes de ce qui reste pourtant un de nos aliments de base. Un mode de vie plus sédentaire, la diminution de nos besoins énergétiques, les régimes minceur... les raisons ne manquent pas.

Mais l'explication est peut-être à chercher ailleurs. Dans la qualité du produit lui-même ? C'est l'avis de bon nombre d'artisans. Depuis une bonne décennie, dans un bel élan autocritique, les états généraux de la boulangerie répètent que pour stimuler la consommation, il faut faire du bon pain.

Les initiatives *Banette* et *La ronde des pains* sont nées de cette volonté. Sous ces enseignes se cachent deux associations de boulangers et de meuniers qui misent sur le savoir-faire de leurs adhérents et sur l'assurance d'une bonne qualité du produit pour attirer et fidéliser le client. Mais qu'est-ce qu'un bon pain ?

.../...

CP 091

La réponse n'est pas simple, les professionnels reconnaissant eux-mêmes que les goûts sont aussi variés que les régions. Les Parisiens aiment la baguette légère et aérée, les gens du Nord la préfèrent dense et serrée. Et quand, dans le Sud, on apprécie une croûte pâle, ailleurs on la veut couverte de farine... Alors ? Peut-on, dans ces conditions, séparer le bon grain de l'ivraie ?

Au rayon boulangerie des supermarchés Prisunic, les baguettes se vendent comme des petits pains. Elles sont livrées deux fois par jour par une boulangerie industrielle. Pourtant, ici, la baguette ne ressemble en rien à la super baguette définie précédemment ! Une mie mousseuse et blanche, une croûte jaune de part en part... mais elle ne coûte que 2,50 F, soit un franc de moins qu'ailleurs en moyenne.

Faut-il en déduire que l'on se dirige doucement vers *un pain à deux vitesses* ? Non. Car le pain des grandes surfaces n'est pas forcément moins bon que celui du boulanger de quartier. «Pour peu qu'il maîtrise bien les techniques, un industriel compétent fera un pain de qualité comparable à celui de l'artisan», affirme Yves Burban, professeur à l'école de meunerie d'Unimie.

Pour preuve, cette enquête réalisée par le magazine *Que choisir*, en 1989. Le jury a sélectionné parmi les meilleures la baguette vendue par le centre Leclerc, fabriquée par une boulangerie industrielle selon la technique du surgelé. Livrée sous forme de pâton, elle ne fermente qu'au moment de la cuisson, dans un four installé dans le magasin, appelé terminal de cuisson. La plupart des hypermarchés se sont équipés de celui-ci et la progression du procédé a dépassé toutes les espérances des industriels : plus de 50 % d'augmentation des ventes en 1990.

Beaucoup d'hypermarchés ont pourtant désormais leurs propres boulangers, avec fabrication sur place. Exemple ? Le magasin Auchan, à Vélizy, où Yves Lainé, qui a délaissé son petit commerce, a pris la tête d'un service de vingt personnes, le plus souvent formées maison. «Avec 6 000 baguettes vendues par jour, installer des terminaux de cuisson coûterait plus cher que de fabriquer sur place.»

Alors pain artisanal ou pain industriel ? La question est mal posée il n'y a pas d'un côté le bon pain de l'artisan et de l'autre le mauvais pain de l'industriel. Surtout quand on sait que Poilâne, renommé comme un des meilleurs boulangers, fait partie de la catégorie des industriels !

Tout dépend surtout du savoir-faire. Ajouter du levain, bien façonner sa baguette à la main, ne pas sacrifier la qualité de la farine... C'est à travers ces éléments que le boulanger, quel qu'il soit, saura fidéliser sa clientèle, et faire que le meilleur pain ne soit pas forcément le plus cher.

D'après un article de Martine LEICK
Grand Public N° 1

203

Corrigés du Certificat pratique de français commercial et économique - CP 091

CERTIFICAT PRATIQUE DE FRANÇAIS   CP 091
      COMMERCIAL ET ECONOMIQUE
         DE LA CCIP
      ————————

Durée de l'épreuve : 1 heure   NOM   : ....

Coefficient : 1   PRENOM : ....

                                   CENTRE : ....

        C O M P R E H E N S I O N   D E   T E X T E
        ==

TEXTE : LA GUERRE DU PAIN N'AURA PAS LIEU

(16 points) A)   Complétez, à l'aide du texte, la fiche de synthèse
          ci-dessous :

    1.   Thème de l'article : _____

    2.   Constatation faite en introduction de cet article :

        _____

    3.   Que traduit ce chiffre ?

        _____

    4.   Que représente le pain pour une majorité de Français ?

        _____

    5.   Caractérisez, chiffres à l'appui, l'évolution de la
        consommation de pain en France :

        _____

        _____

    6.   Quelles peuvent être les raisons de cette évolution ?

        _____

        _____

    7.   Et quelles ont été les conséquences pour les professionnels
        jusqu'en 1989 ?

        _____

                                      .../...

CP 091

8. Comment se présente, actuellement, la situation de la boulangerie ?

    _____

9. Que faut-il faire pour relancer la consommation ?

    _____

10. Quels sont les atouts commerciaux de *Banette* et *La ronde des pains* ?

    _____

11. Quel facteur est aussi à prendre en compte dans la définition d'un bon pain ?

    _____

12. Quel est le principal argument de vente des supermarchés Prisunic ?

    _____

13. Quelles sont les deux grandes catégories de boulangers ?

    _____

    _____

14. Expliquez en quoi consiste la technique de fabrication industrielle du pain :

    _____

    _____

15. Quels sont les éléments du savoir-faire d'un boulanger ?

    _____

    _____

16. En définitive, «la guerre du pain n'aura pas lieu». Pourquoi ?

    _____

    _____

.../...

Corrigés du Certificat pratique de français commercial et économique - CP 091

CP 091

(4 points) B) "...] Selon la SOFRES, 60_% de Français considèrent que la baguette reste indissociable des bons moments de la vie [...]".

Et pour vous, quel aliment est associé à ces bons moments ? Pourquoi ?

Exprimez librement vos idées.

CERTIFICAT PRATIQUE DE FRANÇAIS
   COMMERCIAL ET ECONOMIQUE
      DE LA CCIP
    ——————

CP 091

Durée de l'épreuve : 45 minutes

Coefficient : 1

NOM   : . . . .

PRENOM : . . . .

CENTRE : . . . .

C O R R E S P O N D A N C E
===========================

Traitez, au choix, l'un des deux sujets :

SUJET N° 1 : Chargé(e) de la rédaction du journal interne de votre entreprise, vous décidez de faire appel à la collaboration des salariés pour qu'ils vous adressent des nouvelles ou des photos réalisées par eux.

Vous envisagez même d'organiser un concours et d'attribuer des récompenses aux meilleures oeuvres.

Rédigez une lettre pour informer les salariés et les encourager à participer.

SUJET N° 2 : Votre société - DIAPASON, 47 boulevard Gambetta, 67000 STRASBOURG - s'est récemment équipée d'un photocopieur de marque REPROX, type B3.

Dès la mise en service, les incidents de fonctionnement se sont multipliés : bourrages de papier, mauvaise qualité des copies, etc. et continuent, malgré de multiples interventions du dépanneur REPROX.

Votre appareil étant toujours sous garantie, vous demandez son remplacement. Ecrivez la lettre au fournisseur (REPROX, 9 rue Ampère, 67100 STRASBOURG)

NB : La lettre demandée est à rédiger au verso de la feuille et ne devra pas excéder ce format.

CERTIFICAT PRATIQUE DE FRANÇAIS   CP 091
      COMMERCIAL ET ECONOMIQUE
          DE LA CCIP

Durée de l'épreuve : 1 heure   NOM   : . . . .

(thème et version)   PRENOM : . . . .

Coefficient : 0,5   CENTRE : . . . .

V E R S I O N
=============

1.   Selon les responsables syndicaux, la grève sera déclenchée si l'augmentation de salaire n'est pas accordée.

        _____

        _____

2-3. L'Assemblée générale du 16 juin dernier a décidé de distribuer un dividende de 23 francs par action, soit un revenu global de 34,50 F contre 31,50 F pour l'exercice précédent.

        _____

        _____

        _____

        _____

4.   Pour recevoir gracieusement les deux prochains numéros de notre revue, envoyez-nous votre carte de visite professionnelle.

        _____

        _____

        _____

        _____

5.   Nous ne pouvons pas vous rembourser, mais l'article peut être échangé sur présentation du ticket de caisse.

        _____

        _____

                                          .../...

CP 091

6. La perspective du marché unique a incité de nombreux investisseurs extracommunautaires à s'implanter sur le marché français.

_____

_____

_____

_____

7-8. Vous pouvez, en théorie, libeller l'un de vos chèques en francs ou en monnaie étrangère et l'envoyer par courrier à votre bénéficiaire.

_____

_____

_____

_____

9-10. En 1960, la France importait deux fois plus de produits agro-alimentaires qu'elle n'en exportait. Aujourd'hui, elle est devenue le deuxième exportateur mondial, derrière les Etats-Unis et devant les Pays-Bas.

_____

_____

_____

_____

Corrigés du Certificat pratique de français commercial et économique - CP 091

CERTIFICAT PRATIQUE DE FRANCAIS   CP ANG 037
         COMMERCIAL ET ECONOMIQUE
                DE LA CCIP
                _____

Durée de l'épreuve : 1 heure   NOM   : . . . .

(thème et version)   PRENOM : . . . .

Coefficient : 0,5   CENTRE : . . . .

T H E M E   A N G L A I S
=========================

1. The last date of submission of applications will be indicated
    in the application form itself.

    _____

    _____

2-3. The location, shop sign and sales outlet fittings must all
     reflect the company's brand prestige and retailers cannot sell
     any goods which might detract from the brand's image.

    _____

    _____

    _____

    _____

4. Written details of our credit terms are available on request.

    _____

    _____

5. In spite of a decade of restructuring, a majority of European
    steel plants are either making losses or just breaking even.

    _____

    _____

    _____

                                                      . . ./. . .

CP ANG 037

6. Telephone or send us the attached coupon today for complete stock-exchange information.

   _____

   _____

7-8. GNP equals GDP plus "net factor income from abroad" - i.e. profits, investment, income and workers' remittances.

   _____

   _____

   _____

9. Analysts are concerned that several banks may be about to suffer big losses.

   _____

   _____

10. He could borrow money from his bank whenever he needed it.

   _____

   _____

Corrigés du Certificat pratique de français commercial et économique - CP 091

JEU D'EPREUVES CORRIGEES

CERTIFICAT PRATIQUE DE FRANÇAIS
COMMERCIAL ET ÉCONOMIQUE
DE LA CCIP
—————

CP 091 CORRIGÉ

Durée de l'épreuve : 1 heure

Coefficient : 2

NOM   : . . . .

PRENOM : . . . .

CENTRE : . . . .

T E S T
=======

(1 à 10) A) <u>Complétez avec le mot qui vous paraît convenir</u> :

1. Pour réaliser votre premier *investissement*, 25 000 francs suffisent ; cette somme peut être répartie sur un ou plusieurs placements.

    intéressement   investissement
    prélèvement   amortissement

2. Toute commande doit être obligatoirement *accompagnée* de son paiement par chèque bancaire, chèque postal ou mandat-lettre à l'ordre de l'UICF.

    justifiée   mentionnée
    accompagnée   adjointe

3. En matière de *participation* des salariés aux résultats de leur entreprise, les groupes industriels privés sont de loin les plus prodigues.

    participation   profit
    dividende   bénéfice

4. La grande majorité des agents commerciaux sont payés à la *commission* sur le chiffre d'affaires.

    patente   prime
    commission   gratification

5. Un quart des personnes *actives* travaillent régulièrement ou occasionnellement le dimanche, estime l'INSEE.

    valides   vacantes
    morales   actives

. . ./. . .

CP 091 CORRIGÉ

6. Après onze jours de grève, le gouvernement *accorde* aux salariés du secteur public une hausse des salaires de 5,4 %.

    verse   accorde
    accepte   majore

7. L'*étalement* des vacances progresse, même si plus de 40 % des entreprises françaises ferment encore pendant l'été.

    extension   étalement
    étalage   indice

8. En réparation du *préjudice* causé, nous vous demandons de nous verser, à titre de dommages, la somme de 15 000 francs.

    préavis   sinistre
    préjudice   risque

9. Les quelque mille sociétés d'intérim *recensées* en France ont réalisé l'année dernière 30 milliards de francs de chiffre d'affaires.

    répercutées   indexées
    recrutées   recensées

10. Un contrat de vente implique des *obligations* pour le vendeur et pour l'acheteur.

    obligations   actions
    ordres   consignes

(11 à 16) B) <u>Ecrivez le terme qui s'oppose à chaque mot ou expression :</u>

11. La perte .... *le gain (le bénéfice, le profit)*

12. L'offre .... *la demande*

13. La nationalisation .... *la privatisation*

14. A temps partiel .... *à temps plein/à temps complet*

15. Emprunter .... *prêter*

16. La créance .... *la dette (le débit)*

.../...

214

CP 091 CORRIGÉ

(17 à 24) C)   <u>Complétez le texte avec les mots suivants :</u>

- adapter
- bougez
- déplacez
- gérez
- réseau
- zones

- avantages
- choisissez
- disposez
- joindre
- soyez

- besoins
- contact
- gamme
- raisons
- transfert

<u>APPELEZ RADIOCOM 2000 AU NUMÉRO VERT 05 108 108</u>

Avec Radiocom 2000, vous *bougez* et le monde vous suit.

Grâce à Radiocom 2000, le téléphone de voiture de France Télécom, vous pouvez *joindre* le monde entier où que vous *soyez*.

Tout comme les 300 000 clients qui bénéficient de ce service, vous avez au moins 4 bonnes *raisons* de le choisir :

. Vous vous *déplacez* en toute tranquillité.

. Vous *gérez* avec souplesse votre vie professionnelle en ayant une possibilité de *contact* permanent avec vos clients ou votre entreprise.

. Vous *choisissez* parmi les abonnements celui qui correspond le mieux à vos *besoins*, en fonction de vos *zones* de déplacement.

. Vous *disposez* d'une *gamme* étendue de téléphones de voiture (fixes, portables ou portatifs) à votre choix.

. A ces *avantages*, s'ajoutent tous ceux du *réseau* téléphonique : *transfert* d'appel ou inscription à l'annuaire et vous pouvez même *adapter* un fax, un répondeur ou un minitel.

Appelez le 05 108 108 et recevez une invitation personnelle pour bénéficier d'une démonstration dans les meilleures conditions et d'une offre commerciale avantageuse.

...../...

215

(25 à 32) D) <u>**Construisez des phrases avec les mots suivants :**</u>

25.26. négociation / obtenir / marché

Après une négociation difficile, nous avons obtenu le marché.

27.28. magasin / inventaire / en raison de

Le magasin sera fermé en raison de l'inventaire de fin d'année

29.30. sauf si / satisfaction / grève

Les ouvriers continueront la grève sauf s'ils obtiennent satisfaction.

31.32. banques / inciter / épargner

Les banques incitent leurs clients à épargner en leur proposant des taux d'intérêts attractifs.

(33 à 40) E) Monsieur Alain RENOUF   -   né   le 11 septembre 1963, célibataire - habite 25, rue Béranger, 38000 GRENOBLE (Tél. : 04 74 63 35 21). Il a obtenu son permis de conduire en 1985 et est salarié d'une grande banque (Tél. : 04 76 43 19 28) en tant que chargé de clientèle.

Depuis 1990, il possède une RENAULT 25 (type GTS 89, 7 CV) immatriculée 1395 ZX 38, achetée neuve et payée à crédit ; il l'utilise pour ses trajets domicile-travail et dispose d'un garage en sous-sol.

Mécontent de son assurance actuelle, il décide d'en changer dans les six mois et de demander un devis à une autre compagnie.

...../...

(33 à 36) a) <u>Remplissez la demande de devis ci-dessous :</u>

LE CONDUCTEUR HABITUEL

NOM et prénom du conducteur habituel : ☒ M.　☐ Mme　☐ Mlle

RENOUF Alain

Date de naissance (jour, mois, année) : |1|1|　|0|9|　|1|9|6|3|

Situation de famille : 　Célibataire 　(Oui) 　Non

Année du permis de conduire (catégorie B) : 　|8|5|

Profession : *Chargé de clientèle dans une banque*

Etes-vous salarié ? 　☒ Oui 　☐ Non

Utilisez-vous votre véhicule pour des tournées de clientèle ou avez-vous des lieux de travail multiples ? 　☐ Oui 　☒ Non

VOTRE VEHICULE

Marque : 　*RENAULT* 　　Puissance fiscale : |0|7| CV

Modèle commercial/version 　*Exemples* : 205 GR, R21 Nevada AX 10E 　　*RENAULT* 25

Type (aidez-vous de votre carte grise) : 　*GTS 89*

Numéro d'immatriculation du véhicule : 　*1395 ZX 38*

Année d'acquisition (ou année d'achat prévue) : |9|0|

Année de 1ère mise en circulation : |9|0|

Couche-t-il dans un garage couvert : 　☒ Oui 　☐ Non

A-t-il été acquis en crédit-bail ? 　☐ Oui 　☒ Non

LE DEVIS EST A RETOURNER A :

NOM : *RENOUF*

Prénom : *Alain*

Adresse : *25, rue Béranger*

Code postal |3|8|0|0|0|

Ville : *GRENOBLE*

Tél. professionnel : *76 43 19 28* 　　Tél. personnel : *74 63 35 21*

217

**(37 à 40) b)   <u>Rédigez dans l'encadrement ci-dessous, la demande de
résiliation du contrat d'assurance</u> :**

Monsieur Alain RENOUF
25, rue Béranger
38000 GRENOBLE

Lettre recommandée avec
accusé de réception

AXA
3 boulevard Soult
38000 GRENOBLE

Grenoble, le 12 janvier 19..

Madame, Monsieur,

*Par la présente lettre, je vous prie de bien vouloir prendre acte de la
résiliation du contrat d'assurance souscrit auprès de votre
compagnie pour mon véhicule RENAULT 25 (type GTS 89, 7 CV)
immatriculé 1395 ZX 38, à sa date d'échéance, soit
le 1er juillet 19...*

*Je vous saurais gré de me faire parvenir, le plus rapidement possible,
un avenant de résiliation.*

*Dans l'attente de vous lire pour accord, veuillez agréer, Madame,
Monsieur, l'expression de mes sentiments distingués.*

Alain RENOUF

CERTIFICAT PRATIQUE DE FRANÇAIS
COMMERCIAL ET ÉCONOMIQUE
DE LA CCIP
_____

CP 091 CORRIGÉ

Durée de l'épreuve : 1 heure

Coefficient : 1

NOM   : . . . .

PRENOM : . . . .

CENTRE : . . . .

C O M P R E H E N S I O N   D E   T E X T E
===

TEXTE : LA GUERRE DU PAIN N'AURA PAS LIEU

(16 points) A)   <u>Complétez, à l'aide du texte, la fiche de synthèse ci-dessous</u> :

1.   Thème de l'article : ***Pain artisanal et pain industriel***

2.   Constatation faite en introduction de cet article :

En France, 400 000 tonnes de pain sont jetées chaque année.

3.   Que traduit ce chiffre ?

Les consommateurs trouvent que le pain n'est plus aussi bon qu'autrefois.

4.   Que représente le pain pour une majorité de Français ?

Il est associé aux bons moments de leur vie.

5.   Caractérisez, chiffres à l'appui, l'évolution de la consommation de pain en France :

Elle a beaucoup diminué : en 1910, chaque Français en consommait 600g par jour. Aujourd'hui, on n'en consomme plus que 175g.

6.   Quelles peuvent être les raisons de cette évolution ?

La diminution des besoins énergétiques, le souci de ne pas grossir, la qualité du pain qui a baissé.

7.   Et quelles ont été les conséquences pour les professionnels jusqu'en 1989 ?

Près de 1 000 boulangeries artisanales disparaissaient chaque année.

. . ./. . .

Corrigés du Certificat pratique de français commercial et économique – CP 091

8. Comment se présente, actuellement, la situation de la boulangerie ?

    La situation s'est stabilisée depuis 1990.

9. Que faut-il faire pour relancer la consommation ?

    Il faut améliorer la qualité du pain.

10. Quels sont les atouts commerciaux de *Banette* et *La ronde des pains* ?

    Le savoir–faire de leurs adhérents et l'assurance de qualité du produit.

11. Quel facteur est aussi à prendre en compte dans la définition d'un bon pain ?

    Le facteur régional : les goûts varient selon les régions.

12. Quel est le principal argument de vente des supermarchés Prisunic ?

    Le prix : la baguette y coûte un franc de moins qu'ailleurs.

13. Quelles sont les deux grandes catégories de boulangers ?

    – Les industriels qui livrent aux grandes surfaces.

    – Les artisans ou boulangers de quartier.

14. Expliquez en quoi consiste la technique de fabrication industrielle du pain :

    La baguette est livrée sous forme de pâton surgelé. Elle est cuite au terminal installé dans le magasin.

15. Quels sont les éléments du savoir-faire d'un boulanger ?

    Savoir ajouter du levain, façonner la baguette à la main, utiliser une bonne farine.

16. En définitive, «la guerre du pain n'aura pas lieu». Pourquoi ?

    Pain artisanal et pain industriel peuvent être aussi bon l'un que l'autre. C'est une question de savoir–faire.

                                                          .../...

(4 points) B) «[...] Selon la SOFRES, 60 % de Français considèrent que la baguette reste indissociable des bons moments de la vie [...]».

Et pour vous, quel aliment est associé à ces bons moments ? Pourquoi ?

Exprimez librement vos idées.

J'associe le thé, non seulement aux meilleurs moments de la vie, mais aussi aux moments les plus mémorables et difficiles. Le thé est une boisson qu'on peut boire chaude ou froide, pour se réchauffer ou pour étancher une soif par une journée d'été.

Je bois du thé pour commencer la journée. Puis, un thé avec un gâteau vers 11 heures du matin pour faire une coupure dans le travail, c'est très relaxant. A 16 heures, je prends du thé, soit avec mes collègues, soit avec une copine, et là je trouve le moment idéal pour discuter et faire le tour des problèmes afin de trouver des solutions.

On peut dire à quelqu'un qui est stressé ou triste de venir prendre une tasse de thé, à n'importe quelle heure de la journée, le thé est un bon remède pour calmer les nerfs. J'ai eu la preuve concrète un jour où un de mes amis était troublé. Je lui ai offert une tasse de thé, et au fur et à mesure que nous buvions notre thé, il avait de plus en plus envie de parler, sortir ce qu'il avait sur le coeur et moi, j'ai fait de mon mieux pour l'aider à faire face à une situation qui semblait à l'époque, sans issue. A la dernière gorgée, nous avions tellement discuté que nous avions même trouvé quelques solutions à son dilemme. Le lendemain, il m'a téléphoné pour me remercier. Je me sentais bien et utile grâce à cette fameuse «tasse de thé».

A chacun ses goûts, à moi – le thé !

SUJET N° 1

16 février 19..

A l'attention du personnel

COLLABOREZ A LA REDACTION DU JOURNAL INTERNE
DE NOTRE ENTREPRISE...   ET PARTICIPEZ A NOTRE CONCOURS

Vous lisez tous 5 SUR 5 qui vous présente périodiquement toutes sortes d'informations sur les activités de notre entreprise.

Mais ce journal doit être aussi VOTRE journal !

Nous créons donc une nouvelle rubrique : «La récréation», dans laquelle chacun de vous pourra s'exprimer selon ses talents.

Si vous écrivez, si vous faites des photos, apportez-nous vos oeuvres préférées et vous aurez peut-être le plaisir de les voir publiées dans l'un de nos prochains numéros.

Ce n'est pas tout !

Un CONCOURS récompensant les meilleures oeuvres sera organisé le 20 juin, à l'occasion de la fête de l'entreprise.

Les participants pourront gagner :

Un dîner de rêve pour deux personnes dans un restaurant réputé !

Un appareil photo

Des disques, des livres ...

Les oeuvres devront être déposées avant le 15 mai au bureau de la rédaction.

Nous vous attendons !

Laure DUPIN, rédactrice
Bureau 152, poste 37 36

222

SUJET N° 2

D I A P A S O N
47, boulevard Gambetta
67000 STRASBOURG

> *REPROX*
> *Service Commercial*
> *9, rue Ampère*
> *67100 STRASBOURG*

N/Réf : OH/BM/2501/01/..
Objet : Photocopieur défectueux

> *Strasbourg, le 12 janvier 19..*

Messieurs,

Nous avons le regret de vous informer que le photocopieur REPROX B3, mis en service par votre technicien le 8 décembre dernier, ne fonctionne pas normalement.

En effet, les incidents qui se sont produits dès le début - pannes diverses, bourrages de papier, ronflements de la machine - deviennent de plus en plus fréquents. Par ailleurs, la qualité des copies est inacceptable.

L'un de vos dépanneurs est intervenu à maintes reprises sans pouvoir éliminer la cause de ces incidents, ni améliorer le fonctionnement de l'appareil.

Nous nous référons donc aux termes du contrat de garantie pour vous demander l'échange du photocopieur défectueux dans les plus brefs délais.

Dans cette attente, nous vous prions d'agréer, Messieurs, l'expression de nos salutations distinguées.

> *Olivier HERLIN*

P.J :   copie de votre facture
copie du certificat de garantie

Corrigés du Certificat pratique de français commercial et économique - CP 091

CERTIFICAT PRATIQUE DE FRANÇAIS   CP 091 CORRIGÉ
    COMMERCIAL ET ÉCONOMIQUE
        DE LA CCIP
    _____

Durée de l'épreuve : 1 heure   NOM   : . . . .

(thème et version)   PRENOM : . . . .

Coefficient : 0,5   CENTRE : . . . .

V E R S I O N
=============

C O R R I G É   A N G L A I S
===============================

1. Selon les responsables syndicaux, la grève sera déclenchée si
    l'augmentation de salaire n'est pas accordée.

    According to union leaders/delegates, the strike will be called unless the
    wage increase/pay hike is granted.

2-3. L'Assemblée générale du 16 juin dernier a décidé de distribuer
      un dividende de 23 francs par action, soit un revenu global de
      34,50 F contre 31,50 F pour l'exercice précédent.

    The general meeting of June 16th of this month decided to distribute a
    dividend of FF 23.00 per share, i.e. a global return/yield of FF 34.50
    against/versus FF 31.50 for the previous fiscal year.

4. Pour recevoir gracieusement les deux prochains numéros de
    notre   revue,   envoyez-nous   votre   carte   de   visite
    professionnelle.

    If you wish to receive the next two issues of our publication free of charge,
    please send us your business card.

5. Nous ne pouvons pas vous rembourser, mais l'article peut être
    échangé sur présentation du ticket de caisse.

    You cannot get a refund but the article may be exchanged (up) on
    presentation of your receipt.

                                                        . . ./. . .

CP 091 CORRIGÉ

6. La perspective du marché unique a incité de nombreux investisseurs extracommunautaires à s'implanter sur le marché français.

    The prospect of the Single Market prompted numerous non-EC investors to set up operations on the French market.

7-8. Vous pouvez, en théorie, libeller l'un de vos chèques en francs ou en monnaie étrangère et l'envoyer par courrier à votre bénéficiaire.

    You may, in theory, make out/write (out) your cheques in French francs or in foreign currencies and mail them/send them by post/send them by mail to your payees.

9-10. En 1960, la France importait deux fois plus de produits agro-alimentaires qu'elle n'en exportait. Aujourd'hui, elle est devenue le deuxième exportateur mondial, derrière les Etats-Unis et devant les Pays-Bas.

    In 1960, France imported twice as many farm and food/agrofood products than it exported. Today, it has become the second (biggest) worldimporter behind/after the United States and ahead of the Netherlands.

Corrigés du Certificat pratique de français commercial et économique - CP 091

**CERTIFICAT PRATIQUE DE FRANÇAIS
COMMERCIAL ET ÉCONOMIQUE
DE LA CCIP**

CP ANG 037 CORRIGÉ

Durée de l'épreuve : 1 heure

(thème et version)

Coefficient : 0,5

NOM   : . . . .

PRENOM : . . . .

CENTRE : . . . .

T H E M E   A N G L A I S
============================

C O R R I G É
=============

1. The last date of submission of applications will be indicated
    in the application form itself.

    *La date de clôture fixée pour le dépôt des candidatures sera directement
    indiquée sur le formulaire.*

2-3. The location, shop sign and sales outlet fittings must all
      reflect the company's brand prestige and retailers cannot sell
      any goods which might detract from the brand's image.

    *L'emplacement, l'enseigne ainsi que l'aménagement du point de vente sont
    autant d'éléments qui doivent refléter le prestige de la marque de la société et
    les détaillants ne peuvent vendre aucun produit qui risquerait de porter
    atteinte/nuire à l'image de marque.*

4. Written details of our credit terms are available on request.

    *Une description détaillée de nos conditions de crédit est disponible sur
    demande.*

5. In spite of a decade of restructuring, a majority of European
    steel plants are either making losses or just breaking even.

    *Malgré une dizaine d'années/une décennie de restructurations, la plupart
    des aciéries européennes subissent des pertes ou parviennent tout juste à
    atteindre leur seuil de rentabilité.*

. . ./. . .

6. Telephone or send us the attached coupon today for complete stock-exchange information.

   Téléphonez ou renvoyez-nous dès aujourd'hui le coupon ci-joint pour obtenir une information boursière complète.

7-8. GNP equals GDP plus "net factor income from abroad" - i.e. profits, investment, income and workers' remittances.

   Le PNB est égal au PIB auquel s'ajoutent «les transferts nets de l'étranger»/s'ajoute «le facteur net de revenu de l'étranger», à savoir les bénéfices, les investissements, les revenus et les envois de fonds effectués par les travailleurs expatriés.

9. Analysts are concerned that several banks may be about to suffer big losses.

   Les analystes sont préoccupés par le fait que plusieurs banques risquent de subir de lourdes pertes.

10. He could borrow money from his bank whenever he needed it.

   Il pouvait emprunter de l'argent à sa banque dès qu'il/quand il/à chaque fois qu'il en avait besoin.

Lexique français-anglais

Lexique français-anglais
Lexique français-anglais
Lexique français-anglais

achats (service des ~) (*m.*) purchasing (department)

acheteur (*m.*) buyer

actif (*m.*) assets

action (*f.*) share; stock

actionnaire (*m., f.*) stockholder; shareholder

administrateur (-trice) (*m., f.*) board member, director

affrètement (*m.*) chartering

affréter to charter (*fréter*)

agence-conseil en publicité (*f.*) advertising agency

agent (d'assurances) (*m.*) (insurance) agent

annonceur (*m.*) advertiser

approvisionnement (*m.*) supply, procure–ment

approvisionner to supply

arrhes (*f. pl.*) deposit

assemblée générale (*f.*) general stockholders' meeting

assortiment (*m.*) assortment, selection

assurance (*f.*) insurance

assurance (multirisque) habitation (comprehensive) household insurance

assurance de choses property insurance

assurance de personnes life-related insurance

assurance de responsabilité civile (~ RC) liability insurance

assurance-automobile car insurance

assurance-maladie health insurance

assurance-vie life insurance

assurance-vie entière whole-life insurance

assuré(e) (*m., f.*) insured (party)

assureur (*m.*) insurer

avarie (*f.*) damage

avenant (*m.*) rider, endorsement

baissier (-ière) (*m., f. et adj.*) bear

base de données (*f.*) database

bénéfice (*m.*) profit

bénéficiaire (*m., f.*) beneficiary

bilan (*m.*) balance sheet

billet à ordre (*m.*) promissory note

blanc (chèque en ~) (*m.*) blank check

bogue (*f.*) bug

bouche à oreille (*m.*) word of mouth

Bourse (*f.*) stock exchange

bureau de douane (*m.*) customs office

cadre (*m.*) executive; management-level employee

cadre moyen junior executive; mid-level manager

cadre supérieur senior executive; upper-level manager

cale (*f.*) hold (of a freighter)

camion à benne (basculante) (*m.*) dump truck

camion-citerne (*m.*) tanker truck

capital-décès (*m.*) death benefit

cargaison (*f.*) cargo

cargo (*m.*) freighter

carnet de chèques (*m.*) checkbook (synonym: *chéquier*)

carte mère (*f.*) motherboard

carton (publicitaire) (*m.*) display (in a store)

chaland (*m.*) barge

chargement (*m.*) loading

charger to load

chéquier (*m.*) checkbook (synonym: *carnet de chèques*)

chiffre d'affaires (*m.*) turnover

ci-annexé(e) (*adv.* ou *adj.*) enclosed

ci-inclus(e) (*adv.* ou *adj.*) enclosed

ci-joint(e) (*adv.* ou *adj.*) enclosed

ciblage (*m.*) targeting

cible (*f.*) target

cibler to target

clavier (*m.*) keyboard

commande (*f.*) order

commander to order

commanditaire (*m., f.*) limited (sleeping, silent, dormant) partner (who finances a company managed by others)

commandite (*f.*) synonym of *société en commandite simple*

commandité(e) (*m., f.*) active partner (who runs a company financed in part by others)

commanditer to finance a business (limited partnership) managed by others

comportement d'achat (*m.*) purchasing behavior

comptabilité (*f.*) accounting; bookkeeping

comptable (*m., f.*) accountant; bookkeeper

compte (de) chèques checking account

compte (*m.*) account

compte courant checking account (for businesses)

compte d'épargne savings account

compte de dépôt checking account

concurrence (*f.*) competition

concurrencer to compete with

concurrent(e) (*m., f. et adj.*) competitor; competing

concurrentiel(le) (*adj.*) competitive

conditionnement (*m.*) container, wrapper, etc.; presentation; packaging

conditionner to wrap, to package; to present

connaissement (maritime, fluvial) (*m.*) bill of lading (B/L)

conseil d'administration (*m.*) board of directors

consigne (*f.*) deposit

consigner to charge a deposit (for a container)

conteneur (*m.*) container

coopérative (entreprise ~) (*f.*) cooperative (« coop »)

cotation (*f.*) quotation; listing

coté (*adj.*) listed

cote (*f.*) (official) list; quotation

coter to list

courrier (court, moyen ou long ~) (*m.*) short, medium, long haul (airliner)

cours (*m.*) price

courtier (d'assurances) (*m.*) (insurance) broker

coûts (*m.*) costs, expenses

créancier (-ière) (*m., f.*) creditor

créditeur (-trice) (*adj.*) positive (balance, for example)

date d'effet (~ de prise d'effet) (*f.*) inception date

débiteur (-trice) (*adj. et m., f.*) negative; debtor

déchargement (*m.*) unloading

décharger to unload

découvert (à ~) (*adj.*) overdrawn

découvert (*m.*) overdraft

dédommager to compensate; to indemnify

dédouanement (*m.*) customs clearance

dédouaner to clear through customs

déposer to deposit (synonym: *verser*)

dépôt (compte de ~) checking account

dépôt (*m.*) deposit (synonym: *versement*)

destinataire (*m., f.*) addressee

détail (*m.*) **(vendre au ~)** (to sell) retail

détaillant (*m.*) retailer

direction (*f.*) management

direction générale (*f.*) general management ("the head office")

disque dur (*m.*) hard disk

disquette (*f.*) floppy disk

dividende (*m.*) dividend

dommage (*m.*) damage; injury; loss

dommages aux biens (~ matériels) (*pl.*) property damage

dommages aux personnes (*pl.*) personal injury

dommages corporels (*pl.*) bodily injury

dommages et intérêts (dommages-intérêts) (*pl.*) damages (paid to the insured)

douane (*f.*) customs

douanier (-ière) (*adj.*) pertaining to customs

douanier (*m.*) customs agent

droits de douane (*m. pl.*) customs duties

échantillon (*m.*) sample

échantillonnage (*m.*) sampling

échéance (*f.*) deadline; due date; date of maturity

écran (*m.*) screen

emballage (*m.*) container, wrapper, packing, etc.; packaging

emballer to package, to wrap

emmagasiner to warehouse; to store

emprunt (*m.*) loan

emprunter (à) to borrow (from)

en annexe (*adv.*) enclosed

en vrac (*adj. et adv.*) in bulk

en-tête (*f.*) letterhead

encadrement (personnel d'~) (*m.*) management-level personnel

endossataire (*m., f.*) endorsee

endossement (*m.*) endorsement

endosser to endorse

endosseur (*m.*) endorser

enregistrer to save

entreposage (*m.*) warehousing; storage

entreposer to warehouse; to store

entrepôt (*m.*) warehouse

entreprise (*f.*) business ("To own and operate a business," etc. *Business in the abstract*

229

sense—"Business is business"—would normally be translated by *les affaires*.)

entreprise individuelle (*f.*) sole (or single) proprietorship

épargne (compte d'~) savings account

épargne (*f.*) savings

épargner to save

escompte (*m.*) discounting

escompter to discount (a bill)

espèces (*f. pl.*) cash

étiquetage (*m.*) labeling

étiqueter to label

étiquette (*f.*) label

étude de marché (*f.*) market study

exercice (*m.*) fiscal year

expédier to send

expéditeur (-trice) (*m., f.*) sender

exposition (*f.*) show, exhibition

faillite (*f.*) bankruptcy

feuille de calcul (*f.*) spreadsheet

filiale (*f.*) subsidiary

foire (*f.*) fair, show

fourgon (*m.*) utility van; baggage car (of a train)

fournir to supply

fournisseur (*m.*) supplier

fournisseur d'accès Internet (*m.*) Internet access provider (IAP)

frais généraux (*m.*) fixed overhead

franchise (*f.*) deductible; franchise

fret (*m.*) freight

fréter to charter (≠ *affréter*)

fusion (*f.*) merger

fusionner to merge

gamme (*f.*) line of products

gérant(e) (*m., f.*) director, manager

gérer to manage

gestion (*f.*) management

gigaoctet (Go) (*m.*) gigabyte (GB), i.e., one billion bytes

gros (*m.*) **(vendre en ~)** (to sell) wholesale

gros porteur (*m.*) jumbo jet

grossiste (*m.*) wholesaler

guichet (*m.*) window (in a bank or other service institution)

guichetier (-ière) (*m., f.*) teller

haussier (-ière) (*m., f. et adj.*) bull; bullish

hôte (*m.*) host; server

image de marque (*f.*) brand image

imprimante (*f.*) printer

incapacité (*f.*) disablement, disability

indemniser to compensate, to indemnify

indemnité (*f.*) compensation, indemnity, payout; benefits

informatique (*f.*) computer science and technology

informatisation (*f.*) computerisation

interligne (*m.*) space between lines

jet d'encre (imprimante à ~) (*m.*) ink-jet (printer)

lecteur de CD-ROM (*m.*) CD-ROM drive

lecteur de disquette (*m.*) floppy disk drive

lettre de change (*f.*) bill of exchange; draft (synonym: *traite*)

lettre de transport aérien (LTA) (*f.*) airway bill (AWB)

lettre de voiture (*f.*) consignment note

libre-service (*m.*) self-service

lien (hypertexte) (*m.*) link

liquide (*m.*) cash

livraison (*f.*) delivery; merchandise delivered

livrer to deliver

logiciel (*n.m. et adj.*) software (le ~); program (un ~); pertaining to software

magasin (*m.*) warehouse

magasin à succursales (*m.*) chain store

magasinage (*m.*) warehousing; storage

magasinier (*m.*) warehouse supervisor; stock manager

magazine de télé-achat (*m.*) infomercial

manutention (*f.*) handling

manutentionnaire (*m.*) warehouseman

marchandisage (*m.*) merchandising

marchéage (*m.*) **(plan de ~)** marketing mix ("the 4 Ps")

marge bénéficiaire (*f.*) profit margin

marque (*f.*) trademark, brand name

matériel (*n.m. et adj.*) hardware

matières premières (*f.*) raw materials

matricielle (imprimante ~) (*adj.*) dot-matrix (printer)

mégaoctet (Mo) (*m.*) megabyte (MB), i.e., one million bytes

mercaticien(ne) (*m., f.*) marketing expert

mercatique (*f. et adj.*) marketing

méthanier (*m.*) liquefied gas tanker

micro-édition (*f.*) desktop publishing

mise en page (*f.*) page layout

moniteur (*m.*) screen

navette (*f.*) shuttle

navigateur (*m.*) browser

navire-citerne (*m.*) tanker (ship)

note d'information (*f.*) notice

note de couverture (*f.*) binder, cover note, provisional policy

note de service (*f.*) notice

note interne (*f.*) memorandum (memo)

obligataire (*m., f.*) bondholder

obligation (*f.*) bond

octet (*m.*) byte (= 8 bits, enough memory for one character)

offre publique d'achat (OPA) (*f.*) takeover bid

opposition (faire ~ au paiement d'un chèque) to stop payment on a check

ordinateur de bureau (*m.*) desktop computer (as opposed to *laptop*)

organigramme (*m.*) organization chart

page d'accueil (*f.*) home page

paquebot (*m.*) (passenger) liner

parrainage (*m.*) sponsorship

parrainer to sponsor

parraineur (*m.*) sponsor

part de marché (*f.*) market share

part sociale (*f.*) share (in a partnership)

passif (*m.*) liabilities

péniche (*f.*) barge

périphérique (*n.m. et adj.*) peripheral

pétrolier (*m.*) (oil) tanker

pétrolier géant (*m.*) supertanker

pièce(s) jointe(s) (*f.*) enclosure(s)

point de vente (*m.*) retail outlet

police (d'assurances) (*f.*) (insurance) policy

politique (*f.*) policy

porte-conteneur (*m.*) container ship

portefeuille (*m.*) portfolio

porteur (chèque au ~) (*m.*) bearer's check

pousseur (*m.*) push tug (boat)

prélèvement (automatique) (*m.*) (automatic) deduction

prélever to deduct

président(e)-directeur(-trice) général(e) (PDG) (*m., f.*) president and chairman of the board

prêter to lend

prêteur (-euse) (*m., f.*) lender

prime (*f.*) premium, bonus

prise de contrôle (*f.*) takeover

prix coûtant (*m.*), **vendre au ~** to sell at cost

prix de revient (*m.*) cost price

progiciel intégré (*m.*) integrated software package

promotion des ventes (*f.*) sales promotion

promotionnel(le) (*adj.*) promotional

prorogation (*f.*) extension

proroger to extend

publicitaire (*adj.*) pertaining to advertising

publicitaire (*m., f.*) advertising professional

publicité (*f.*) advertising; advertisement, commercial

puce (*f.*) microchip

réceptionner to receive (merchandise)

rechargement (*m.*) reloading

recharger to reload

reconduction (*f.*) renewal

reconduire to renew

règlement (*m.*) payment

régler to pay

relevé de compte (*m.*) bank statement

remorqueur (*m.*) tugboat

rentabiliser to make profitable

rentabilité (*f.*) profitability

rentable (*adj.*) profitable

rente (*f.*) annuity

réseau (*m.*) network

résiliation (*f.*) cancellation

résilier to cancel

responsabilité civile (*f.*) liability

retirer to withdraw

retrait (*m.*) withdrawal

routier (*m.*) truck driver (synonym: *camionneur*)

s'approvisionner to obtain supplies

salon (*m.*) (trade) show, exhibition

sauvegarder to save

semi-remorque (*m.*) semi (truck)

service (*m.*) department

sinistre (*m.*) accident; loss; claim

société (*f.*) company

société à responsabilité limitée (SARL) (*f.*) limited liability company or limited liability partnership (LLC or LLP, depending on the state and the bylaws)

société anonyme (SA) (*f.*) corporation

société de capitaux (*f.*) corporation

société de personnes (*f.*) partnership

société en commandite simple (SCS) (*f.*) limited partnership

société en nom collectif (SNC) (*f.*) general partnership

société-mère (*f.*) parent company

solde (*m.*) balance

solde créditeur positive balance

solde débiteur negative balance

sondage (*m.*) poll

sortie papier (*f.*) hard copy

souris (*f.*) mouse

sous ce pli (*adv.*) enclosed

sous-traitance (*f.*) subcontracting

sous-traitant (*m.*) subcontractor

sous-traiter to subcontract; to "farm out"

soute (*f.*) baggage or cargo compartment (of an airplane)

statuts (*m. pl.*) charter and by-laws

suivi (*m.*) follow-up; monitoring

suscription (*f.*) inside address

syndicat (*m.*) union

système (d'exploitation) (*m.*) operating system

tableur (*m.*) spreadsheet program

taux (*m.*) rate

télécharger to download (a file)

télécopie (*f.*) fax

télécopier to fax

tiers (*m.*) third party

tirage (*m.*) hard copy

traite (*f.*) bill of exchange; draft (synonym: *lettre de change*)
traitement de texte (*m.*) word processing
transbordeur (*m.*) ferry (boat)
transitaire (*m., f.*) freight forwarder; forwarding agent
transporteur (*m.*) carrier
utilitaire (*m.*) utility

valeur (mobilière) (*f.*) securities (usually plural in English)
versement (*m.*) deposit (synonym: *dépôt*)
verser to deposit (synonym: *déposer*)
virement (*m.*) transfer (of funds)
virer to transfer (funds)
voyageur-représentant-placier (*m.*) traveling salesperson

vrac (*m.*) bulk (merchandise)
vraquier (*m.*) bulker (ship)
wagon (*m.*) car (railroad)
wagon couvert boxcar
wagon frigorifique refrigerator car
wagon plat flatcar
wagon tombereau open freight car
wagon-citerne tanker car

Pages 2–5, 6–9, 66–69, 134–38, 168–72, and 195 Grounds for Thought™ logo used with permission of Kelly Wicks.

Module 1 **Page 11** Pharmacie Courtesy of Peter Menzel/Stock Boston; Fuel stop courtesy of Mike Mazzaschi/Stock Boston.

Module 2 **Page 23** Female engineer photo courtesy of David Simson/Stock Boston.

Module 3 **Page 31** Workplace photo courtesy of Ulrike Welsch/Photo Researcher.

Module 4 **Page 41** Marketing posters photo courtesy of Annie Assouline/Gamma-Liaison.

Module 5 **Page 71** Automatic Teller Machine photo courtesy of Photo Researcher; interior of a French bank courtesy of Ulrike Welsch; **Pages 72, 75, 76, and 77** Figures 5.1, 5.2, 5.3, and 5.4 used with permission of the Banque Nationale de Paris and the Chambre de Commerce et d'Industrie de Paris.

Module 6 **Page 83** M. Darras truck photo courtesy of Peter Burian; TGV photo courtesy of Martha Bates/Stock Boston.

Module 7 **Page 91** French port photo courtesy of Hugh Rogers/Monkmeyer Press; airport photo courtesy of Peter Menzel/Stock Boston.

Module 8 **Page 101** Paris Stock Exchange photo courtesy of Hugh Rogers/Monkmeyer Press.

Module 9 **Page 111** French insurance agent photo courtesy of Beryl Goldberg.

Module 10 **Page 121** Employment interview photo courtesy of Ulrike Welsch.

Module 11 **Page 139** Woman writing letter photo courtesy of Andrew Billiant/Palmer & Brilliar.

Module 12 **Page 155** Interior of a French computer store photo courtesy of Michael Kagan/Monkmeyer Press; **Page 156** Minitel photo courtesy of David Simson/Stock Boston.

Appendice B **Page 184** Euro currency photo courtesy of Christian Vioujard/Gamma-Liaison.

Appendice D **Page 194** Signature of G. Maratier-Decléty used with permission of G. Maratier-Decléty; content of Appendice D courtesy of G. Maratier-Decléty and the Chambre de Commerce et d'Industrie de Paris.

Appendice E **Page 195** Photo of Grounds for Thought™ courtesy of R.-J. Berg; **Pages 196–227** Corrigés du *Certificat pratique de français commercial et économique* used with permission of Chambre de Commerce et d'Industrie de Paris.

232